Hierarquia e Riqueza na Sociedade Burguesa

Coleção Debates
Dirigida por J. Guinsburg

Equipe de realização — Tradução: Cecília Bonamine; Revisão de texto: Kátia M. de Queiroz Mattoso e J. Guinsburg; Produção: Plinio Martins Filho.

adeline daumard
HIERARQUIA E RIQUEZA NA SOCIEDADE BURGUESA

EDITORA PERSPECTIVA

Título do original em francês:
Hiérarchie et richesse en la société bourgeoise

Copyright © Editora Perspectiva

Direitos reservados à
EDITORA PERSPECTIVA S.A.
Av. Brigadeiro Luís Antônio, 3025
01401 — São Paulo — SP — Brasil
Telefones: 288-8388/288-6878
1985

SUMÁRIO

1. O que é a Burguesia? 9

2. Dados Econômicos e História Social 31

3. Estruturas Sociais e Classificação Sócio-Profissional — A Contribuição dos Arquivos Notariais nos Séculos XVIII e XIX 55

4. A História da Sociedade Francesa Contemporânea: Fontes e Métodos 75

5. A Burguesia Parisiense de 1815 a 1848 105

6. O Povo na Sociedade Francesa na Época Romântica 123

7. Algumas Observações sobre a Habitação dos Parisienses no Século XIX 137

8. As Bases da Sociedade Burguesa na França no Século XIX 155

9. A Evolução das Estruturas Sociais na França na Época da Industrialização (1815-1914) 165

10. Diferenças de Rendas, Diferenças de Fortuna: Algumas Reflexões de Método 191

11. Riqueza e Abastança na França desde o Início do Século XIX 209

12. As Estruturas Burguesas na França na Época Contemporânea. Evolução ou Permanência? 247

1. O QUE É A BURGUESIA?

Publicados entre 1962 e 1980, os trabalhos reunidos aqui marcam diferentes etapas de nossas pesquisas. Uns tratam de questões importantes, mas particulares, a das fortunas privadas, por exemplo; outros fornecem primeiras conclusões sobre a burguesia e seu lugar na sociedade francesa, constituindo todas as bases sobre as quais repousam as tentativas de síntese que apresentamos em nossos trabalhos mais recentes.[1]

Partindo em primeiro lugar da análise da burguesia parisiense no século XIX, ampliando em seguida o nosso assunto para o século XX e para o conjunto do país, porém mais espe-

---

1. ADELINE DAUMARD, colaboração para a *Histoire économique et sociale de la France*, sob a orientação de FERNAND BRAUDEL e ERNEST LABROUSSE, Paris. P.U.F., t. III, 1976, vol. 1, pp. 137-159; vol. 2, pp. 829-958; t. IV. vol. 1, 1979, pp. 50-62; vol. 2, 1980, pp. 861. 906; vol. 3, 1981.

cialmente para o mundo das cidades, elaboramos um método que desembocou em uma dupla reflexão: uma trata das características da burguesia francesa e dos fundamentos da sociedade burguesa na França na época contemporânea, a outra levou-nos a definir o conteúdo e os objetivos da história social. Sobre estas questões, enxerta-se outra que põe em questão o alcance dos trabalhos levados a cabo ativamente na França há mais de vinte anos nos diversos domínios da história social. Nossos métodos, nossas hipóteses de trabalho, nossas conclusões ou nossas interrogações e, mais amplamente, as da escola francesa de história social repousam sobre o estudo de uma sociedade e de uma civilização que, sem ruptura brusca, foi profundamente marcada pela modernidade desde o início do século XIX até os dias de hoje e que se lhe adaptou conservando as suas tradições e muitas das práticas do seu passado. O caso da França e o trabalho dos historiadores franceses serão puramente contingentes ou podem servir de referência para suscitar alhures pesquisas ou referências paralelas com as necessárias adaptações? Tal é a questão que se nos coloca, tal é a questão que colocamos a nossos leitores, sem ignorar tudo o que separa o Brasil da França, a geografia, o povo, as condições da conquista do solo, as evoluções econômicas, institucionais e culturais, com sua especificidade e seus ritmos próprios, mas sem desprezar tampouco o que os dois países têm em comum, a contribuição de uma civilização de raiz latina e católica que se fundiu com a das camadas autóctones ou sedimentos estrangeiros para formar a nação, bem como uma aspiração bastante geral no sentido de um futuro que se deseja moldado pelo progresso, mas ancorado em tradições, umas próximas, outras distantes.

Nossas pesquisas sobre a burguesia foram progressivamente delimitadas por uma reflexão sobre o sentido do termo a partir dos testemunhos dos contemporâneos. Este foi o fundamento de um método cujos grandes traços analisaremos antes de expormos resumidamente algumas conclusões e proporemos algumas questões.

1. *Os Burgueses em seu Tempo*

Para tratar de um assunto cumpre saber do que se está falando, porém nada é mais variado do que a utilização da palavra "burguês". Este paradoxo constitui o interesse e a dificuldade de todos os estudos sobre a burguesia e um de nossos objetivos era precisamente pesquisar o conteúdo desta noção. "Burguês" é um termo antigo que, tanto na França quanto nos países vizinhos, designava, originariamente, o cidadão de um burgo que desfrutava de um *status* privilegiado. Progressivamente, na França, este conteúdo institucional preciso esfumou-se e, já no *Ancien Régime* (Antigo Regime), a palavra tomara uma significação mais ampla e mais vaga. Todavia, malgrado os enobrecimentos, as usurpações e muitas tolerâncias, o burguês permaneceu separado do fidalgo; a virada decisiva ocorreu com a Revolução quando desapareceu a sociedade das ordens.

Desde 1815, a França conheceu muitas vicissitudes, os costumes, a condição material e moral dos franceses evoluíram bastante, bem como suas aspirações, porém, através destas mudanças, relevam-se permanências. A modernidade firmou-se na sociedade dominante; até os meios mais reacionários sofreram o contágio, como mostram, por exemplo, algumas disposições tomadas na conduta da vida privada e familial. A sociedade francesa voltou-se para o futuro, um futuro que não visa nem o além nem um futuro longínquo mais ou menos utópico, um futuro que considera a daptação e a evolução, mas que possui objetivos imediatamente realizáveis. Entretanto, meios superiores, categorias medianas e grupos populares, rurais ou citadinos, revolucionários ou tradicionalistas jamais foram isolados de um passado ao qual os unem toda a rede de laços familiais e a memória coletiva apoiada nas permanências culturais.

Da herança da Revolução Francesa e da filosofia das Luzes provêm, em primeiro lugar, o princípio da igualdade dos homens perante a lei, princípio que jamais foi duravelmente posto de novo em dúvida, mas que só se traduziu progressivamente nas instituições. A igualdade jurídica dos cidadãos não implicava a igualdade das condições e se aplicou, durante muito tempo, somente aos indivíduos, com algumas ressalvas. Uma nova etapa foi ultrapassada quando, em nome da solidariedade social, foram adotadas disposições destinadas a proteger as categorias mais fracas e mais desfavorecidas. Em nossos dias, começou a redistribuição das rendas pela via dos impostos progressivos (sistema encetado pela primeira vez, embora bastante timidamente, em 1901, por ocasião da reforma dos direitos de herança), foi elaborada uma legislação sobre os seguros sociais e as aposentadorias: isso pode ser considerado a forma moderna do princípio revolucionário de fraternidade. Outras medidas vão mais longe. Atualmente, por exemplo, trata-se muito mais de garantir os interesses dos assalariados do que proteger o direito dos empregadores de obter um serviço satisfatório. Do mesmo modo, acentuou-se a tendência iniciada a partir da Primeira Guerra Mundial em privilegiar os locatários (cultivando a terra, ocupando uma moradia ou um local profissional) às expensas dos proprietários.

São aspectos da contestação do "capital" pelo "trabalho"; é um ressurgimento de velhas práticas baseadas no direito de uso oposto ao da propriedade, mas o sistema não funciona sempre em proveito dos indivíduos mais desfavorecidos.

O sentido de liberdade e o liberalismo que é conseqüência dele marcaram mais ainda, talvez, a sociedade burguesa. A liberdade é, antes de tudo, a liberdade política que transforma o súdito em cidadão e que implica as outras formas de liberdade individual, sem as quais o exercício dos direitos e dos deveres do cidadão não passam de ilusão. Porém, não se poderia assimilar o burguês ao cidadão: desde 1848, o sufrágio universal concedeu a plena cidadania a todos os franceses adultos, o que não transformou todos os franceses em burgueses. A liberdade é também a liberdade de iniciativa. Jamais o papel do Estado foi totalmente apagado neste domínio, mas o liberalismo econômico que triunfa no século XIX e se prolonga no século XX, apesar das medidas de planificação econômica e de intervenção social, permitiu a implantação das formas modernas do capitalismo privado cujo florescimento teve início por volta de 1840. Estudar a burguesia é, evidentemente, examinar como os capitalistas, inclusive os mais modestos, como todos os que são levados pelo espírito de empresa e de criação utilizam as possibilidades novas que dão ao século XIX o desenvolvimento do crédito, a industrialização e a revolução dos meios de troca e de distribuição. É necessário também pesquisar as novas possibilidades que se abrem, a partir da Primeira Guerra Mundial, com a perda da estabilidade monetária e o retorno da inflação, esquecidos desde há mais de um século, o crescimento da especulação, o frenesi da produção e o aumento do consumo interno durante os períodos de prosperidade entrecortados por crises tanto menos dominadas quanto mais a economia nacional é cada vez mais dependente do mercado internacional. Não se poderia, entretanto, reduzir o estudo da burguesia ao estudo das conseqüências sociais da industrialização e do crescimento sobre a formação, a distribuição e a composição das fortunas privadas e sobre o destino de seus possuidores; isso é apenas um dos elementos da análise.

À necessidade de liberdade ligam-se enfim a possibilidade de escolher os valores morais, filosóficos e ideológicos que regulamentam a vida individual, familial e coletiva e o direito de exprimir-se que são seu corolário. Os conflitos ideológicos provocaram muitas defrontações desde o início do século XIX e periodicamente chega-se a ponto de evocar uma crise de identidade nacional. Vimos oporem-se cristãos e materialistas, crentes e livres-pensadores, adeptos do progresso e pessimitas, que só vêem o lado negativo das mudanças, econservadores e reformistas, reacionários e revolucionários. Nas consciências individuais e coletivas elevaram-se barreiras devido ao vínculo de uns com tradições ou preocupações estritamente locais, por causa da preocupação que outros tinham com interesses do Estado e da nação, ao passo que certos indivíduos ou certos grupos transcendiam as preocupações nacionais, impelidos seja por uma ideologia revolucionária, seja por um espírito cosmopolita na tradição aristocrática. Peso do passado e preparação do futuro combinam-se para compor um presente ao qual se acomodam mais ou menos indivíduos e coletividades: uma atmosfera de tensão encontra-se latente nas sociedades urbanas e para os espíritos mais avisados e cultos. Trata-se aí de um componente essencial que se deve ter em mente quando se estuda a burguesia contemporânea, com uma reserva apenas: desde 1815, a sociedade francesa conheceu inúmeras crises, mas ela jamais foi uma sociedade em crise e sempre nos momentos mais graves, nas situações mais desesperadas, a unidade nacional foi finalmente salvaguardada, com a anuência da esmagadora maioria da população.

Não se poderia refletir sobre a burguesia sem ter presentes ao espírito os grandes traços desta evolução. Contudo, cabe distinguir três termos. O adjetivo "burguês" qualifica coisas ou maneiras; um "burguês" designa um indivíduo caracterizado por sua condição; e enfim, a palavra "burguesia" evoca a coerência de um grupo e também um conceito de limites muitas vezes imprecisos.

Na época romântica, a palavra burguês aparece eivada de desprezo nos meios realistas e reacionários que opõem os hábitos e reações burgueses aos costumes e tradições aristocráticos, e entre os artistas e homens de letra que viam no espírito e gosto burguês o inverso da cultura e da distinção, fazendo dela o símbolo da mediocridade e da pretensão. A estas interpretações, jamais totalmente esquecidas, superpõem-se as que viam no burguês o símbolo do explorador. O burguês é o proprietário detestado pelos pobres que precisam pagar um aluguel em troca do uso de sua moradia, o burguês é o capitalista que vive de rendas sem ter que fazer o mínimo esforço ou que, investindo seus capitais em uma empresa produtiva, explora os assalariados que nela trabalham. Desde Daumier até os dias de hoje, caricaturas, canções e libelos, textos com pretensões científicas ou publicações populares multiplicaram-se sobre este tema.

Inversamente, a palavra burguês possui um lado elogioso, utilizado neste espírito, durante todo o período em todas as esferas da sociedade. "Viver burguesmente", esta fórmula, já em uso no século XVIII, substituiu progressivamente o "viver nobremente" do passado. Ela designa a condição daqueles que dispõem de uma fortuna suficiente para que as rendas desta lhes assegurem uma vida material confortável. Isso não proíbe o trabalho mesmo remunerado e remunerador, contanto que a profissão traga respeito, o que exclui, salvo exceção, as profissões manuais, e que proporciona a quem a exerce lazeres passíveis de serem dedicados à reflexão, à cultura, à vida social e aos cuidados com os negócios públicos. Em uma acepção mais estrita, encontram-se as mesmas segundas intenções em expressões tais como "imóvel ocupado burguesmente" ou "bairro burguês", ainda em uso hoje em dia: o que é burguês separa o mundo popular, o mundo das oficinas, das fábricas, do comércio, mesmo se, na prática, são tolerados os comércios de luxo, escritórios e bancos; não é sempre o mundo do dinheiro, é sempre o da distinção. Na linguagem popular francesa, as vezes, a palavra burguês pode implicar também uma nuança de respeito: a "burguesa", para o operário, é a sua mulher, a dona-de-casa e a mãe de família que dirige o lar. Pouco a pouco, enfim, tornou-se corrente na linguagem familiar dos meios cultos ligar a palavra burguês a tudo aquilo que apresenta um lado de superioridade. Ser designado por "grande burguês" tornou-se lisongeiro. Se as atitudes "pequeno-burguesas" são freqüentemente estigmatizadas pela terminologia marxista, o *Elogio do Burguês Francês*, cuja celebridade foi enorme entre as duas guerras mundiais, reuniu em uma mesma apologia todos os burgueses, grandes ou pequenos.[2]

As inúmeras definições que foram dadas na França ao termo burguesia sublinham a complexidade do problema. Separada dos meios populares por um certo nível de abastança e de cultura que influi nas capacidades, no estilo de vida e nos usos, a burguesia permaneceu por muito tempo distinta da nobreza ou antes dos fidalgos, pois foram necessários longos anos para que os nobilitados, promovidos pela graça de Napoleão I e dos soberamos seguintes, fossem assimilados à nobreza antiga. Em numerosos discursos, até 1848, a burguesia é considerada como uma classe intermediária, devido à sobrevivência da aristocracia nobiliária proveniente do passado. A distinção entre burguesia e nobreza durou muito tempo nos meios mundanos e em algumas regiões que permaneceram particularmente reacionárias. Ela tende a desaparecer nos dias de hoje se a julgarmos pelos laços familiais e os casamentos que mesclam cada vez mais aristocracia

---

2. RENÉ JOHANNET, *Eloge du bourgeois français*, 1ère édition, Paris, 1924.

de nascença, aristocracia de função e aristocracia de negócios. Porém, já antes de 1848, muitas pessoas contestavam esta separação entre burguesia e nobreza. Viam aí uma concepção arcaica que dava demasiado espaço a noções oriundas da sociedade das ordens, doravante ultrapassadas. Em 1847, um deputado se erguia contra uma das "mais detestáveis teorias" de Guizot, que distinguia "a burguesia e a classe pobre..., a burguesia e o povo" e concluía: "não há na França senão cidadãos franceses". Mas continuava o seu discurso dizendo: "Vejo aqui muito de burguês", transição saldada por risos unânimes e no entanto inteiramente natural, segundo os hábitos de linguagem da época. Victor Hugo poderia subscrevê-la, ele que, uma dezena de anos mais tarde, fazia da burguesia "simplesmente a parte contentada do povo".

Critérios materiais, intelectuais, psicológicos e morais interferem no espírito de todo aquele que evoque a burguesia na França contemporânea. No entretanto, tirando as conseqüências do surto do capitalismo industrial e financeiro e da nova posição assumida pelos círculos dos negócios no país, atingidos também por uma miséria urbana que as grandes cidades já conheciam, não menos pesante antes da época da industrialização, mas que se estendeu com o desenvolvimento da urbanização, antes que um novo equilíbrio se estabelecesse no século XX, muitos bons espíritos se empenharam muito cedo em definir a burguesia por critérios econômicos. Uns, como Buret, em 1840, distinguiam "duas classes opostas de interesses sem a menor solidariedade moral"[3] e anunciavam a oposição marxista entre o proletariado assalariado e a burguesia proprietária dos meios de produção. Mais matizado, Proudhon considerava que a nação francesa é formada por três "classes": "a burguesia compreende todo aquele que vive das rendas de capitais, da renda de propriedades, do privilégio dos cargos, da dignidade dos empregos e das sinecuras mais do que dos proventos efetivos do trabalho... ela forma uma espécie de aristocracia capitalista e fundiária"; "a classe média compõe-se de empresários, lojistas, fabricantes, agricultores, eruditos etc., vivenco como o proletariado e, ao contrário dos burgueses, muito mais de seu produto pessoal do que de seus capitais, privilégios ou propriedades, mas distinguindo-se do proletariado pelo fato de trabalharem por conta própria"; "a classe operária ou proletariado... vivendo, como a classe média, mais de seu trabalho e de seus serviços do que de

---

3. E. BURET, *De la misère des classes laborieuses en Angleterre et en France*, Paris, 1840, tomo II, p. 338.

seus capitais, não possui nenhuma iniciativa individual".[4] Deve-se portanto admitir que a burguesia se limita aos meios ricos, superiores e dirigentes? Porém, a definição que Proudhon dá para classe média fornece argumentos capazes de inseri-la nestas categorias superiores ou até dirigentes, pois ela se apresenta como a classe "que inventa, que empreende, que faz valer, que produz, que troca, que sozinha constitui o arcabouço da sociedade".[5]

É inútil multiplicar os testemunhos: todos conduzem às mesmas conclusões. Os burgueses existem: o seu papel no país é evidente, a sua posição na sociedade é reconhecida pela opinião pública. Porém os limites são imprecisos. A oposição entre classe média e burguesia, afirmada com tanta força por uns, é contestada com argumentos igualmente sólidos por outros que podem mostrar que nem a posse de um capital, nem mesmo interesses comuns permitem estabelecer uma cesura. Mais ainda, a prática de um trabalho manual, salvo como distração e sem preocupação de ganho, que podia estar presente, por volta de 1925 ainda, como o fator essencial a separar os meios burgueses dos meios populares,[6] não é um critério suficiente. Os açougueiros, por exemplo, trabalhavam com suas próprias mãos no século XIX, mas os mestres-açougueiros das grandes cidades, todos abastados e amiúde bastante ricos, não pertenciam às classes populares. Alguns açougueiros parisienses que, por volta de 1840, empregavam numerosos assalariados e possuíam uma fortuna considerável, da ordem de um milhão de francos, composto essencialmente de grandes propriedade rurais e de casas em Paris, separavam-se das classes médias se se definisse a noção de classe segundo a "posse dos bens de produção" e, aliás, pertenciam ao pequeno grupo de eleitores mais tributados e mais influentes, reunindo a maior parte dos grandes capitalistas da época. É difícil, no entanto, situá-los nos meios superiores. Esses açougueiros viviam no luxo, mas o seu estilo de vida era ostentatório, não denotava nem cultura nem verdadeira distinção. O exame das profissões de seus filhos ou de seus genros leva às mesmas conclusões. No meio familial, as alianças eram estreitamente limitadas a um

---

4. P. J. PROUDHON, *La révolution sociale démontrée par le coup d'Etat*, Paris, 1852, p. 124 e ss.

5. *Id.*, p. 205.

6. Ao lado da obra de Johannet, pode-se igualmente citar, entre outras, o estudo de EDMOND GOBLOT, *La barrière et le niveau. Étude sociologique de la bourgeoisie française moderne*, Paris, 1925, que teve numerosas edições.

setor profissional que carecia de prestígio. A despeito de sua riqueza que deveria ter-lhes proporcionado respeito e que lhes dava os lazeres necessários, esses açougueiros importantes não exerciam estas funções gratuitas a serviço da coletividade que, então, era um atestado de respeito social. Era esta a conseqüência de um ostracismo por parte de seus concidadãos mais ilustres? Talvez, de .um lado. Porém, esta clausura em horizontes estreitos era também conseqüência de escolhas individuais e familiais que transpareciam através da estratégia matrimonial e das cláusulas testamentárias, onde não se manifesta qualquer preocupação de interesse geral.[7]

A burguesia aparece portanto como um grupo fluido que é mister recensear, delimitar e caracterizar. Tarefa difícil: é preciso confrontar a opinião e a realidade, pesquisar as franjas inferiores e superiores e reinserir os burgueses, grandes ou pequenos, na sociedade global. Finalmente, a sobrevivência das tradições antigas e o nascimento de interesses e de novos preconceitos provocam uma multiplicação das hierarquias. Aos cortes horizontais, que evocam as imagens habituais da sociedade burguesa, superpõem-se outras hierarquias, caracterizadas por solidariedades verticais, em um espírito por vezes corporativista. Durante muito tempo, subsistiu um sentimento de casta na nobreza, na magistratura, no exército e em alguns conjuntos de altos funcionários: isso pode ser ligado às lembranças do passado. Contudo, em outros grupos, o orgulho coletivo e as manifestações de solidariedade que os unem face ao exterior se abeberam no presente: podem-se encontrar sinais disso em todos os graus da escala social, entre os grandes industriais do ramo têxtil ou da siderurgia, por exemplo, como também entre os professores, durante os anos culminantes da Terceira República ou ainda entre os intelectuais e os artistas que conhecem, em nossos dias, um momento de celebridade graças aos meios modernos de difusão da informação.

Quanto mais avança a pesquisa, mais se torna evidente a complexidade dos problemas. Nosso método moldou-se e adaptou-se progressivamente ao ritmo de nosso trabalho.

2. *Hipóteses de Trabalho e Método*

Muitos historiadores consideram hoje que devem se apoiar em um "modelo" preestabelecido antes de encetar o seu estudo.

---

7. ADELINE DAUMARD, *La bourgeoisie parisiènne de 1815 à 1848*, Paris, 1963, *passim*.

Encontram aí um fio de Ariadne que os guia sem impedir, na melhor das hipóteses, que explorem toda a complexidade da realidade social. Quando entabulamos nossas pesquisas sobre a burguesia parisiense, recebemos inúmeras sugestões neste sentido: por exemplo, limitar o nosso estudo ao grupo restrito dos eleitores censitários,[8] ou deter-se somente naqueles que possuíam uma casa em Paris, o que era ao mesmo tempo mais restritivo, pois todos os eleitores parisienses não eram proprietários, e mais amplo, já que isso integrava as mulheres, os menores, e que certas casas tinham pouquíssimo valor para proporcionar o censo legal. Esses grupos eram interessantes, mas era impossível fazê-los coincidir *a priori* com a burguesia. Tornado clássico, o postulado que assimila burguesia a proprietários de bens de produção tem a vantagem de não fixar cesuras tão incisivas quanto os precedentes já que falta definir o que se entende por bens de produção e a partir de que valor um capital fundiário ou mobiliário, uma empresa são considerados como tais. Como todos os postulados, entretanto, ele dá primazia a um aspecto da realidade e, de nosso parte, escolhemos outro método. Em lugar de partir de um modelo único, multiplicamos sistematicamente as hipóteses de trabalho procurando encontrar os diferentes componentes da vida soc'al e confrontando estes componentes ao invés de considerar que um engendra todos os outros. O conhecimento dos testemunhos, a descoberta progressiva de fontes novas ou negligenciadas e de técnicas necessárias à exploração dos dados, a reflexão sobre o conteúdo dos conceitos gerais tanto quanto a análise das diversas formas da evolução histórica nos sugeriram essas hipóteses de trabalho que podem ser reagrupadas em torno de três temas. Primeira hipótese: toda sociedade baseia-se na existência de uma hierarquia e, na França, encontram-se hierarquias internas no seio dos diversos grupos que constituem a sociedade global. Segunda hipótese: a posição dos indivíduos na sociedade (ou a dos casais, termo pelo qual designamos o grupo constituído pelo marido, a mulher e os filhos vivendo com os pais e sem profissão independente) está em relação estreita com as ascendências familiares, as relações sociais de um lado, com as possibilidades novas abertas às ambições pelo mundo contemporâneo, de outro. Terceira hipótese: os comportamentos, influenciados pela pressão social, são também resultado de escolhas individuais, familiais, às vezes

---

8. Recordemos que, de 1814 a 1848, o direito de voto era concedido aos franceses que pagassem um censo calculado segundo o montante dos impostos diretos que, então, pesavam essencialmente sobre a propriedade construída e não-construída e sobre as atividades comerciais, artesanais e industriais.

coletivas. Como tais, elas fornecem elementos para depreender as características da alma profunda dos diversos grupos sociais que evocam além do mais múltiplas descrições baseadas em casos particulares. Depreender o que faz a essência da burguesia, encontrar as próprias bases da sociedade dominante, tal é o resultado lógico desses passos. Longe de ser um ponto de partida, o "modelo", se fizermos questão de usar esta palavra, deveria ser o resultado de toda pesquisa original levada a seu termo.

Muitos fatores influem na hierarquia social na França contemporânea. A igualdade civil existe perante a lei. Nos fatos, subsistem entretanto diferenças de *status*. Um prestígio persistente cercou e cerca os descendentes da nobreza, das famílias antigas ou conhecidas. Todos os adultos nem sempre desfrutaram integralmente dos direitos atribuídos em princípio a todos os cidadãos e restam ainda hoje traços dessas discriminações dos quais as mulheres, por exemplo, sofrem as conseqüências. Finalmente, se a liberdade de consciência jamais foi duradouramente posta de novo em dúvida, preconceitos e crenças contribuem para erguer barreiras principalmente entre católicos, protestantes, judeus e ateus de toda obediência. As diferenças de riqueza constituem um elemento mais visível da hierarquia social, mas com muitas nuanças. Especifiquemos primeiro um ponto. Níveis de renda e níveis de fortuna nem sempre coincidem, porém a renda total de que cada casal se beneficia é particularmente difícil de se conhecer, mesmo desde a fixação do imposto geral sobre a renda, a partir de 1917. Aliás, a verdadeira riqueza é a fortuna. Mas o que é a fortuna? Onde começa a abastança, a que nível pode-se falar de riqueza? É preciso, por outro lado, ligar prestígio social à propriedade fundiária, ao investimento em empresas individuais diretamente geridas por seu proprietário ou à posse de ações de grandes sociedades financeiras ou industriais? Cumpre fazer-se uma distinção entre capital de renda, capital produtivo e capital puramente especulativo? A profissão e eventualmente as outras funções exercidas contribuem igualmente para as desigualdades e é essencial determinar se a hierarquia da riqueza e a das profissões coincidem; mas a hierarquia das profissões nem sempre é fácil de ser determinada. Enfim, não se poderia desprezar os aspectos visíveis do gênero de vida, da cultura ou dos usos. Se se observa por vezes um desnível entre o nível de fortuna e de rendas de um lado, gênero de vida, a qualidade da cultura e da educação de outro, é preciso enxergar nisso o gosto pela ostentação, a influência da vaidade, a mediocridade moral em uma palavra? Ou então pode-se pensar que, em certos limites, a dignidade da vida, a distinção, a superioridade têm outras fontes que não as que decorrem da riqueza?

Para compreender a formação dos diversos meios sociais, é possível estudar como se formaram as fortunas: é uma abordagem indireta, mas significativa. As fortunas privadas possuem diversas origens: herança ou doação, principalmente por ocasião de casamentos; criação de empresa ou valorização de novas terras; aquisição por compra, à vista ou a crédito, de bens passíveis de valorização, seja com a esperança de um enriquecimento a longo prazo, seja no espírito de especulação. A administração das fortunas privadas decorre de três tipos principais. A administração do "pai de família" procura investimentos "seguros" ou considerados como tais a fim de garantir a transmissão do patrimônio aos descendentes; ela se baseia em um espírito de poupança mas fornece resultados bastante aleatórios em um período de inflação. A administração especulativa tem por objeto seja a criação de uma fortuna a partir do nada, graças a empréstimos reembolsáveis sobre os benefícios descontados, seja aumentar o capital por meio de uma constante aplicação. Finalmente, a gestão destrutiva acarreta o consumo da fortuna, seja através de uma dilapidação pura e simples, seja através da transformação do capital individual em renda vitalícia; nos dois casos, o resultado é o mesmo: a fortuna familial desaparece devido à primazia dada aos interesses individuais. Acrescentemos que, na prática, existem combinações destes diferentes tipos de administração.

A mobilidade social, fórmula moderna que recobre uma noção antiga é para os seus defensores uma das justificações da sociedade burguesa: as instituições liberais e o liberalismo econômico proporcionam todas as oportunidades de chegar aos primeiros lugares da hierarquia social àqueles que possuem mais qualificações e caráter, aos melhores em uma palavra, ao passo que os medíocres, mesmo se nascidos em uma família rica e poderosa, estão condenados a cair. Ao contrário, o pensamento socialista francês, no século XIX, encontra na negação deste movimento duplo um argumento de peso para condenar o sistema social. Esta convergência, que parte das mesmas premissas para chegar a conclusões opostas, é um argumento a mais a fim de se tentar conhecer as origens e as carreiras dos indivíduos e das famílias. As diferentes camadas da burguesia são formadas por autóctones ou imigrantes vindos do campo para a cidade, das regiões pobres para as zonas transformadas pela industrialização e o crescimento econômico, eventualmente vindos do estrangeiro? É preciso também encontrar as etapas sucessivas da inserção social, comparando primeiro as profissões e as funções exercidas por um indivíduo, seus recursos e sua fortuna em diferentes épocas de sua vida. Igualmente, a comparaçãc entre a situação das gerações sucessivas, pai, filho, neto, fornece índices sobre a tendência para a mudança ou a estabilidade da sociedade, sobre a importância da capilaridade social e o papel dos adventícios na formação da burguesia. O estudo dos casamentos está ligado estreitamente ao problema anterior. A escolha de uma esposa ou a de um genro constitui elemento decisivo da promoção social e de que maneira? Que lugar deve ser concedido aos esforços conjugados do marido e da mulher para compreender o êxito ou o fracasso de um casal e de seus filhos? Que esforços, que sacrifícios os pais estão dispostos a fazer para assegurar o futuro de seus filhos e para quantos dentre eles? Deve-se, finalmente, levar em consideração os laços de relação e de clientela? O jogo das alianças matrimoniais e de parentesco pode ser decisivo para favorecer o êxito social nos negócios, na vida privada, na vida pública, porém, às vezes, acarreta pesados tributos. Ao lado, estabelecem-se relações às vezes superficiais, às vezes decisivas, que moldam a vida dos indivíduos e dos grupos: laços de vizinhança, mais determinantes nos meios próximos do povo, solidariedades de origem geográfica entre os imigrados que, isolados nas grandes cidades, se encontram com freqüência entre pessoas do mesmo país, troca de opinião e às vezes de serviços entre os membros das academias locais, dos círculos e dos clubes freqüentados pelos notáveis. Os laços de solidariedade são sem dúvida menos visíveis que sob o Antigo Regime, mas sua influência está sempre latente por intermédio de associações ideológicas e políticas (da francomaçonaria aos partidos organizados), de agrupamentos religiosos, de associações profissionais, simples reuniões amigáveis ou sindicatos poderosamente organizados. Sem a análise destas diversas redes, é difícil saber se o individualismo proclamado da burguesia corresponde a uma realidade.

O conhecimento das motivações profundas é particularmente aleatório, sobretudo quando se procura ultrapassar os casos particulares a fim de descobrir as tendências gerais, porém o estudo dos comportamentos fornece indicações interessantes. Este estudo implica uma análise de conduta da vida privada, familial e profissional, reconstituída através da história das famílias, dos casais, dos filhos, das empresas. Acrescente-se-lhe a pesquisa dos suportes religiosos, ideológicos, éticos, cujos valores transparecem na leitura dos documentos particulares, no exame dos testamentos, às vezes de doações, por ocasião de certas decisões que marcam a vida individual, familial etc. Enfim, a participação nas instituições através das quais se exprimem a vida coletiva, no plano profissional e local, o exercício dos direitos e dos deveres do cidadão permite destacar tipos com diversos graus: simples observação dos ritos impostos pelos usos ou pela regulamentação, esforço sistemático e voluntário de informação, militantismo ativo, vontade de chegar a funções de direção e de responsabilidade. A interpretação que podemos dar a estes comportamentos promove todo o interesse destas análises, porém, mesmo aqui, é preciso dar um lugar à imaginação criadora, o que vai de encontro à pesquisa das hipóteses de trabalho. Tomemos um exemplo para melhor especificar o nosso pensamento. O paternalismo é característico das relações que os chefes das grandes empresas capitalistas, à época do liberalismo triunfante, queriam estabelecer em relação a seus operários. O medo social e o desejo de ficar com boa consciência estão sem dúvida na origem desta atitude. Mas, o espírito moralizador no qual ela repousa exprime também o sentimento de superioridade do chefe frente a homens que ele considera, sob certos aspectos, menores e irresponsáveis. À maneira dos privilegiados que pertenciam outrora à ordem da nobreza, a burguesia tem encargos a assumir. Pode-se pensar que o laço entre a noção de direito e a de dever é um dos traços característicos dos meios superiores e das categorias dominantes?

Múltiplos testemunhos trazem elementos de resposta a estas questões. Amiúde ricos de ensinamentos, nunca desprezíveis, eles não são quase probatórios quando isolados. Daí por que em toda a medida do possível demos a primazia ao método quantitativo, baseado no tratamento estatístico de longas séries de documentos: assim pode-se confrontar as hipóteses com a realidade. Porém toda estatística implica reagrupamentos e um sistema de classificação cujas características podem modificar os resultados finais.

Dois fatores que reagem um sobre o outro explicam a escolha de nossas referências: as hipóteses de trabalho têm as suas exigências, mas os dados fornecidos pelas fontes impõem suas leis e a repetição de alguns fornece orientações às vezes determinantes. Certas variáveis possíveis tiveram de ser descartadas. Por exemplo, não se podia levar em conta o crédito da instrução para recensear a burguesia do século XIX, por falta de informações utilizáveis a este respeito. Em compensação, existem múltiplos documentos de origem pública ou privada sobre as fortunas dos particulares e até sobre certas rendas de que estes podem desfrutar. Entretanto, tais informações são freqüentemente completadas pela menção da profissão ou da qualificação. É por aí que é possível situar qualquer pessoa na sociedade francesa contemporânea, tanto na época da monarquia censitária quanto nos nossos dias. Com freqüência, são determinados também o domicílio, o sexo e o estado civil. Às vezes, no entanto, quando estes não acarretam discriminação particular, o sexo e o estado civil são negligenciados: tivemos de renunciar, por exemplo, à apreciação da parte das mulheres entre os chefes de empresa inscritos no cadastro de impostos, pois nada as distinguia dos homens nestes documentos fiscais.

Por força das coisas, profissão e fortuna (à falta de informações satisfatórias sobre o conjunto dos rendimentos) se impunham como referências de base. Uma e outra são complementares, são duas abordagens diferentes do problema complexo da hierarquia social e não duas imagens de uma mesma realidade econômica, como afirmam às vezes análises demasiado sumárias.

Pode-se considerar que a profissão fornece uma indicação sobre a posição dos indivíduos no sistema de produção, porém, a este respeito, o estudo da origem das rendas, do montante e da composição das fortunas privadas é bem mais significativo. O interesse essencial da referência profissional é outro. Desde o início do século XIX, a profissão é o melhor símbolo para precisar a posição que um indivíduo pode ter na sociedade, independentemente de sua fortuna, a fim de se apreciar o *ranger* (a posição social) segundo a expressão de Tocqueville, em oposição à riqueza. Sem dúvida, a questão não é simples, pois a posição depende também das origens familiais. Porém, sob a condição de completar a menção profissional através da qualificação, das funções exercidas e das honrarias ligadas à pessoa, a classificação sócio-profissional é o melhor instrumento para uma abordagem estatística da questão. Às vezes, diversas indicações concernem a um mesmo indivíduo: isto não é uma dificuldade insuperável se a classificação sócio-profissional for bastante complexa e utilizada com bastante flexibilidade. Em um dado setor, por outro lado, a hierarquia surgia com relativa facilidade: um coronel é hierarquicamente superior a um tenente mesmo se determinado jovem tenente possui, individualmente, todas as probabilidades de chegar a um futuro brilhante que determinado velho coronel jamais conhecerá. Em contrapartida, como situar um magistrado em relação a um banqueiro, um industrial em relação a um engenheiro? No reagrupamento das profissões ou das qualificações, é preciso portanto prever classificações paralelas e numerosas, complexas rubricas que se adaptam às diversas facetas da realidade. A classificação sócio-profissional não dá uma imagem da hierarquia social, é simplesmente um instrumento de trabalho que, completado pelas outras variáveis disponíveis, permite analisar e comparar os dados que as hipóteses de trabalho possibilitaram reter, antes de reagrupá-los com vistas à síntese final.

3. Burguesia Francesa, Burguesia Brasileira

É inútil expor longamente as conclusões de nossas pesquisas sobre a burguesia francesa: elas são examinadas nos artigos que se seguem. Indicaremos apenas alguns grandes traços que podem ser o ponto de partida de uma reflexão mais geral, lembrando todavia que a evolução social se faz em ritmos diferentes de acordo com os meios profissionais, familiais, religiosos etc., e que as diferenças regionais também pesam.

A sociedade francesa contemporânea é hierarquizada, mas aberta. Não há separação aguda entre os diversos graus da hierarquia social: qualquer que seja o critério de classificação escolhido, todos os casos intermediários existem, de uma posição à outra; os diferentes meios são renovados com a chegada de adventícios em número não desprezível, até o topo da hierarquia burguesa. A mobilidade social é uma realidade, mas ela quase não acarreta o rebaixamento das pessoas de posições galgadas há várias gerações, nem a de seus filhos, ela só beneficia enfim os indivíduos mais capazes, mais hábeis e mais favorecidos pela sorte. Esta hierarquia social possui uma base ternária que reaparece na estrutura do conjunto da sociedade, assim como na dos meios provenientes da burguesia, mas com imbricações tais que, por exemplo, o nível superior das classes médias situa-se no mesmo plano que o nível inferior das classes superiores, o nível superior das classes populares penetra na camada inferior das classes médias.

Esta estrutura ternária propõe o problema do lugar das classes médias na burguesia: são elas parte integrante da burguesia ou é preciso distinguir os dois grupos? Uma aristocracia burguesa constituiu-se progressivamente na França, aproximando-se pouco a pouco de uma parte da antiga nobreza. Paralelamente, desde o final do século XIX, as classes médias se firmaram, foram criadas organizações, na mesma época, para agrupar os pequenos chefes de empresa e, após a Segunda Guerra Mundial, os representantes das profissões liberais e os assalariados, que separados dos operários e dos pequenos empregados pelas suas competências e suas funções, constituem o enquadramento e o arcabouço das grandes empresas. O surto desse "movimento das classes médias" traduz uma certa tensão, repousa em uma evolução das mentabilidades e tem repercussões políticas e ideológicas. Além disso, o progresso do nível de vida da totalidade dos franceses, de um lado, a dificuldade cada vez maior de se encontrar empregados domésticos, e a um custo mais e mais proibitivo, de outro, atenuaram sensivelmente as diferenças materiais que outrora opunham os gêneros de vida populares aos das outras categorias sociais, exceto para os detentores das rendas mais elevadas.

Os contrastes entre grande, média e pequena burguesia são evidentes. A aristocracia burguesa só se concebe apoiada em uma grande fortuna e seu poder é assegurado pela rede de relações familiais e sociais. O capital e a qualificação, cada vez mais completados por uma utilização sistemática do patronato, dão os dois fundamentos de seu poder. Seu papel diminui quando o sufrágio dos cidadãos confia o poder político a maiorias que dão prioridade às camadas médias ou ideologicamente orientadas para a esquerda, porém, desde os anos 1830-1840, a aristocracia burguesa sempre exerceu uma influência importante nos destinos da nação e caracteriza-se por uma fé sólida em seu futuro. demonstrada pelo número relativamente elevado de seus filhos. A "boa burguesia"* outrora apoiava-se geralmente em um patrimônio familial, sempre aumentado pela poupança. Ela depende hoje, essencialmente, dos ganhos de seu trabalho mas, demasiado individualista e demasiado culta para se dobrar inteiramente à pressão das modas e da publicidade, demasiado certa de sua superioridade social para se entregar a despesas ostentatórias, possui geralmente uma certa fortuna herdada ou adquirida: ela consagra uma parte desta ao estabelecimento dos filhos por ocasião de seu casamento ou para facilitar a sua inserção na vida profissional. Caracteriza-se enfim pelo seu gosto pelas questões de interesse geral e pela ação que conduz com objetivos nacionais e freqüentemente a serviço do Estado ou da nação para uns e, para outros, através de uma ação regional. Os representantes da pequena e da média burguesia compreendem duas categorias: pequenos industriais, artesãos, comerciantes e membros das profissões liberais estabelecidos por conta própria proclamam seu individualismo, desconfiam da intervenção do Estado mas pedem a sua proteção em inúmeras ocasiões; os assalariados, empregados pelo Estado ou pelas empresas privadas, procuram cada vez mais defender as vantagens adquiridas e as que esperam conquistar pela pressão das associações e do sindicalismo. O leque dos rendimentos e dos bens que uns e outros dispõem é bastante aberto: seus montantes se confundem embaixo com os que dispõem os operários mais favorecidos, atingem ou ultrapassam em cima as de uma parte da "boa burguesia". Con-

---

* "boa burguesia": termo pelo qual a autora designou a parte do meio burguês que se situa entre o limite superior das classes médias e o limite inferior das classes superiores. Cf. A. DAUMARD, in *Histoire économique et sociale de la France*, op. cit., t. III, vol. 2, p. 893.

tudo, salvo exceção, esta pequena e média burguesias distinguem-se da "boa burguesia" por ambições mais estreitas, objetivos mais limitados e uma dependência mais acentuada com respeito à pressão social.

Apesar desses contrastes, é lícito empregar, na França, o termo burguesia em uma acepção mais ampla, incluindo aí as classes médias. Essencialmente, o burguês é um adulto, um homem que se pretende responsável por seus atos e é considerado como tal pelos outros. Essas responsabilidades são mais ou menos extensas, podem exercer-se no seio da família, de uma atividade profissional, de uma empresa; podem ter por objetivo uma ação local, a direção de um agrupamento particular ou a participação no comando da nação, em todos os casos, elas surgem do mesmo princípio. Segundo uma expressão familiar e evocadora, o burguês deseja "ser o seu próprio patrão". Ele é convencido de que deve e pode modelar o seu futuro e, conforme o caso, o de seus filhos, de seu meio e de seu país, graças ao exercício de suas aptidões e à ação de sua vontade. Tendo vocação para organizar e para decidir, tem consciência de seus direitos, mas respeita os deveres que lhe impõe a sua posição. A sociedade burguesa baseia-se na ação dos que, em seu setor e em todos os graus da hierarquia social e profissional são os mais capazes e mais eficientes. É uma sociedade de elites, suscetível de utilizar todas as engrenagens das instituições existentes, mas também de reformá-las.

É possível transpor os métodos e os resultados obtidos na França para estudar a burguesia brasileira dos séculos XIX e XX? Não temos a pretensão de esboçar uma resposta a esta questão. Mas, talvez, à vista de algumas observações que nos sugeriram sondagens na documentação e os trabalhos dos historiadores brasileiros, caiba pensar que apresentarão um certo interesse.

Existem no Brasil documentos análogos às grandes séries nos quais se baseia a história da burguesia francesa. É inútil lembrar tudo o que traz o estudo das instituições e de seu funcionamento, o das relações provenientes dos representantes dos poderes públicos, a leitura da imprensa e dos testemunhos múltiplos deixados pelos contemporâneos. Ao lado dessa documentação qualitativa, numerosíssimas fontes são suscetíveis de um tratamento estatístico. Elas provêm de dois grandes tipos que designamos pelo termo de "recenseamentos" de um lado, de "monografias" de outro; em certos setores e em certas regiões, a exploração destas séries foi aliás iniciada pelos historiadores brasileiros. Ao primeiro tipo se relacionam as listas nominativas de recenseamento da população, as listas eleitorais, as da guarda nacional e muitas outras, sem esquecer as numerosas indicações fornecidas pelas listas inseridas nos anuários publicados por associações diversas ou destinadas a comunidades urbanas. Do segundo tipo, procedem documentos bastante variados. Os registros paroquiais ou de estado civil permitem reconstituições de famílias tão úteis para a análise social quanto para os estudos demográficos. Os arquivos notariais, especialmente os testamentos, os inventários e as partilhas, os contratos relativos a compra e venda fornecem múltiplos dados sobre as fortunas, os gêneros de vida, a estrutura das famílias e os comportamentos familiais, religiosos, sociais. Cumpre também assinalar a importância das monografias que permitem retraçar as diversas etapas de vida de um indivíduo ou até de uma família, tais como os *curriculum vitae*, as cartas de alforria, os documentos de origem judiciária.[9] Esta enumeração está longe de ser exaustiva, ela era necessária para abordar a questão das referências, difícil mas crucial para quem quer que se aventure pela história quantitativa.

É evidente que não se poderia estudar a burguesia brasileira sem levar em consideração certos aspectos específicos da sociedade brasileira; as diferenças de estatuto entre homens livres, escravos e em certa medida alforriados, a importância por tanto tempo atribuída à cor, o papel dos laços de dependência e de clientela tangíveis, por exemplo, com a menção dos "agregados" nos recenseamentos da população, a influência dos diversos sistemas de solidariedade, a parte considerável das populações imigradas que, vindas da África ou da Europa, sem falar das populações de origem asiática, devem se inserir com suas tradições particulares na civilização e no sistema herdados dos colonizadores portugueses. Porém, os critérios impostos para reagrupar os dados relativos à burguesia francesa contemporânea são encontrados igualmente com grande freqüência na documentação brasileira do século XIX: informações sobre os recursos ou a fortuna e sobre a profissão, bem como o domicílio e o estado civil. É legítimo amparar-se nestes dados tangíveis ou arrisca-se, ao lhes dar demasiada importância, ser enganado por uma imagem talvez influenciada, no século passado, pela transposição ao Brasil de instituições e de usos europeus imperfeitamente adaptados às estruturas da sociedade do país?

9. Relacionam-se a esse mesmo tipo os dossiês estabelecidos pela Inquisição sobre os cristãos-novos, empregados de forma magistral pelos trabalhos pioneiros de ANITA NOVINSKY, *Cristãos-Novos na Bahia*, São Paulo, Perspectiva, 1972 e outras publicações. Porém estes dossiês, que renovam todo um lado de história da sociedade brasileira, reportam-se ao período anterior, o do Brasil colonial.

Que lugar deve ser dado ao estudo das fortunas privadas e como se pode apreciar o seu valor? A questão possui muitos aspectos dos quais reteremos apenas um, para analisá-lo, a título de exemplo. Durante muito tempo, o regime de terras teve por conseqüência o fato que o capital de exploração prevalecia sobre o capital fundiário. Isso deve ser levado em consideração quando se tenta avaliar e comparar as fortunas. E leva também a outra reflexão. Sem dúvida, os pequenos arrendatários estão freqüentemente em uma situação precária, à mercê dos grandes proprietários. Mas, inversamente, a importância das terras vacantes abre possibilidades tanto aos que exploram por intermédio de escravos ou trabalhadores assalariados quanto aos que, com pequeníssimo equipamento para começar, utilizam apenas a sua força de trabalho e a de sua família. As tentativas deste gênero deveriam levar alguns à fortuna, muitos outros à miséria e à ruína, mas pode-se imaginar que uma parte desses pioneiros conseguiram pura e simplesmente obter uma modesta abastança. Muitos outros casos permitem evocar a importância das posições intermediárias entre o topo e a base da hierarquia social. Mesmo o corte entre o mundo dos escravos e o dos patrões não era total, graças à prática da alforria que favorecia, na cidade principalmente, a julgar-se pelo exemplo de Salvador na Bahia, a constituição de uma categoria de pequenos comerciantes e de artesãos instalados por conta própria.[10] Multiplicadas e estendidas a outras situações, observações do mesmo gênero colocam a questão da existência das classes médias no Brasil em uma sociedade que foi sempre apresentada como sendo de essência fundamentalmente binária.

Gostaríamos de finalizar estas reflexões bastante parciais com algumas observações sobre o interesse das referências relativas à posição individual. As indicações profissionais são amiúde difíceis de interpretar. O conteúdo dos termos carece, às vezes, de precisão; múltiplas profissões são por vezes atribuídas a um mesmo indivíduo, mas isso não é característico do Brasil e, em certos aspectos, o acúmulo de profissões caracteriza certas etapas do desenvolvimento econômico. Às vezes, uma menção aparentemente profissional tem, no Brasil, o valor de um título: aquele que se diz advogado não exerce uma profissão de homem de lei, mas encontra em seus diplomas uma maneira de afirmar sua posição social. Isso tende a provar que os fundamentos da hierarquia social não eram unicamente econômicos e que se deve ter

---

10. Cf. KATIA M. DE QUEIRÓZ MATTOSO, *Etre esclave au Brésil*, Paris, 1979 e também *Bahia: A Cidade de Salvador e seu Mercado no Século XIX*, São Paulo, Salvador, 1978.

em conta também aquilo que chamamos, na França, de *rang* (condição social, classe). Porém, a posição individual é o alicerce principal da hierarquia social? Sem dúvida, apesar do caráter individualista da sociedade liberal, o burguês francês não é um homem só, ele está ligado à família ou antes a duas, a sua e a de sua mulher e ele utiliza, havendo oportunidade, toda uma rede de relações. Mas, o papel dos sistemas de solidariedade não é particularmente determinante no Brasil? Sob que forma? O estudo das famílias certamente se impõe, mas, ao contrário do que se passa na França, a comunhão de bens que rege a maioria dos casamentos brasileiros confunde em um todo, partilhável em dois quando da dissolução do casamento, o conjunto dos bens dos esposos, inclusive as heranças ou as doações que estes puderam receber a título pessoal. Portanto, salvo exceção, a linhagem que se liga ao passado familial tem menos importância que o futuro baseado na nova célula constituída pelo casal e seus descendentes, inclusive os filhos ilegítimos que podem surgir em competição com a posteridade legítima quando da partilha das heranças. No entanto, inúmeros índices levam inversamente a repelir a imagem de uma sociedade individualista, fundada unicamente no papel dos indivíduos e das famílias conjugais. As lembranças das diferenças de *status* jurídico que separavam outrora senhores e escravos, brancos e pretos, portugueses de origem e imigrados vindos de qualquer outro lugar, as redes de patronato e de clientela estabelecidas entre os senhores, os servidores e seus descendentes, entre os protetores e os protegidos, agregados ou outros, os laços criados pela existência de múltiplas confrarias religiosas, associações e agrupamentos onde se reencontram os imigrados com a mesma origem acarretam entre os indivíduos e as famílias, tanto deveres quanto direitos? A existência dessas relações é um fator de mobilidade social ou então ela provoca uma certa esclerose das estruturas sociais?

Desde o começo do século XIX, o Brasil aparece como um país novo voltado para o futuro, preocupado com a modernidade, mas profundamente moldado por tradições numerosas e diversas que constituem a outra face de sua civilização e de sua alma. Os indivíduos, as famílias e os grupos sociais suscetíveis de se relacionarem com a burguesia não escapam a esta dupla orientação; tentar reencontrar seus efeitos sobre as estruturas sociais e os comportamentos coletivos parece-nos o ponto de partida e a condição para qualquer pesquisa sobre a burguesia e as características da sociedade brasileira.

2. DADOS ECONÔMICOS E HISTÓRIA SOCIAL*

Em todas as épocas procurou-se descrever as sociedades humanas, porém, durante muito tempo, o tema reteve a atenção de cronistas ou de filósofos. Há alguns anos, ao contrário, historiadores cada vez mais numerosos interessaram-se pelos estudos sociais, introduzindo o método quantitativo nas pesquisas. Sem omitir os acontecimentos ou o papel dos indivíduos, o historiador procurou depreender as características dos diversos grupos sociais. Então se impôs a necessidade de medir: os cômputos estatísticos adaptam-se melhor do que a descrição de casos típicos, sempre contestáveis, ao estudo dos grupos, apresentando uma garantia maior de objetividade, pois permitiu eliminar mais facilmente os casos aberrantes. Obviamente, tudo o que procede da descrição social não é mensurável, porém um dos objetivos do historiador é ampliar ao máximo o campo da estatística,

* Données économiques et histoire sociale, *Revue économique*, Paris, 1965, nº 1, pp. 62-85.

mesmo em domínios que pareciam, antes destas tentativas, completamente irredutíveis a uma apreciação numérica.

O historiador não se encontra sozinho na busca daquilo que pode ser mensurável. Numerosas outras disciplinas que se relacionam mais ou menos estreitamente às ciências humanas utilizam séries estatísticas para conhecer a evolução do passado, as tendências do presente e até para "prospectar" o futuro. Estabeleceram-se contatos entre historiadores e economistas, porém confrontou-se principalmente a história econômica com o pensamento dos economistas.[1] Resta estudar as relações da história social com a economia política. Esta questão levanta o problema do lugar que o estudo dos fatos sociais deve conceder aos dados econômicos. É um vasto assunto que nos propomos esboçar apenas e sob um ângulo particular. Nosso ponto de partida não será um raciocínio abstrato, porém muito mais simplesmente uma experiência, a tese que consagramos ao estudo da burguesia parisiense sob a Monarquia Censitária.[2] Nestas condições, nossas reflexões são apenas um ensaio provisório, uma simples orientação destinada a ser revista quando novas sínteses estiverem à nossa disposição. Contudo, desde já, é possível e útil estudar, a partir de um caso preciso e do ponto de vista do historiador, como a história social e a econômica podem se amparar mutuamente.

3. *Um Quadro: As Estatísticas Econômicas*

Para todos aqueles que se interessam pela história social da França contemporânea, existe uma dificuldade relacionada à falta de um quadro que agrupe o conjunto da população: nada de categorias jurídicas análogas às ordens da monarquia absoluta; pouco ou nada de agrupamentos de fato, profissionais (sindicatos ou associações), políticos (partidos organizados com numerosos membros), religiosos, confessionais, esportivos até, culturais ou outros. Deve-se, portanto, encontrar um viés para fazer com que apareçam os grupos, matéria-prima do estudo social, depois para apreciar a evolução da condição dos diversos meios.

---

1. Cf. J. MARCZEWSKI, "Histoire quantitative; buts et méthodes", *Cahiers de l'I.S.E.A.*, nº 115 (série AF, nº 1), pp. III-LIV e J. LHOMME, "L'attitude de l'économiste devant l'histoire économique", *Revue historique*, abril-junho de 1964, pp. 297-306.

2. A. DAUMARD, *La bourgeoisie parisienne de 1815 à 1848*, Paris, 1963; edição abreviada: *Les bourgeois de Paris au XIXe siècle*, Paris, 1970.

A este respeito, no tocante à Paris da Monarquia Censitária, muitos fatores são suscetíveis de consideração: é o caso dos fatos demográficos, cuja importância foi destacada por várias obras dedicadas à população parisiense,[3] ou dos fatos políticos que fornecem não só uma cronologia, mas também reagrupamentos em razão do sistema eleitoral censitário e da seleção feita pelo recrutamento da guarda nacional parisiense. Todavia, deve-se prestar atenção particular aos fatores econômicos. O grupo dos eleitores censitários, por exemplo, tem sua existência ligada à fortuna, mesmo que o censo forneça apenas uma grosseira aproximação do valor dos bens. Acima de tudo, a monarquia constitucional coincide, em Paris, com o surto econômico considerável do qual grande parte da burguesia se beneficia; a alternância de fases de prosperidade e de crise desempenha um papel tanto mais importante quanto a condição de uma grande parte dos burgueses de Paris liga-se diretamente ao movimento dos negócios e à expansão econômica. Enfim, simples argumento de fato mas não desprezível, existem estatísticas econômicas, quer publicadas quer passíveis de serem elaboradas à custa de um trabalho mais ou menos longo, estatísticas que fornecem dados numéricos relativamente fáceis de reunir. Sem dúvida, para outros períodos, para outros tipos de civilização, outros critérios poderiam se impor. Mas cumpre reter um ponto de interesse geral: a história social deve constituir arcabouços, procurar quadros para neles integrar as suas observações; por outro lado, em nossas civilizações de tipo ocidental moderno, onde a atividade principal da maioria dos homens é orientada para o desejo de produzir ou de vender e de ganhar, seja um salário, seja um benefício, os dados econômicos não poderiam jamais ser desprezados mesmo se, em última análise, eles não pareçam sempre determinantes.

Encontrar os dados econômicos de base é uma das dificuldades com as quais se chocou, desde o início, o nosso estudo sobre a burguesia parisiense de 1815 a 1848. Teria sido desejável dispor de dados conjunturais que caracterizassem a evolução econômica do período na França inteira e, mais especialmente, em Paris: ora, as fases da atividade econômica, a evolução dos preços, das rendas e dos salários só eram conhecidos de maneira muito aproximada ou fragmentária. Era mais difícil ainda arrolar os dados de estrutura: os recenseamentos demográficos,

---

3. L. CHEVALIER, *La formation de la population parisienne au XIXe siècle*, Paris, 1950 e *Classes labourieuses et classes dangereuses* (XXVIII), Paris, 1958.

por exemplo, que, aliás, fornecem indicações sobre as características das profissões econômicas e sua importância em relação à população total, desapareceram, destruídos como tantos outros arquivos públicos da capital; do mesmo modo, é impossível tentar uma reconstituição aproximada dos níveis de fortuna ou de renda segundo os registros fiscais, pois estes não mais existem.

Por certo, as lacunas nas fontes são uma das dificuldades inerentes às pesquisas históricas (a outra, não menos constrangedora, é a pletora dos documentos de substituição suscetíveis de fornecer informações úteis, por vezes essenciais, porém ao preço de um trabalho muito mais considerável). Esta dificuldade não é insuperável, sendo que uma equipe de economistas, dirigida por J. Marczewski, elabora atualmente uma "história quantitativa da economia francesa" da qual ainda não foi possível, infelizmente, tomar conhecimento no momento em que redigimos a nossa obra. Na introdução geral que precede o primeiro caderno, J. Marczewski indica em que espírito trabalham os seus colaboradores e confronta a atitude do economista com a do historiador.[4] Para J. Marczewski, a história econômica escrita pelos historiadores não merece ser plenamente chamada de quantitativa, pois o historiador retém apenas alguns dos aspectos da evolução econômica, sendo que as sínteses que propõe se fundam em análises incompletas. Ao contrário, o sistema do economista, baseado na concepção da "macroeconomia" esforça-se por reduzir a parte da escolha na observação, colocando, no início, um "modelo", digamos mais simplesmente, um sistema que se apresenta como independente de um período histórico dado e que, por uma construção teórica, pretende estar em condições de dar conta dos mecanismos do conjunto das forças econômicas. Esta concepção apresenta inúmeras vantagens no plano do método e da rentabilidade do trabalho: uma vez elaborado o sistema, a tranqüilidade de espírito do pesquisador é perfeita, ele nada mais é que um artesão trabalhando na execução de um plano e o labor em equipe torna-se fácil de organizar. Por outro lado, estando fixado o esquema geral, faz-se possível efetuar interpolações sem muito risco e preencher os vazios quando falta a documentação, já que cada componente ocupa um lugar em um conjunto previamente construído. Este método, baseado na aplicação de teorias econômicas, é aplicável à história econômica propriamente dita, menos sistemática talvez e aberta a preocupações mais complexas? Não precisamos

---

4. *Histoire quantitative; buts et méthodes, op. cit.*, pp. III-VIII.

abordar este ponto que é da alçada dos historiadores especializados em história econômica. Mas, forçoso é indicar que reconstituir sobre estas bases a evolução econômica do passado parece responder com dificuldade às exigências da história social.

Em nosso estudo sobre a burguesia parisiense, foi reunido o maior número possível de dados econômicos e nada teria sido mais desejável que poder ampliar mais ainda o leque dos elementos recenseados se estes tivessem sido arrolados pelos estudos dos contemporâneos e por trabalhos atuais. Porém, tais dados não foram selecionados globalmente de modo a constituir um conjunto em cujo seio se haja fixado de antemão o lugar da descrição social. Foram escolhidos um a um como símbolos, entre outros, de uma situação social que o objeto de trabalho deveria justamente especificar. Uma dupla preocupação orientava a escolha: a de utilizar ao máximo os dados numéricos legados pelo passado (sejam as estatísticas propriamente ditas, sejam os diversos documentos bastante numerosos e bastante precisos para poder fornecer cômputos relacionáveis a um todo rigorosamente definido); necessidade de reter testemunhos acerca dos mecanismos postos em evidência em data posterior à época estudada, no caso presente, as relações de forças econômicas e sua evolução, mas também acerca dos fatos que chamavam a atenção dos homens do passado, símbolos de sua mentalidade. A escolha dos dados econômicos repousa, portanto, não só em hipóteses de trabalho em uma construção teórica elaborada atualmente, mas deve ter igualmente em conta as realidades da história, é feita em função da natureza das fontes e das características da sociedade e da civilização que estas revelam.

O estudo da burguesia parisiense teria sido facilitado se pudesse apoiar-se no conhecimento das estruturas econômicas como também no conhecimento da conjuntura própria à capital. Porém, a história econômica do período, apenas encetada, não permitia à pesquisa social encontrar todas as bases desejáveis; por isso foi sobretudo a evolução que no plano econômico pôde servir de guia a nosso trabalho e ainda sob a condição de reconstituir com freqüência estatísticas inexistentes.

Duas categorias de dados são essenciais, uma concerne ao conjunto de Paris, outra relaciona-se mais particularmente ao estudo específico da burguesia. Numerosas séries permitem descrever primeiro a expansão econômica da capital de 1815 a 1848, bem como suas fases de prosperidade e de crise.[5] Seria necessário ainda reconstituir estatísticas que, salvo exceções,

5. A. DAUMARD, *op. cit.*, pp. 416-440.

não eram fornecidas diretamente. A progressão do número de contribuintes licenciados e do produto dos alvarás de contribuintes, a do valor das exportações declaradas na alfândega de Paris, o próprio aumento do número de registros de sociedades apresentados ao Tribunal de Comércio do Departamento do Sena (se bem que sejam necessários corretivos para levar em conta eventualmente a criação de sociedades puramente especulativas,[6] o desenvolvimento das indústrias, o da construção, como também aquelas cujos traços subsistem nos relatórios do Conselho de Salubridade, fornecem símbolos de progressão dos negócios, sensível no final da Restauração, antes da crise que enquadra a Revolução de 1830, mais particularmente acentuada durante os últimos anos do reinado de Luís Filipe. Progressão entrecortada por crises, conhecidas no quadro nacional, mas cuja gravidade especificamente parisiense se mede pelas variações dos fatores acima citados, assim como pelo número de falências e por sua importância, avaliada segundo o montante do passivo. O ritmo e as características da expansão econômica da capital apresentam um interesse geral, pois salientam principalmente o papel motor desempenhado pelos grandes promotores de negócios e pelos grandes negociantes parisienses no desenvolvimento da economia francesa que ganha então grande ritmo e começa a adotar, nos últimos dez anos do reinado de Luís Filipe, as formas modernas do capitalismo.

O estudo deste desenvolvimento está em relação direta com o sujeito social que é o objeto de nossa obra. Numerosos burgueses de Paris, de todos os graus da hierarquia social, eram ou haviam sido chefes de empresa; por isso a expansão econômica é um símbolo da progressão dos grupos burgueses no conjunto da população e de suas flutuações numéricas, nomeadamente na medida em que o patronato, mesmo considerando-se a existência de uma empresa popular inteiramente medíocre, opõe-se ao proletariado miserável.

A evolução das fortunas e das rendas está ainda mais estreitamente relacionada com a condição burguesa. Mas, mesmo aí, os dados de base eram ou fragmentários ou inexistentes, sendo necessário portanto reconstituí-los, introduzindo-se, por vezes, a fim de se proceder às escolhas ou aos cômputos considerações ligadas mais às exigências da pesquisa social que aos princípios da contabilidade nacional. Assim, foi concedida grande importância ao estudo dos patrimônios, cujo montante e variações foram reconstituídos a partir das declarações de

---

6. *Idem* p. 436

sucessão feitas à administração do Registro de Heranças e Legados de Paris em 1820 e em 1847: o montante dos bens deixados pelos defuntos e a partilha das fortunas segundo sua importância evidenciaram um enriquecimento de quem tinha posses, mais marcado ao nível das grandes fortunas, mas não desprezível para os representantes da classe média.[7] O estudo das rendas, principalmente na falta de qualquer documentação fiscal sobre a questão, é mais difícil de fazer-se do que o do capital; por isso só podemos estudar a variação de diversos elementos componentes das fortunas burguesas nem sempre escolhidos entre as mais significativas, mas em função das fontes disponíveis: cotação de apólices da dívida pública francesa, da ação do Banco da França, variação do valor dos imóveis parisienses[8] e do preço das custas de tabeliões e de procuradores. A despeito de uma grave lacuna, ligada à ausência de informação sobre o lucro industrial e comercial, as curvas traçadas segundo estas séries[9] fornecem um leque bastante amplo sobre os diversos aspectos do capitalismo parisiense e permitem adiantar a seguinte conclusão, que confirma a observação baseada no estudo da fortuna: com abstração dos períodos de crise econômica que ocasionam uma regressão temporária, o valor dos diversos componentes da fortuna burguesa aumentou consideravelmente de 1815 a 1848. Isso é, pois, a prova de que o enriquecimento estava ligado à simples posse mesmo na falta de qualquer especulação e — o que é corolário — que os indivíduos e os meios abastados o bastante para não se verem na contingência de ter de alienar seu patrimônio foram particularmente favorecidos pelas condições econômicas: o enriquecimento correu sobretudo em favor dos ricos.

Os quadros econômicos permitem, portanto, presumir o crescimento da importância da burguesia na cidade. Eles dão as bases para apreciar a evolução da fortuna burguesa em seu conjunto e certos fatores de constituição e da conservação dos patrimônios. Por isso, são importantes não só para o estudo das estruturas mas também para o da formação dos diversos meios sociais: o estudo do enriquecimento, por exemplo, dá indicações sobre certas características da mobilidade social, um aspecto fundamental da sociedade burguesa em Paris na primeira metade do século XIX.[10]

7. *Ibid.*, p. 426.

8. *Ibid.*, p. 428 e p. 433.

9. *Ibid.*, p. 65.

10. O estudo da renda da propriedade construída em Paris foi objeto de uma outra obra: A. DAUMARD, *Maisons de Paris et propriétaires parisiens au XIXe siècle (1809-1880)*, Paris, 1965.

Todavia, estes dados globais têm para a história somente um valor limitado. Por um lado, só tomam sentido com referência a outros quadros que permitem considerar não mais simplesmente o conjunto da economia, mas novamente a totalidade da população e o comportamento social global. Por exemplo, o estudo dos patrimônios segundo as declarações de sucessão somente tem sentido se considerarmos a situação da fortuna de todos os defuntos, inclusive, portanto, aqueles que morrem em indigência quase total:[11] o recurso às estatísticas demográficas é indispensável e somente elas, neste caso, dão todo seu valor às observações econômicas. Por outro lado, os resultados de conjunto da medida econômica não permitem pôr em evidência os traços particulares, mesmo os puramente materiais, dos grupos sociais, pois estes não aparecem nos cômputos gerais. Portanto, deve-se acrescentar à análise econômica um estudo econômico conduzido desta vez segundo as perspectivas da história social.

2. *Uma Contribuição: Os Caracteres Econômicos dos Grupos Sociais*

Bem longe de estar subordinada à história econômica ou de extrair simplesmente as conseqüências dos resultados depreendidos pela "macroeconomia", a história social quando se debruça sobre as questões econômicas fornece um novo ângulo de visão para o estudo da vida econômica que é considerada por ela não mais como uma entidade, mas como um elemento da vida dos grupos sociais. Demos amplo espaço em nossa obra a este ponto de vista, procurando determinar a posição econômica (recursos, fortuna, ocupação) dos diversos meios e o comportamento econômico dos indivíduos que se lhes relacionam: elementos de um estudo de estrutura, com a ressalva do controle por outros fatores, esta análise fornece igualmente indicações sobre a formação da burguesia e sobre as reações coletivas; ela é, pois, muito importante para que se conheça este período e este meio. Todavia, dever-se-á atribuir um lugar privilegiado, senão preponderante, aos fatores econômicos na história social? Problema essencial, mas que se esclarece se a discussão apoiar-se em bases concretas e que exige portanto, antes de mais nada, que sejam brevemente expostos os temas econômicos destacados em nossa obra.

11. A. DAUMARD, *La bourgeoisie parisienne*, pp. 236-237.

Para estudar as características dos grupos sociais, sejam elas econômicas ou outras, a primeira dificuldade é encontrar referências. De fato, se os grupos fossem definidos no ponto de partida, nosso estudo teria sido quase que supérfluo, pois o essencial era precisamente saber o que se pode entender por burguesia, em lugar e época dados. Por isso, nossa maior preocupação, na procura das características econômicas, foi a de cercar os diversos meios passíveis de pertencer à burguesia, compreendendo-se este vocábulo em seu sentido mais lato e integrando nele principalmente os que a linguagem atual designa com freqüência como pertencentes às classes médias.

Era portanto necessário, antes de mais nada, tentar delimitar os diversos níveis em que se situava a população parisiense. Segundo quais critérios? Os recursos reais ou pressupostos evidentemente deveriam ser levados em consideração. Porém, o estudo quantitativo era difícil: ao passo que, sob o Antigo Regime, a capitação — fossem quais fossem, aliás, suas imperfeições — visava tributar os rendimentos, ao passo que, sob a Revolução, fizeram-se várias tentativas para atingir a totalidade dos recursos presumidos dos contribuintes segundo os signos exteriores da riqueza, a cota pessoal mobiliária simplesmente refletiu o montante do aluguel e novamente com a ressalva de que a base do imposto e sua significação social sofreram modificações de 1815 a 1848.[12] Na falta de indicação, mesmo eivada de erro, sobre o conjunto dos rendimentos dos contribuintes, seria necessário encontrar meios indiretos para tentar estabelecer a hierarquia dos recursos no seio da população parisiense.

Um primeiro recorte, a nível elementar, permitiu avaliar aproximadamente os efetivos da pobreza e da riqueza. Apesar da crença nas benfeitorias do liberalismo, a coletividade viu-se na obrigação não só de encarregar-se dos indigentes, mas também de assumir determinados níveis de despesas obrigatórias que os pobres de Paris não podiam enfrentar, bem como o imposto sobre o aluguel de casa e os custos de sepultamento: as pequenas locações estavam dispensadas do pagamento da taxa mobiliária e o enterro dos pobres devia ser efetuado de graça pela empresa funerária quando a herança não podia quitar senão a taxa de sepultamento. As estatísticas relativas aos óbitos e enterros que mencionam o número de aluguéis não-tributados permitem portanto contar o número de pobres. Por certo, o fator de erro é importante, pois seria mister, para maior exatidão,

---

12. Cf. *Ibid.*, 2ª parte, *passim*.

conhecer os índices de mortalidade segundo os meios sociais, assim como a dimensão das famílias que ocupam as diversas habitações da capital; mas, feitas estas ressalvas, é possível adiantar um número aproximado: ao final da Monarquia de Julho, a parcela de pobres da população de Paris deveria ser da ordem de 65 a 75%.

Esta primeira aproximação era evidentemente insuficiente para um estudo da burguesia: cumpria separar os privilegiados na massa dos que não eram pobres e tentar estabelecer uma hierarquia. A dificuldade da análise aumentava com o desaparecimento dos registros fiscais que, se não diziam respeito ao conjunto dos rendimentos, dariam pelo menos uma idéia aproximada da pirâmide e da distribuição das fortunas. Signos exteriores provenientes mais do nível de vida e do gênero de vida que da condição econômica podiam portanto testemunhar sozinhos os recursos pressupostos. Numa época em que a vida burguesa não era concebível quase sem empregados poder-se-ia avaliar aproximadamente o efetivo das famílias burguesas, se se conhecesse o número de lares servidos por um ou mais empregados domésticos. A estatística de criados foi levantada repetidas vezes em Paris, mas globalmente ou, no máximo, por bairro. Para comparar o número de domésticos ao de lares parisienses, faz-se, pois, necessário um corretivo a fim de levar em conta o caso das famílias ricas que utilizavam pessoal numeroso. A margem de incerteza é grande; todavia, parece plausível admitir que os meios que viviam na abastança, simbolizada pelo emprego de pessoal doméstico, representavam no máximo 15% da população parisiense.[13] Para a Restauração, uma estatística indicando a distribuição dos aluguéis, segundo o seu valor, permite calcular uma porcentagem pouco diferente e esboçar uma hierarquia mais detalhada, difícil aliás de ser interpretada por si só, pois, no tocante a este período, o aluguel comercial confunde-se com o da habitação pessoal.

Esta análise da distribuição de recursos pressupostos não permitia, no entanto, delimitar as diversas "esferas" da sociedade e, neste caso, não era a carência dos recursos que estava em causa. A partir deste capítulo liminar, de fato, as estatísticas e os testemunhos estabeleciam que o escalonamento dos recursos não bastaria para caracterizar a posição social, pois esta achava-se estreitamente ligada ao prestígio das diversas ocupações. Sem dúvida, era possível que houvesse coincidência entre recursos e profissão, riqueza e posição. Mas ainda assim, cumpria

---

13. Cerca de 70% dos defuntos adultos.

prová-lo. Destarte, desde o princípio, colocaram-se dois pontos essenciais: importância e insuficiência do critério econômico para a classificação social, de um lado; de outro, necessidade de confrontar os dados mais diversos para caracterizar os meios sociais.

No século XIX, se o estudo dos rendimentos dos particulares é difícil, existem fontes, ao contrário, que permitem reconstituir os patrimônios segundo os meios sociais e, portanto, comparar posição e nível de fortuna. A fortuna dos idosos pode ser avaliada ou a partir das declarações de sucessão que fornecem indicações, ainda que sejam negativas (no caso da falta de declaração) sobre o conjunto das pessoas falecidas ou a partir de inventários *post-mortem* que, estabelecidos pelos tabeliões, são mais precisos e mais completos que as declarações, mas interessam apenas a uma tênue parcela da população total. Quanto aos bens possuídos por pessoas jovens, os contratos de casamento dão geralmente uma idéia bastante exata, tanto mais quanto em Paris o regime de comunhão reduzido a bens aqüestos era largamente difundido; mas era materialmente impossível fazer uma apuração exaustiva de alguns anos tomados como referência[14] e, além do mais, os contratos de casamento dão apenas uma imagem parcial da situação de conjunto, pois, salvo nos meios abastados, os casamentos eram, com menos freqüência do que no século XVIII, precedidos por um contrato registrado em tabelião. Não há espaço aqui para discutir o valor representativo destes diversos documentos: reportamo-nos neste ponto a nossa obra.[15] Digamos apenas que é possível reconstituir o leque das fortunas que caracterizava a sociedade parisiense, considerando-se a influência da idade, do peso das dívidas e sobretudo do meio social.

Um dos pontos cruciais de nosso estudo das estruturas sociais repousa, com efeito, na preocupação de comparar o montante das fortunas e o nível social. É fácil demais afirmar que, sob o regime censitário e com o ascenso do capitalismo industrial, um se confunde com o outro. Primeiro, bem antes da vitória do Terceiro Estado e do êxito do capitalismo liberal, a fortuna, na própria França, desempenhava um papel nada desprezível na hierarquia social. Inversamente, no entanto, no século XIX, o lugar na sociedade não se media apenas segundo o montante e nem sequer a destinação dos capitais: a influência sobre o plano local ou no quadro nacional, as funções adminis-

---

14. A. DAUMARD, *La bourgeoisie parisienne...*, p. 7.

15. *Ibid.*, p. 16.

trativas ou o papel econômico, o prestígio ligado a uma posição pessoal ou herdada de antepassados prestigiosos, as capacidades intelectuais e os diplomas universitários, a participação nos gastos públicos e a aceitação de cargos gratuitos e de mandatos eletivos contribuíam igualmente para estabelecer a posição de cada um. Em um estudo estatístico de conjunto, só a profissão ou a condição podem explicar estes diversos meios. Tal é o objeto de classificação sócio-profissional que serviu de base à nossa análise das fortunas, classificação esta que utiliza, naturalmente, critérios econômicos, porquanto, por exemplo, os operários são diferenciados dos chefes de empresas, os negociantes dos simples lojistas, mas que visa sobretudo autorizar as comparações entre as pessoas suscetíveis de ter relações entre si, de pertencer ao mesmo mundo.[16]

Desta confrontação, releva que os níveis de fortuna são relativamente homogêneos em cada categoria sócio-profissional e, vendo as coisas de muito alto, pode-se concluir que o escalonamento das fortunas corresponde quase ao das condições, com a ressalva de numerosíssimas exceções individuais e contanto que se escolha um leque bastante aberto para caracterizar cada grupo. Porém, já que se trata de estabelecer uma estratificação do conjunto da sociedade, comparando os resultados obtidos para os diversos meios sócio-profissionais, produzem-se inúmeras imbricações. Sem dúvida, as diferenças são sensíveis: por isso, levando em conta não apenas fortunas e ocupações, mas também níveis de vida e recursos pressupostos, pode-se propor uma terminologia social que exprima uma verdadeira hierarquia; mas as categorias não se situam exatamente umas sob as outras, elas se recobrem em suas extremidades como escamas de peixe. Esta estrutura piramidal e estes acavalamentos testemunham, ao mesmo tempo, a importância do capital e a insuficiência do montante da fortuna para caracterizar os grupos sociais.

A análise do comportamento econômico completa o estudo estático das fortunas. Foram encarados três pontos de vista, mas eles foram tratados de modo mais ou menos completo segundo o estado dos documentos. Teria sido essencial conhecer a distribuição das despesas segundo os meios: é um elemento importante do gênero de vida que testemunha igualmente a psicologia coletiva. Os orçamentos privados, dos quais temos conhecimento, eram tão pouco numerosos que só podiam fornecer uma ilustração. Por isso, o estudo estatístico, único significativo no caso, devia reter os símbolos imperfeitos do nível de

---

16. Para o período considerado, de fato, as atas de muitos tabelionatos estão fechadas ao pesquisador.

vida fornecidos pelos documentos, valor dos móveis a guarnecer a moradia, características da habitação pessoal, número de empregados domésticos, instrumentos de cultura etc. As despesas privadas portanto só podiam ser analisadas no plano quantitativo: sua distribuição prova que o estilo de vida, longe de estar ligado unicamente ao nível dos recursos, depende pelo menos outro tanto da posição que os diversos meios se atribuem na sociedade.

A estatística, ao contrário, retoma os seus direitos no estudo da composição das fortunas. É possível calcular a importância dos imóveis e dos bens móveis; apreciar que parte os representantes das diversas profissões econômicas concediam aos investimentos; analisar em que medida a poupança se interessava pelos valores passíveis de favorecer a expansão econômica ou se orientava para investimentos não diretamente produtivos de riqueza, tais como apólices de dívida pública ou os empréstimos hipotecários.[17]

Tal estudo apresenta, sem dúvida, um interesse para a história econômica geral, se bem que, devido à natureza das fontes, ele repouse em bases relativamente estreitas em lugar de interessar a um desenho global da população parisiense.[18] Todavia, ainda aqui, a análise é especialmente orientada no sentido da demonstração social; em outras palavras, os cálculos são feitos por referência aos grupos sócio-profissionais. É uma análise de conjunto, por oposição à pesquisa baseada no exame dos tipos que erige casos particulares em regra geral, mas não procuramos integrá-la ao desenrolar das grandes tendências da evolução econômica.

O comportamento dos chefes de empresa, ao qual consagramos um capítulo,[19] pode igualmente ligar-se à história econômica. É um fator não desprezível da evolução, contanto que o papel da iniciativa individual seja levada em consideração. Porém, mais uma vez, nosso ponto de vista é particular. Não pelo método, pois se tivemos de renunciar aos levantamentos de conjunto não foi por desconfiança com relação à estatística, mas simplesmente devido à carência das fontes. Mas, pelo obje-

17. A. DAUMARD, "Une référence pour l'étude des sociétés urbaines en France aux XVIIIe et XIXe siècles: projet de code socio-professionel". *Revue d'histoire moderne et contemporaine*, jul.-set. 1963, pp. 185-210.

18. Empréstimos geralmente assinados, nesta época, para quitar uma dívida, freqüentemente a compra de um imóvel, e não para melhorar a produtividade de uma propriedade.

19. A. DAUMARD, *La bourgeoisie parisienne...*, pp. 444-447.

tivo que perseguimos, desejaríamos menos analisar a influência do fator humano sobre as transformações e o ritmo da vida econômica do que estudar, a partir de um exemplo concreto, o comportamento profissional da população burguesa ativa. Se escolhemos os chefes de empresa de preferência aos empregados, aos funcionários ou aos representantes das profissões liberais, foi porque os documentos eram mais acessíveis e mais eloqüentes, e também por causa da importância numérica dos comerciantes e dos fabricantes na burguesia parisiense. O tipo, mais escolhido em uma categoria global, substitui aqui a análise de conjunto que não era possível efetuar.

O estudo social tem, pois, laços estreitos com as pesquisas econômicas. Não somente seus dados fornecem um dos quadros em que se desenvolve a vida coletiva, mas também a originalidade dos diversos meios sociais não poderia ser dissociada das características de sua posição e de seu comportamento econômicos. Todavia, a questão fundamental se situa além desta simples constatação de bom senso: resta estudar, agora, a interpretação dos fatos.

3. Síntese Econômica, Síntese Social

A observação é apenas uma primeira etapa. A história social só tem sentido e interesse se levar a uma síntese que é o próprio objeto de toda pesquisa. Nesta perspectiva, que lugar deve-se atribuir aos dados econômicos? A experiência feita sobre a burguesia parisiense de 1815 a 1848 permite concluir que as classes sociais se definam segundo as condições da vida econômica? A resposta a esta pergunta, mesmo colocada a propósito de uma pesquisa limitada, é primordial, pois ela põe em questão a orientação final da história social. Basear as pesquisas sociais na economia (mesmo sem ser de maneira exclusiva, mas dando primazia aos fatores econômicos), significa adotar mais ou menos completamente os métodos aperfeiçoados pelos economistas, métodos que se aparentam com uma filosofia e que apóiam as indagações em uma teoria. Em última análise, o historiador deve, portanto, se interrogar para saber se a teoria econômica ou, mais amplamente, um sistema de pensamento análogo tem e deve ter um lugar na síntese social.

Já indicamos o quanto eram importantes os fatores econômicos para o nosso assunto; eles não poderiam, aliás, ser menosprezados em relação aos períodos anteriores, principalmente ao final do Antigo Regime, quando filósofos e estadistas esboçavam as grandes linhas de um sistema censitário que substituía a hierarquia das ordens por uma classificação social baseada na fortuna. Porém, deve-se insistir agora na insuficiência destes dados para o próprio século XIX. Foi impossível, no curso de nossa pesquisa, não somente explicar o comportamento dos diversos meios burgueses ou de sua formação, e descrever corretamente a complexidade das estruturas da burguesia parisiense sem fazer intervir noções estranhas à hierarquia econômica. As relações sociais, por exemplo, mesmo as mais íntimas como as que aliam duas famílias através do casamento, não se estabeleciam apenas à base de uma identidade de fortuna, porém, muito mais freqüentemente, considerando-se a posição social dos dois futuros cônjuges ou, para ser mais preciso, a do futuro esposo e a da família da futura esposa.

Só se poderia chegar a conclusões satisfatórias, ou seja, verificáveis em seu todo sem serem desmentidas por fatos estatísticos do mesmo valor, fazendo intervir, ao lado dos cálculos econômicos, inúmeras outras "concomitâncias", para retomar a fórmula da Simiand. A progressão demográfica fornece, por exemplo, uma referência tão indispensável quanto a expansão econômica e são apenas as lacunas de informação neste domínio que limitaram o seu uso em nossa obra: um grupo numericamente restrito como a burguesia não aparece quase nas publicações demográficas da época. Todos os dados capazes de dar testemunho sobre um conjunto social coerente ou sobre um comportamento global devem ser igualmente retidos. Uns provêm do domínio estatístico ou poderiam ser medidos, em alguns de seus aspectos pelo menos, se os documentos de base tivessem sido conservados em número bastante grande: é o caso da participação nos negócios de Estado, do comportamento religioso, do zelo filantrópico ou do mecenato, e do apego à cidade ou ao bairro. Outros, não menos importantes, provêm mais da análise qualitativa, tal como, por exemplo, a análise da evolução do direito tanto público quanto privado, pois os textos e a interpretação que lhes deram os profissionais e, também, os leigos enquadra e orienta em muitas circunstâncias a vida dos indivíduos, das famílias e dos grupos que constituem a sociedade burguesa.

De capítulo em capítulo, à medida que as observações se articulam em conclusões parciais, ressalta que os fatos puramente materiais não permitem caracterizar os diversos meios sociais: produzem-se imbricações de um grupo no outro, em conseqüência, não existe categoria claramente delimitada; aparecem pontos comuns mas eles carecem de precisão e homogeneidade e, sobretudo, impedem que se explique a originalidade das diversas categorias profissionais e sociais, bem como a da burguesia parisiense em seu todo. Deve-se, portanto, levar corretivos à análise econômica, pois a observação e a análise sublinham o papel das tradições e das crenças, umas herdadas, outras adquiridas voluntariamente ou não, o papel da cultura, tanto a que se obtém por um longo esforço quanto a que, mesmo elementar, é um reflexo da civilização do tempo, o papel dos temperamentos e dos gostos, o da vontade, seja individual, seja coletiva, de preservar o Estado de fato, seja reformando-o através da ação política e legal, ou ao contrário destruindo-o pela violência e pela revolução. Em uma palavra, ao lado das condições tangíveis, diretamente perceptíveis (que, aliás, ultrapassam largamente o quadro puramente econômico já que, por exemplo, pode-se-lhes ligar a expansão demográfica ou a extensão do direito de sufrágio político), cumpre dar um largo espaço à psicologia dos grupos, à alma coletiva.

O estudo econômico oferece, portanto, muita coisa: uma cronologia, o quadro e as tendências de uma evolução, certos elementos da estrutura, já que a origem e a composição das fortunas bem como a distribuiçao das rendas e dos salários e, em larga escala, a diversidade das profissões se lhes vinculam. Estes temas são importantes, essenciais mesmo, no século XIX e, sem dúvida, até nas épocas em que o capitalismo apresentava formas menos evoluídas. Porém, eles são apenas um meio de observação, apenas um dos elementos de explicação e, como tais, não só não podem sozinhos explicar a totalidade da evolução social, mas também não bastam para definir a burguesia e, até no exemplo que estudamos pelo menos, não tem um papel determinante.

Sobre que bases pode-se definir uma classe social, ou seja, depreender os traços comuns e específicos de seus representantes? A partir da experiência feita sobre a burguesia parisiense, resulta primeiramente uma conclusão negativa. A pertinência à burguesia não se baseia em um critério econômico: nem a fortuna, nem os recursos, renda do capital ou do trabalho, permitem situá-la com precisão nem com respeito aos meios populares, nem com respeito à nobreza, pois se aparece um escalonamento elementar (tal como o que permite isolar aproximadamente os contingentes da abastança em relação aos da pobreza), as margens de incerteza são demasiado grandes; assim como, aliás, não são determinantes por si sós, as origens familiais, as relações sociais, os privilégios políticos ou o nível de cultura. Contudo, uma contribuição positiva resulta do longo e minucioso confronto das estatísticas de toda espécie e dos numerosos testemunhos do comportamento coletivo, testemunhos nem sempre mensuráveis mas que, enquadrados pelos dados quantitativos, exprimem a alma dos grupos e são o cimento de sua coesão. Ao contrário dos nobres, seus contemporâneos que, em última análise, colocavam o seu destino nas mãos do príncipe em quem viam a encarnação de um poder transcendente por sua própria autoridade, ao contrário dos camponeses que suportavam as flutuações das estações e viviam resignados, submissos à vontade de Deus (ou para exprimir o mesmo com outras palavras, ao destino, às forças da natureza), ao contrário dos proletários das cidades que se criam incapazes de obter qualquer coisa por si mesmos e só adquiriam confiança e força misturados a seus semelhantes, os burgueses que viviam em Paris, entre 1815 e 1848, eram individualistas que depositavam sua fé em sua razão e suas capacidades. Trabalhavam para conseguir uma posição, para conservá-la ou para melhorá-la, procurando a fortuna mais como um meio do que como fim. O seu objetivo essencial era agir, a fim de orientar, seja sua vida individual, seja o futuro de sua família, seja os destinos coletivos da sociedade na qual viviam. Compreender, escolher, dirigir, tais eram os três imperativos em torno dos quais se orientava sua vida, mas aplicavamnos a desígnios mais ou menos amplos conforme o nível social a que pertenciam.[20] O que caracterizava a burguesia parisiense nesta época era uma atitude diante da vida cujos dados econômicos, qualquer que fosse o papel que pudessem representar, exprimem apenas um aspecto.

Sem dúvida, o estudo versou apenas sobre um caso particular, o da burguesia de Paris sob a Monarquia Constitucional e deve-se perguntar qual o valor geral que é mister atribuir a estes resultados. É difícil concluir *a priori*, já que nosso método consistia justamente em repelir qualquer definição preestabelecida, a fim de tentar depreender traços comuns, orientando nossa prospecção em todas as direções possíveis. Todavia é lícito colocar uma regra geral que pode servir de hipótese de trabalho para todas as pesquisas de história social. O essencial é encontrar os fundamentos sobre os quais repousam as sociedades e os grupos em que se aglomeram os indivíduos: sociedades organizadas como os Estados, as nações, as associações profissionais, os partidos políticos, os grupos confessionais e as Igrejas, as famílias também na medida em que possuem existência legal; em seguida, sociedades de fato não definidas por critérios precisos, mas que são reconhecidas pelos hábitos e usos, mas cuja formação típica é o meio social, a classe social. Três características principais permitem descobrir estes fundamentos: uns são materiais e se prestam a uma observação estatística, se existem documentos; outras estão escritas em textos que têm força de

---

20. Cf. a conclusão geral de nossa obra, *op. cit.*, pp. 643 e ss.

lei ou de obrigação, tais como, para tomar alguns exemplos bastante diversos, os contratos, a legislação ou os livros sagrados; os últimos enfim pertencem ao patrimônio comum dos homens que vivem juntos na mesma época e por mais submissos que possam parecer à conjuntura e aos acontecimentos passageiros, dependem na realidade do temperamento e das tradições, da educação e da cultura leiga e religiosa. Para desnudar estes fundamentos, muitos métodos podem e devem ser encarados, mas, quando se trata de utilizar estas noções para definir os meios sociais, convém antes de tudo reconstituir o comportamento dos grupos na vida coletiva, ou seja, estudar como os homens passíveis de pertencer ao meio considerado reagem coletivamente diante dos problemas materiais, espirituais ou morais que se apresentam em sua vida pessoal, familial ou cívica. Só aí se encontra a pedra de toque para se descobrir em que bases repousa a civilização geradora dos agrupamentos sociais que são objeto de nossos estudos. É possível que em determinadas sociedades e para determinadas classes sociais, os fatores econômicos sejam o critério de classificação fundamental, mas a demonstração seria mais probante se esta importância mesma pudesse se apoiar no exame das reações coletivas.

*
* *

Os trabalhos dos historiadores e os dos economistas são complementares, representam duas visões diferentes, de uma mesma realidade e se esclarecem mutuamente mas não podem se fundir, pois a síntese social e a síntese econômica repousam em bases e respondem a preocupações completamente diferentes.

Primeiramente, o quadro cronológico é e deve ser outro. Sem desprezar o estudo das crises, os economistas se dedicam mais atualmente a elaborar longas séries para dar uma visão de conjunto sobre um longo período. Ponto de vista útil para a história social que, como já destacamos, encontra aí os quadros e o sentido de uma evolução em cujo seio se situa o ritmo próprio da evolução social. Porém, para o estudo dos fatos sociais no estágio atual da pesquisa, em todo o caso, os limites cronológicos devem ser mais restritos. Deve-se considerar sempre a extensão de tempo capaz de ser percebida durante o curso da vida individual, período este que corresponde ou à vida ativa e lúcida, de quarenta a cinqüenta anos em média, ou então à duração de três gerações, por volta de um século, já que cada indivíduo beneficia-se da experiência de seus pais e participa da de seus filhos. Nos países de evolução lenta, se as tradições ancestrais se perpetuam por muito tempo inalteradas, talvez conviesse escolher um lapso de tempo mais longo, porém isso não muda os dados da questão: o quadro normal da história social vincula-se a um ritmo ligado ao estado biológico e à civilização característicos do meio estudado.

A considerações próximas se relaciona a escolha dos cortes e o estudo dos diferentes períodos críticos da história. Nosso trabalho sobre a burguesia parisiense se enquadra entre duas grandes crises, econômicas, políticas e morais de 1815 e de 1848. Tais cortes se impõem pois, neste caso, as condições normais da vida são subvertidas pela passagem da guerra à paz ou pela tensão internacional, pelas dificuldades e transformações econômicas, pelas perturbações políticas e suas conseqüências materiais e morais que tornam a pôr em causa os próprios alicerces da organização anterior. Mas, durante estas épocas de crise aguda, a gravidade dos acontecimentos é tal que, nos meios burgueses, a situação acarreta essencialmente um reflexo de defesa, ligado antes de tudo à preocupação de salvaguardar a ordem e manter as estruturas anteriores. Ao contrário, quando de crises menos graves, de origens e aspectos os mais diversos, políticos, institucionais, econômicos,[21] as reações coletivas são mais significativas, pois não são deturpadas pelo medo: então se manifestam as tendências, então se esboçam as soluções, mesmo informes e incompletas, que prefiguram o futuro. Assim, a crise de 1827, em Paris, assinala a crença da burguesia parisiense em uma civilização inteiramente orientada para a salvaguarda exclusiva dos valores individuais.[22] A de 1840, mais complexa, pois no caso interferem acontecimentos externos, a crise oriental e, um caso que só interessava aos franceses, o retorno das cinzas de Napoleão, coloca em evidência as divergências que começam a separar a alta burguesia da classe média, mas exprime sobretudo a unidade profunda dos meios burgueses, movidos por um verdadeiro imperialismo intelectual e moral e persuadidos de que a civilização francesa, tal como a concebia a burguesia, podia e devia implantar-se em toda a Europa.[23] Estas crises secundárias mostram, portanto, melhor que as mais graves, as tendências profundas dos meios que se sentem atingidos com os acontecimentos.

---

21. Naturalmente, as crise, graves ou benignas, podem tomar outros aspectos, um caráter religioso, por exemplo; não fizemos menção a ele aqui pois a questão não foi absolutamente colocada na Paris de 1815 a 1848, sobretudo para os meios burgueses.

22. A. DAUMARD, *op. cit.*, p. 632.

23. *Ibid.*, pp. 640-641.

Aí, indiscutivelmente, residem os limites do método: as crises menores não possuem talvez a mesma importância, nesta época, para o estudo das classes populares que reagem sobretudo diante de circunstâncias excepcionais, pois sua condição as deixa alheias às agitações que não modificam suas condições de vida. Mas, assim, se retoma sempre o mesmo tema: o quadro de qualquer estudo social está ligado ao conhecimento dos fundamentos sobre os quais repousa a civilização relacionada ao grupo estudado.

Como o ritmo cronológico da história social difere do ritmo dos estudos econômicos, do mesmo modo o tratamento dos dados quantitativos reunidos pela pesquisa social tem suas exigências próprias. A média que "permite ultrapassar o particular e ao mesmo tempo eliminar o acidental"[24] é de utilização constante. Porém, enquanto os estudos econômicos auferem grandes vantagens em elaborar séries complexas e abstratas, a história social tem interesse em utilizar símbolos mais próximos grandes vantagens em elaborar séries complexas e abstratas, e daquilo que é diretamente perceptível ao homem: a média aritmética, por exemplo, que no século XIX tinha uma significação concreta ligada a um estado de cultura, é preferível à média móvel, à mediana ou a qualquer outro sistema complexo; igualmente, salvo exceção, é importante utilizar, tanto quanto possível, mais os valores reais do que os índices e, em caso de impossibilidade, indicar sempre a correspondência entre o símbolo e a realidade.[25] Somente com esta condição é possível confrontar as séries quantitativas com a mentalidade coletiva.

Um exemplo concreto evidenciará melhor esta diferença de método. A anuidade sucessorial fornece aos economistas dados úteis sobre a fortuna dos franceses e pode encontrar lugar na contabilidade da fortuna nacional. Para a pesquisa social, ao contrário, as cifras brutas das declarações feitas ao registro dão apenas uma indicação insuficiente, pois o que importa não é a fortuna declarada, é a ordem de grandeza da fortuna real e sobretudo o montante dos capitais que o falecido enquanto vivo tivera à sua disposição: eram superiores aos da herança no caso de numerosos lares cuja verdadeira posição social dependia

---

24. J. LHOMME, "L'attitude de l'économiste devant l'histoire économique", *art. cit.*, p. 305.

25. No caso de uma civilização que faz uso constante de símbolos abstratos, a questão se apresentaria de outra forma. Em nossos dias, por exemplo, os índices oficiais dos preços de varejo podem ter uma significação concreta em inúmeros meios sociais, se a imprensa fizesse alusão freqüente a isso e desde que certos elementos do salário de base dependem deles, mesmo se os grupos interessados ignorem as modalidades de cálculo.

do total de bens dos dois cônjuges.[26] Estas divergências podem ter uma importância secundária no levantamento do conjunto da anuidade sucessorial envolvendo, por exemplo, a totalidade das heranças declaradas na França durante um período dado, mas ocasionam um erro não desprezível para quem quer que se interesse não pela fortuna nacional global mas pela distribuição dos bens nas diversas categorias sociais e pela evolução segundo as regiões e os meios. Daí por que, se o estudo econômico pôde satisfazer-se com cifras simbólicas, a história social, por sua vez, deve se preocupar em reconstituir as situações reais com a melhor aproximação possível.

A história baseia-se em fatos, a economia em símbolos: esta fórmula é demasiado simplista para explicar exatamente a posição das duas disciplinas. Na realidade, fatos e símbolos são apenas, tanto para uma quanto para a outra, materiais, uma base para sínteses, mas estas se propõem objetivos diferentes e correspondem a duas tendências de espírito.

Já dissemos que lugar os economistas concedem à teoria e o papel que esta desempenha no próprio decurso da observação. Sem dúvida, a teoria não é construída aprioristicamente, foram longas pesquisas que permitiram empregar, por exemplo, o sistema da contabilidade nacional e seus princípios permitem tentar adaptar ao passado o "modelo" do crescimento. Os historiadores devem, podem inspirar-se nestas experiências? Naturalmente, não seria o caso de desprezar as teorias dos economistas: assim, a idéia do crescimento oferece uma hipótese de trabalho interessante e nova. É preciso ir mais além e poder-se-ia tentar, por exemplo, construir um modelo da atividade nacional, pastichando os termos e o método dos economistas. Um tal projeto mereceria um longo estudo que ultrapassaria o quadro deste artigo. Digamos somente, em um esboço apenas delineado, que semelhante pretensão não deveria encontrar obstáculo insuperável. Poder-se-ia contar as horas empregadas no trabalho, nos lazeres, nas atividades desinteressadas, no repouso: contabilidade complexa, pois as horas de lazer de uns correspondem às horas de trabalho de outros e, em certas profissões, as atividades sociais não-remuneradas invadem as horas de trabalho; mas uma longa paciência permitiria sem dúvida elaborá-la no quadro nacional para o período atual e se inspirar nele no tocante ao passado. Porém, tal tentativa, ou qualquer outra que denotasse a mesma preocupação de depreender um tipo sociológico de referência, é desejável do ponto de vista do historiador? Talvez

26. Cf. A. DAUMARD, *Les fortunes françaises, op. cit.*, pp. XVI-XVIII.

isso fosse lucrativo no caso de um estudo limitado, versando por exemplo sobre um grupo definido, sem ambigüidade, como o dos médicos, dos sapateiros... ou empenhando-se em resolver um problema particular como a análise da ascensão social em um meio dado. Porém, erigir esta atitude em regra geral empobreceria a pesquisa; seria quase uma renúncia, pois o interesse da história social é de não se encerrar em um sistema para tentar pelo contrário compreender os diversos aspectos da realidade humana.

A história, com efeito, tem por base e por objetivo o estudo do homem, quer o indivíduo típico quer o excepcional e é a história tradicional, isto é, o homem em grupo e são os aspectos modernos da história que se tornam "história social" quando os grupos escolhidos são classes ou meios sociais. Por isso, o que opõe historiadores e economistas é o fato de que quando estes se propõem a perceber a economia global, aqueles querem conhecer a história total. A necessidade de síntese é talvez o traço mais característico da pesquisa histórica atual, mesmo quando ela parece se volver para objetivos limitados e se debruça sobre um curto período, um quadro geográfico estreito, um grupo restrito. O que ele perde em dimensão, ganha em profundidade, mas toda a dificuldade da história social encontra-se aí: esta não pode ter uma existência autônoma e um sentido senão na medida em que ela se interesse por todas as manifestações da existência humana, desde as estruturas, suas origens e sua evolução até as crenças e os impulsos mais profundos.

Todo o trabalho preparatório da história social baseia-se portanto na observação: a matéria-prima são as diversas categorias sociais ou profissionais cuja existência a sociedade estudada reconhecia não somente pelos textos, mas sobretudo pelo consentimento mútuo. Depois, cumpre multiplicar os pontos de vista a fim de reconstituir o que caracterizava a situação destes diversos grupos, seus antecedentes, seu futuro e, também, seu comportamento e os motores de sua atividade. Sem dúvida, esta observação não exclui o recurso a hipóteses de trabalho, muito ao contrário, pois, sem elas, a observação está votada ao malogro: para ver, deve-se procurar qualquer coisa de preciso. Contudo, diferentemente do economista que deseja verificar uma teoria e só uma, por mais complexa que ela seja em suas últimas ramificações, o historiador deve encarar todos os pontos de vista possíveis. A diversidade dos meios de abordagem, limitada somente pelos limites das capacidades individuais, é a garantia de objetividade mais segura: é a confrontação dos resultados que permite, sozinha, destacar os traços gerais capazes de caracterizar os diversos grupos sociais.

A síntese histórica existe como a síntese ecnômica, porém ela é mais resultado que ponto de partida, sendo sempre precária, pois segue os progressos e a extensão da pesquisa. Para tomar um exemplo concreto, nosso estudo sobre a burguesia parisiense expôs traços válidos, para um período, a Monarquia Constitucional, e para uma cidade, a capital. Trata-se apenas de uma etapa. É desejável que estudos ulteriores, abordando períodos mais recentes, tendo em conta, ao lado de Paris, a originalidade das sociedades provinciais, forneçam elementos para uma síntese mais ampla que poderia ser base de um trabalho sobre os fundamentos da sociedade burguesa na França, na época contemporânea. Outras sínteses, mais amplas ainda, seriam concebíveis e desejáveis. Uma teoria, cuidadosamente elaborada de acordo com observações precisas mas limitadas, pode servir, durante muito tempo, de base sólida aos trabalhos dos economistas que, à luz de um enfoque particular, interpretam de modo original e novo uma situação dada. A história social, pelo contrário, recoloca incessantemente em discussão os resultados firmados, não repudia as idéias gerais, mas, ao se fundar em múltiplas observações da realidade, é que ela depreende uma conclusão de conjunto a partir de resultados parciais e constrói pouco a pouco a sua filosofia.

*
* *

Se bem que os dados econômicos não permitam definir as classes sociais e, em particular, a burguesia, pelo menos para o período que estudamos, estes dados econômicos têm, na pesquisa social, um lugar tão essencial quanto insuficiente. A história social encontra na síntese econômica, ao mesmo tempo, materiais, diretamente utilizáveis que são necessários à sua elaboração e sugestões ou hipóteses que se integram na multidão dos testemunhos e estudos submetidos à sua crítica. As relações entre história social e economia são e devem ser portanto numerosas: o confronto dos resultados obtidos por meios diferentes só pode ser proveitoso. Dito isto, não caberia minimizar as diferenças que separam as duas disciplinas, diferenças de métodos; diferenças de objetivos estes, aliás, explicando aqueles no essencial. Talvez estas diferenças estejam ligadas à relativa juventude da história social. Poder-se-ia imaginar que certas divergências desaparecerão quando, tendo as pesquisas sociais progredido, poderão ser encaradas sínteses mais amplas e que, por exemplo, a longa duração dos economistas, com as simplificações que ela implica e as teorias que engendra, poderá se adaptar aos estudos sociais. Esta hipótese não pode nem ser descartada nem discutida seriamente enquanto faltarem elementos de comparação, ou seja, estudos que versem sobre a história total de diversos grupos sociais em diversas épocas. Porém, sempre subsistirá o contraste fundamental que esta fórmula, "história total", traduz: enquanto os estudos econômicos isolam certos fatores da evolução histórica, a história social só tem sentido se se ligar a tudo o que influa na vida coletiva do grupo estudado e a caracterize. Em última análise, por estudar o homem é que o historiador se separa do economista.

3. ESTRUTURAS SOCIAIS E CLASSIFICAÇÃO SÓCIO-PROFISSIONAL*

A Contribuição dos Arquivos Notariais nos Séculos XVIII e XIX

Um estudo das estruturas sociais deve se basear em documentos bastante precisos para que seja definida a condição dos indivíduos, e bastante numerosos para que tenham valor estatístico.[1] No X Congresso Internacional das Ciências Históricas, E. Labrousse definiu os objetivos a que se propõe tal empreen-

* "Structures sociales et classement socio-professionnel. L'apport des archives notariales au XVIIIe et au XIXe siècles", *Revue historique*, Paris, 1962, nº 461, pp. 139-154.

1. Este texto é o mesmo de uma comunicação que apresentamos durante as sessões da Comissão de História dos movimentos sociais e das estruturas sociais, que se reuniu em Estocolmo, sob a presidência de E. Labrousse, por ocasião do XI Congresso das Ciências Históricas (1960).

dimento.[2] Consideraremos apenas os problemas colocados pelo estudo das estruturas sociais urbanas. Trata-se de delimitar e de recensear as categorias relativamente homogêneas, graças a uma tripla referência à profissão ou à qualificação, à fortuna ou aos recursos, ao nível de vida e, às vezes, à cultura. Depois será necessário hierarquizar verticalmente no interior de cada categoria, marcando horizontalmente a posição de cada grupo na sociedade.

O recenseamento geral das fontes foi elaborado na comunicação apresentada em Roma por E. Labrousse. Limitar-nos-emos somente ao caso dos arquivos notariais, utilizando trabalhos pessoais que tentam atingir e explorar, ao menos por meio de sondagens, o conjunto dos documentos disponíveis,[3] aproveitando também uma pesquisa coletiva organizada pela VI Seção da Escola de Altos Estudos, com a colaboração de diversas faculdades de Letras.[4] O balanço das pesquisas será publicado. Evocaremos aqui as principais questões que a exploração dos arquivos notariais e das fontes do mesmo tipo levanta, em essencial os documentos emanados do Registro de Heranças e Legados, a fim de estabelecer o lugar que uma história social quantitativa lhes deve conceder.

1. *Valor Representativo dos Arquivos Notariais*

Somente os autos que compõem o balanço da situação da fortuna de um indivíduo, cujo domicílio, qualificação e profissão são igualmente especificados na maioria das vezes, apresentam um interesse para o estudo das estruturas sociais. São os

---

2. E. LABROUSSE, Voies nouvelles vers une histoire de la bourgeoisie occidentale aux XVIIIe et XIXe siècles (1700-1850), *X Congresso Internazionale di Scienze Storiche*, Roma, 1955, *Relazioni*, vol. IV, pp. 365-396.

3. ADELINE DAUMARD, *La bourgeoisie parisienne de 1815 à 1848*, Paris, 1963 e as pesquisas de FRANÇOIS FURET sobre a burguesia parisiense às vésperas da Revolução.

4. Atualmente, esta pesquisa limitou-se ao século XVIII e, mais especialmente, aos contratos de casamento. As pesquisas versaram sobre Paris, Bordeaux, Toulouse, Lyon e Dijon. Os primeiros resultados foram objeto dos seguintes trabalhos: ADELINE DAUMARD e FRANÇOIS FURET, "Méthodes de l'histoire sociale. Les archives notariales et le mécanographie" (*Annales*, 1959, nº 4, pp. 676-693); ADELINE DAUMARD e FRANÇOIS FURET, *Structures et relations sociales à Paris au milieu du XVIIIe siècle*, Paris, 1961; J. GODECHOT e S. MONCASSIN, "Structures et relations sociales à Toulouse en 1749 et 1785", *Annales historiques de la Révolution Française*, 1965, nº 2, pp. 129-169.

contratos de casamento, os inventários *post-mortem* e as liquidações de herança, as contas das tutelas. Os testamentos trazem alguns dados suplementares, mas suas cláusulas são sempre relembradas no inventário quando o texto não se encontra integralmente reproduzido.

Ao menor pretexto, no Antigo Regime, os tabeliães intervinham na vida da família e dos indivíduos. Nestas condições, podia-se perguntar se o exame da clientela interessada na totalidade das minutas não teria fornecido um leque social mais amplo que o exame único dos autos enumerados acima. Tentou-se uma experiência: ela versou sobre os autos lavrados em 1749 perante doze tabeliães de Paris, que contava na época com 118 cartórios. Procedeu-se a um levantamento nominativo de todas as pessoas que eram partes do auto. Feita a eliminação dos provincianos e dos empregos duplos, a comparação com os dados coletados graças aos contratos de casamento concluídos no mesmo ano perante os mesmos tabeliães salientou a inutilidade do trabalho: os meios sociais inferiores estavam bem menos representados neste recenseamento geral que, pelo contrário, dava uma importância numérica considerável às categorias superiores. A leitura de todos os autos apresenta evidentemente um interesse para outros pontos de vista, sobretudo para a história econômica. Porém, na perspectiva de um estudo estatístico das estruturas sociais, é legítimo delimitar o exame aos autos que, por ocasião do casamento e da morte, permitem especificar a condição social dos indivíduos.[5]

*
* *

Contratos, inventários, geralmente precisos, amiúde complexos, sempre incompletos, interessam apenas a uma parte da população. Qual o valor representativo destes documentos? Como confrontar os resultados obtidos com os que fornecem séries mais facilmente acessíveis?

Os recursos notariais são imensos. Seu valor estatístico pode ser medido por referência ao movimento demográfico; comparar em uma dada localidade o número de contratos ao de casamentos, o número de inventários ao de óbitos, é ter uma primeira idéia do valor representativo da informação notarial.

---

5. Pode ser útil, no momento, referir-se a um auto qualquer mencionado de um inventário para procurar nele um detalhe que o tabelião não julgou bom lembrar. Porém, trata-se de pesquisas excepcionais, e não de desbastamento sistemático.

Era impossível, no início, fazer um cômputo geral; foi necessário escolher alguns anos em função da conjuntura geral e local: anos de paz, períodos no intervalo de crises econômicas e monetárias, enfim, anos de nupcialidade e de mortalidade médias. É, portanto, um ano "normal", caracterizado neste caso por uma demografia normal e por um recurso normal ao registro notarial que se tentou escolher.

Sob o Antigo Regime, os contratos de casamento dão testemunho de uma parte bastante importante da população. Em Paris, entre 1671 e 1787, a porcentagem dos contratos lavrados perante tabeliães da capital representa cerca de 70 a 75% do número de casamentos celebrados.[6]

Na província, a comparação entre o número de casamentos e o de contratos pode ser mais exata, pois as fontes são mais numerosas: os registros paroquiais ou os do estado civil fazem, por vezes, menção ao contrato de casamento, sendo possível utilizar igualmente os arquivos do Registro de Heranças e Legados. Em Toulouse, procedeu-se a um cômputo para 1785: em 425 casamentos, 394 foram precedidos por um contrato, todos, salvo 30, foram lavrados por tabeliães da região. Desse modo, 93% dos futuros cônjuges assinaram um contrato, 85% recorreram a um tabelião local.[7] Em Lyon, de 1730 a 1787, a proporção de casamentos precedidos por um contrato é da ordem de 95%.[8] Todavia, o número de contratos concluídos nos cartórios

---

6. O cálculo forneceu os seguintes resultados:
   1671: 65,7%, mas faltam as minutas de 13 tabelionatos
   1715: 62,1%, mas faltam as minutas de 26 tabelionatos
   1730: 68,3%, mas faltam as minutas de 7 tabelionatos
   1750: 69,4%, mas faltam as minutas de 4 tabelionatos
   1787: 76,5%, mas faltam as minutas de 1 tabelionato

Paris contava então com 118 tabelionatos. As perdas não são socialmente seletivas; provavelmente, os resultados estatísticos de conjunto não foram afetados, o que justifica as porcentagens que adiantamos. Sem dúvida, sobre o total, dever-se-ia deduzir eventualmente os contratos relativos a cônjuges domiciliados fora da capital e destinados a se casarem *extra muros*. Porém, inversamente, é provável que os parisienses recorressem aos préstimos de um tabelião de província. Na hipótese, atualmente irrealizável, de uma pesquisa geral, estes elementos de incerteza se compensariam.

7. Cf. a comunicação feita por J. GODECHOT em Estocolmo, agosto de 1960.

8. Isto resulta das pesquisas expostas em duas dissertações de estudos superiores em história, redigidos sob a orientação de P. LÉON: *Étude statistique des contrats de marriage à Lyon au XVIIIe siècle (1730-1750)*, por JACQUELINE BOUCAUD; *Étude statistique des contrats de marriage à Lyon au XVIIIe siècle (1787-an VIII)*, por BERNARD DEMOTZ.

situados fora da cidade de Lyon varia enormemente: 6% dos casamentos em 1730, 30% em 1787.[9] Isso indica a evolução dos hábitos da clientela, o que exigiria um estudo aprofundado. O recurso, durante certos períodos, a tabeliães rurais explica talvez a variação das porcentagens que se observam em Bordeaux no século XVIII: os exames dos registros paroquiais e os do registro civil indicam que a proporção dos contratos em relação ao número de casamentos varia, segundo os anos, de 53 a 72%.[10] Fizeram-se igualmente cômputos em Dijon, onde a porcentagem parece ser da ordem de 65 a 70%.[11] Em numerosas cidades, o contrato de casamento oferece portanto testemunho sobre uma parte importantíssima da população. Existem, talvez, exceções. Uma primeira pesquisa feita para 1770 em Aix-en-Provence parece indicar que a porcentagem dos contratos em relação aos casamentos era menor, mas as pesquisas, neste centro, apenas se iniciaram.[12] Acima de tudo, em certas províncias, os costumes locais se opõem à regra: na Normandia, por exemplo, apesar dos reiterados editos do rei, o hábito de fazer contratos de casamento por instrumento particular sem firma reconhe-

9. Os algarismos tirados das duas dissertações citadas acima são os seguintes:

número de casamentos celebrados em Lyon	número de casamentos lavrados		
	em tabelião de Lyon	fora de Lyon	Total
1730 865	765 (88,5%)	55 (6,3%)	820 (94,8%)
1750 789	666 (84,4%)	89 (11,3%)	755 (95,7%)
1787 1.356	894 (65,9%)	412 (30,4%)	1.306 (96,3%)

10. Isso decorre dos algarismos que nos foram comunicados por E. Dravasa. As porcentagens dos contratos em relação aos casamentos celebrados eram as seguintes: 53% em 1700, 67% em 1710, 66% em 1720, 71% em 1730, 65% em 1740, 73% em 1750, 72% em 1760, 65% em 1770, 66% em 1780, 69% em 1787 (cf. a comunicação de E. Dravasa em Estocolmo).

11. P. de Saint-Jacob houve por bem nos comunicar os resultados dos primeiros cálculos: a porcentagem é de 65% em 1730, 71% em 1753, 74% em 1760; parece decrescer com o final do século.

12. Uma primeira pesquisa efetuada por G. Gangneux determinou que em 1770, 227 casamentos foram celebrados em Aix e que 140 contratos de casamento foram lavrados no mesmo ano, porém 39 destes contratos precediam uma união celebrada fora da cidade. Seriam necessários outros estudos para se concluir pelo valor representativo da fonte notarial: primeiramente, os contratos dos habitantes de Aix podem ter sido lavrados fora da cidade, em seguida, o que mais importa é conhecer os contratos relativos aos habitantes de Aix, mesmo se eles vão se casar no campo. Nosso objetivo é o estudo das estruturas sociais: esta primeira estatística só possui um valor indicativo.

cida subsistiu durante muito tempo, o que reduziu consideravelmente o interesse da fonte notarial nesta região.[13]

Quem escapa ao recenseamento notarial? Os mais pobres provavelmente. A verificação é longa e difícil, principalmente em Paris, onde foram perdidos os registros paroquiais. No entanto, um ponto fica estabelecido: nos inventários *post-mortem* do fim do século XVIII e do início do XIX e nas declarações de transmissão de bens *post-mortem* feitas no Registro de Heranças e Legados sob o império da lei do ano VII, constata-se que, em Paris, os cônjuges que se casaram sem contrato só tinham em geral, direito a *reprises** insignificantes ou nulas; eram portanto oriundos de famílias modestas, senão teriam herdado imóveis, excluídos da comunhão pelo costume de Paris. Na província, lá onde os registros paroquiais dos casamentos foram conservados, é possível ter uma idéia aproximada dos meios sociais que costumavam preceder o casamento de um contrato registrado em tabelião. Tal levantamento foi elaborado em Dijon para o ano de 1730. A maioria dos futuros cônjuges que recorria ao costume para regulamentar as modalidades de sua união pertencia a meios mais modestos: 15% de oficiais, operários, trabalhadores braçais; 11% de empregados domésticos; 11% de artesãos de *status* indeterminado e somente 12% de mestres e de comerciantes e um advogado (isto é, 1,3%); é bem verdade que para 46,5% não se menciona qualquer profissão, porém grande número de futuros cônjuges deviam ser empregados domésticos ou oficiais, pois o contrato de casamento indica que moravam na casa de X. . . . seu mestre, provavelmente. Os autores dos levantamentos feitos em Lyon concluem pela variedade do leque social dos cônjuges que se casavam sem contrato: no entanto, em 1730 e 1750, os "operários que trabalhavam a seda, os domésticos e os camponeses das redondezas constituem cerca de 50% dos 'sem contrato' ".[14] Será necessário multiplicar as sondagens antes de se resolver esta questão. Igualmente, lá, onde, como em Lyon, a porcentagem de contratos em relação aos casamentos é tão elevada, ela só tem uma importância secundária.

O valor estatístico dos contratos de casamento é bem menor no século XIX. Só foi possível efetuar um cômputo em Paris para o ano VIII: a proporção é, então, da ordem de 60%.

13. Cf. os trabalhos de J.-C. PERROT e a nota que ele houve por bem acrescentar à nossa publicação: "Structures et relations sociales à Paris. . . " (*op. cit.*).

* Termo jurídico que indica os bens que são excluídos da comunhão conjugal (N. da A.).

14. J. BOUCAUD, *op. cit.*

Sondagens efetuadas até 1850 parecem provar que, na capital, a diminuição é constante e que o hábito de dispensar os préstimos do tabelião ganha, progressivamente, os meios mais abastados. A evolução é quase geral, mas nem sempre tão acentuada.[15] Por ocasião de um congresso de tabeliães da França, um notário em Limoges realizou uma pesquisa para determinar a freqüência dos contratos de casamento. A porcentagem dos contratos em relação aos matrimônios foi assim estabelecida para o ano de 1852:

Cognac	83%	Pau	35%
Valence	66%	Poissy	35%
Bordeaux	60%	Limoges	28%
Grenoble	54%	Lille	19%
Le Mans	36%	Chinon	19%
		Saint-Servan	0,9%[16]

É difícil concluir com base em uma amostragem tão restrita, mas é provável que a lembrança dos antigos costumes locais contribuísse, juntamente com as novas estruturas sociais, para explicar a diversidade das porcentagens e sua evolução no tempo.

Comparado ao dos contratos, o valor estatístico dos inventários *post-mortem* é pequeno para quem procura obter uma visão global da sociedade. O cômputo feito em Paris permite estabelecer a proporção em redor dos 10%, talvez com uma ligeira progressão às vésperas da Revolução. No ano VIII, é da ordem de 9%.[17] Estes números devem ser majorados: para evitar as repetições, as liquidações de herança não foram computadas

---

15. Em Lyon, a diminuição para o ano VIII é bem menos sensível: 703 casamentos dos quais 518 foram precedidos por um contrato lavrado perante um notário de Lyon, ou seja, 73,7% e 119 precedidos por um contrato assinado fora da cidade, ou seja, 16,9%; 90,6% dos casamentos foram concluídos, portanto, após a passagem perante o notário.

16. "Congrès annuel des notaires de France, tenu à Biarritz en 1953": M. GRIMAUD, *Régimes matrimoniaux. Étude critique de droit contemporain.*

17. O levantamento foi feito nas mesmas condições que o dos contratos de casamento. As proporções obtidas são as seguintes:

1671:	5,8%	1750:	11,6%
1715:	7,9%	1787:	14%
1730:	10,1%	ano VIII:	8,9%

Porém, para os primeiros anos, em que faltam inúmeras minutas, os algarismos devem ser majorados, como no caso do cálculo relativo aos contratos.

ou, às vezes, não foram precedidas de inventário; sobretudo, o levantamento dos óbitos, nesta época, não permite eliminar os menores e poucos inventários lhes dizem respeito. Porém, mesmo supondo que esta correção seja feita, é evidente que só a minoria da população recorria aos bons ofícios de um tabelião quando se abria uma herança.

A utilização estatística é função destes resultados. No século XVIII para se ter uma visão do conjunto da população através das fontes notariais cumpre referir-se aos contratos de casamento. Eles interessam à grande maioria da população em idade de se casar. Eventualmente, através dos pais, é possível atingir uma outra classe etária, porém é preciso efetuar um levantamento nominativo de modo a evitar as repetições e, se se quiser tentar avaliar os níveis de fortuna em função dos dotes ofertados aos futuros esposos, prever um balanço para se levar em conta o número de filhos a criar. No século XIX, os contratos de casamento podem, ainda sob o ângulo que nos preocupa aqui, apresentar um interesse local, mas a fonte geral para os arquivos deste tipo é o registro das declarações de transmissão de bens *post-mortem*, obrigatório desde a lei do ano VII.[18] É doravante a grande fonte estatística que permite atingir todos os que possuíam alguns bens na ocasião de seu falecimento.[19]

Deve-se concluir com isso que os inventários não apresentam qualquer interesse para a história quantitativa? Certamente não. No século XVIII e na primeira metade do XIX, em Paris, as heranças de pessoas ricas ou simplesmente abastadas eram quase todas lavradas diante do notário. Uma verificação, cansativa mas fácil, será possível a partir do Consulado, já que os registros do Registro de Heranças e Legados mencionam sempre, em Paris, pelo menos, o inventário ou a liquidação que serviram de base à declaração. Para a pequena burguesia

18. Lei sobre o Registro de Heranças e Legados do 22 frimário ano VII.

19. Cf. principalmente: ADELINE DAUMARD, "Une source d'histoire sociale: l'Enregistrement des mutations après décès. Le XIIe arrondissement de Paris en 1820 et 1847", *Revue d'Histoire économique et sociale*, 1957, n.º 1, pp. 52-78) e "Paris et les archives de l'Enregistrement" (*Annales E.S.C.*, 1958, pp. 289-303); MICHEL VOVELLE, "Structure et répartition de la fortune foncière et de la fortune mobilière d'un ensemble urbain: Chartres de la fin de l'Ancien Régime à la Restauration" (*Revue d'Histoire économique et sociale*, 1958, n.º 4, pp. 385-398) e "Problèmes méthodologiques posés par l'utilisation des sources de l'Enregistrement dans l'étude des structures sociales", in *Bulletin de la Section d'Histoire moderne et contemporaine*, 1961, pp. 49-106; ADELINE DAUMARD, *Les fortunes françaises au XIXe siècle*, Paris, 1973.

e os meios populares, o recurso ao notário estava ligado geralmente a condições excepcionais, recasamentos, existência de filhos de diversos casamentos, discussões entre herdeiros. Os inventários, portanto, só fornecem exemplos, mas não são socialmente seletivos e, assim, podem ser considerados típicos. Mesmo quando se dispõe de dados do Registro de Heranças e Legados, é interessante reportar-se a ele, pois o inventário é mais preciso e mais rico.

Desse modo, graças às atas notariais e ao Registro de Heranças e Legados, dispomos de uma fonte estatística detalhada que testemunha as profissões e os níveis de fortuna de uma parte importante da população recenseada na época do matrimônio e da morte: um início, um resultado.

*
* *

É inútil lembrar a importância dos arrolamentos fiscais para o estudo das estruturas sociais: "documento sócio-econômico por excelência, o arrolamento de determinados impostos diretos pode nos oferecer para o período estudado (...) uma visão de conjunto de todas as categorias burguesas. Digamos até, com algumas restrições relativas a determinados elementos do proletariado: de todas as classes".[20] Em contraste com os arquivos notariais ou os do Registro de Heranças e Legados, esta fonte fiscal concerne a todos os estados civis, a todas as categorias de idade; ela pode, portanto, ser desbastada muito mais rapidamente. Logo ela proporciona uma informação bem mais extensa sobre as categorias profissionais e, através da cota do imposto, sobre as hierarquias econômicas. Cálculo rápido, amplo mas sumário e pouco seguro, já que em definitivo tudo se baseia no valor representativo do sistema fiscal.[21]

Por isso, um de nossos objetivos essenciais é verificar se as estruturas sócio-profissionais evidenciadas pela análise dos arrolamentos fiscais, comparando a menção da profissão ou da qualificação com o montante do imposto, são confrontáveis, em ordem de grandeza, com os que revelam a reconstituição das fortunas segundo os meios sociais, graças aos arquivos notariais ou aos do Registro de Heranças e Legados. Se se salientar uma concordância, as duas fontes serão valorizadas uma pela outra.

20. E. LABROUSSE, *op. cit.*, p. 382
21. A exposição de E. LABROUSSE (*op. cit.*, pp. 385-388) esclareceu este problema, mostrando como e para que fins pode se utilizar, apesar de suas insuficiências, os arrolamentos do imposto direto.

A maior parte dos arrolamentos fiscais do século XVIII e XIX, em Paris, desapareceram, porém subsistem resquícios que permitem fazer uma verificação. Sob a Restauração, a contribuição pessoal na capital estava assentada no valor locativo. Todos os aluguéis eram repartidos em classes, segundo o seu montante e diversamente taxados, à exceção dos aluguéis menores que eram isentos. Nestas bases é possível levantar um gráfico dos valores locativos para 1817. O esquema se apresenta sob a forma de uma pirâmide com degraus, de base muito larga e topo muito estreito. É a mesma imagem que evoca o escalonamento das fortunas reconstituídas a partir das declarações de transmissão de bens feitas junto ao Registro de Heranças e Legados em 1820. A analogia não pára aí. Os dois gráficos apresentam patamares com duas extremidades: as fortunas inferiores a 500 francos representam 79,1% do número de heranças, as que ultrapassam 500.000 francos, 0,3%;[22] os aluguéis que não atingem 400 francos formam 76,9% do número total de locações, e aqueles cujo montante é superior a 2.500 francos, 0,8%. A coincidência não é perfeita, mas as ordens de grandeza são comparáveis. O grupo restante é bastante heterogêneo. De fato, a base de estudo está falseada, pois, contrariamente aos termos da lei, a contribuição pessoal mobiliária era arrecadada em Paris em função do montante total do aluguel, ou seja, sem dedução do valor locativo dos locais destinados ao comércio e à indústria. Este abuso é sensível, principalmente na categoria intermediária. As perturbações trazidas por este aluguel comercial diminui o valor do documento, o que explica, talvez, as dificuldades com as quais se choca a interpretação.

Tentou-se uma outra comparação entre o índice fiscal e o nível econômico, cotejando-se a fortuna com o censo* pago por seu proprietário. Uma extensa sondagem com respeito à Restauração e à Monarquia de Julho, tratando de seiscentos casos aproximadamente, mostrou que, em Paris, o número total do censo fornece uma ordem de grandeza, mas que a coincidência não é perfeita, sobretudo para os censos e as grandes fortunas; a distorção se acentua após 1830 por razões políticas e econômicas ao mesmo tempo. Recenseamentos análogos desenvolvidos na província forneceriam talvez resultados diferentes:

---

22. Estas proporções foram estabelecidas a partir do número total dos óbitos de adultos: admitiu-se que, quando uma herança não gerava qualquer declaração, ela possuía apenas um valor ínfimo.

* O "censo" é o valor dos impostos diretos que dá qualidade de votante ao cidadão francês sob a Monarquia Censitária (N. da A.).

uma tese recente concluiu pelo caráter representativo do censo em Loir-et-Cher às vésperas da crise de 1848.[23]

Estas primeiras pesquisas são extremamente insuficientes; parece, no entanto, que para uma avaliação do conjunto e levando em consideração as compensações que ocorrem nos dois sentidos, o montante do imposto pode fornecer uma ordem de grandeza bastante próxima da que sugere o estudo direto dos patrimônios através das fontes notariais ou similares. Porém, ao que parece, o caso das grandes fortunas e das situações mais importantes deve ser considerado à parte: os grupos numericamente sem importância exigem, em regra geral, uma abordagem individual.

2. Alguns Problemas de Método e Alguns Resultados

Toda pesquisa que se proponha a estudar paralelamente fortuna e grupos sócio-profissionais choca-se com dificuldade de método e de interpretação. Apesar de sua complexidade e de sua precisão, as fontes monográficas não escapam a esta dificuldade. Cumpre escolher em função dos resultados que se deseja obter e das possibilidades fornecidas pelos documentos. O caso particular dos arquivos notariais levanta um problema mais geral, que se poderia chamar de problema de "elaboração dos documentos de base". O estudo dos níveis de vida liga-se, em determinados aspectos, ao das estruturas sociais; é possível encetá-lo graças aos inventários *post-mortem*; isso colocaria, também, questões de método, mas não vamos abordá-las aqui.

*
* *

O tabelião fornece numerosas especificações sobre a situação da fortuna. Porém, que patrimônio é preciso escolher como referência, o dos indivíduos ou os dos casais? Quando se parte dos contratos de casamento deve-se totalizar as contribuições dos dois esposos? A partir dos inventários e das liquidações, deve-se tentar reconstituir a fortuna total do casal ou estudar somente a do defunto?

23. G. DUPEUX, *Aspects de l'histoire sociale et politique du Loir-et-Cher*, Paris, 1962.

O regime matrimonial dominante pode orientar a escolha. Se este regime for o da comunhão de bens, parece normal, na medida do possível, reconstituir a totalidade da fortuna da qual podia dispor o futuro casal. Por vezes é difícil: em Paris, durante a primeira metade do século XVIII e, principalmente, no início, amiúde os bens trazidos pela futura esposa são unicamente mencionados no contrato. Quando o contrato não se efetua sob o regime de comunhão de bens, os bens patrimoniais do esposo e da esposa são independentes. Em caso de separação de bens, as declarações, contratos ou inventários só fornecem, em geral, dados sobre a fortuna de um dos cônjuges. Contudo, em Paris, há um regime excepcional tanto no século XIX quanto sob o Antigo Regime. Antes da promulgação do Código Civil, existia o regime normando e, precisamente por causa das disposições do costume, os arquivos notariais parecem pouco utilizáveis para o estudo das estruturas sociais na Normandia antes de 1789.[24] No século XIX, a escolha do regime dotalício concerne apenas, em Paris, a uma parte muito limitada da população, alguns cônjuges pertencentes a meios ricos, sendo que a dotalização é freqüentemente acompanhada de uma sociedade de bens adquiridos. Por isso, a maioria dos contratos deste tipo especificam os bens trazidos pelos esposos, dando os inventários, com freqüência, indicações sobre a totalidade dos bens do casal.

Na prática, esforçamo-nos por reconstituir as fortunas dos casais em Paris. No plano jurídico isso foi facilitado, no século XIX, pela ampliação do regime de comunhão de bens e, pela freqüência da sociedade de bens adquiridos, em outros casos (num cálculo geral feito para 1820 e 1847, a partir das declarações destinadas ao Registro de Heranças e Legados, é pequena a porcentagem de declarações que não permitem avaliar a fortuna do casal), no século XVIII, através do costume e dos usos, pelo menos a partir da metade do século.[25] Será impossível, talvez, basear a análise dos contratos concluídos anteriormente sobre este estudo do patrimônio comum, pois a declaração com freqüência é omissa no que diz respeito à contribuição do futuro.

Nossa opção, quando foi possível, justifica-se igualmente sobre o plano econômico e social. O casal é uma unidade econômica e moral ou, se se preferir, social. É um núcleo de consumo

---

24. Tais informações nos foram dadas por J.-C. Perrot, ao qual agradecemos profundamente.

25. Cf. *Structures et relations sociales à Paris au milieu du XVIIIe siècle* (*op. cit.*).

e, por vezes, de produção; por exemplo, no caso dos pequenos comerciantes ou artesãos que associam estreitamente, em Paris, pelo menos, os trabalhos e as responsabilidades da mulher com as de seu marido. Unidos, os bens dos dois cônjuges são investidos na criação de negócios, na criação dos filhos ou auxilia estes últimos após seu casamento. Isso vale também quando os dois patrimônios são separados. A renda comum contribui para fixar a posição social. Os investimentos previstos nos contratos dotalícios no século XIX, em Paris, deixam um certo espaço ao futuro esposo, sendo que o marido pode exercer uma influência graças aos bens de sua mulher que lhe delega os seus poderes: por exemplo, imóveis lhe dão o censo eleitoral, ações do Banco da França permitem-lhe situar-se entre os duzentos principais acionistas.

Todavia, a questão da confusão dos bens dos cônjuges no casamento ainda não está resolvida. Seria particularmente útil conhecer as críticas e as sugestões dos historiadores vindos de países em que o direito e os costumes separam mais ou menos completamente a fortuna dos esposos.

A avaliação dos bens é, por vezes, difícil. Quando o tabelião não os avalia, tentamos, na medida do possível, reconstituir aproximadamente o capital que podem representar. As seguintes normas foram adotadas: os rendimentos foram capitalizados a 10% para as rendas vitalícias, a 5% para as rendas perpétuas (salvo para as apólices de dívida pública no século XIX, cuja avaliação foi baseada na média das cotações da Bolsa); o mesmo vale para os imóveis; quanto às promessas de dote nos contratos, elas foram contadas como um haver, pois, mesmo quando o capital não era desembolsado imediatamente, representavam amiúde um rendimento ou uma fonte de crédito. Porém, que solução adotar quando não se faz qualquer menção à renda ou ao capital, como é o caso freqüente dos imóveis e dos fundos de comércio? Deve-se admitir uma margem de erro, porém é possível tentar exprimir sob uma forma quantitativa aproximada as indicações qualitativas a fim de facilitar a exploração estatística. O valor aproximado dos imóveis pode ser reconstituído por comparação com outras casas ou outros terrenos em função de sua localização e de sua importância.[26]

Permanece desconhecida uma parte, difícil de analisar. Nem por isso o valor da fonte notarial é infirmado: em 1749,

---

26. Sobre a questão do cálculo da fortuna, cf. "Archives notariales et mécanographie", op. cit., p. 682.

em Paris, somente 7% dos contratos, a partir dos quais pudemos calcular os níveis de fortuna, comportavam imóveis cujo capital e cuja renda o tabelião não estimara. No entanto, resta um fator de incerteza, especialmente no caso dos contratos de casamento; por isso é preferível tentar reconstituir a ordem de grandeza das fortunas ao invés de adiantar algarismos cuja precisão acusa inexatidão.

*
* *

De acordo com os exames efetuados em Paris no século XVIII e na primeira metade do século XIX, é possível indicar alguns resultados.

Ao se comparar categorias sócio-profissionais e níveis de fortuna, constata-se uma extrema diversidade, mais marcada nos inventários que nos contratos: a fortuna da maturidade e da velhice acusa os êxitos e os fracassos de toda uma vida. No entanto, destaca-se um nível dominante na maior parte dos grupos. As profissões distribuem-se por todos os níveis econômicos e, tanto no século XVIII quanto no XIX, não convém, por exemplo, distinguir no plano social o comerciante e o artesão. Porém, na maioria dos grupos sócio-profissionais, desenha-se uma hierarquia em função da fortuna: uma condição média, largamente dominante, está enquadrada por uma aristocracia e uma base inferior de uma certa importância. De uma categoria a outra, a hierarquia das fortunas é um elemento para estabelecer aproximadamente uma escala social: por exemplo, a análise dos contratos de 1749 salienta que, no conjunto, a nobreza se coloca em nível de fortuna superior ao do Terceiro Estado parisiense. Porém, os acavalamentos são numerosos e importantes: em 1749, 13% dos patrões e comerciantes possuem um nível de fortuna comparável aos níveis de fortuna médios e inferiores do salariado.

Quando se pode atingir a totalidade da população, inclusive os mais pobres, o estudo dos níveis de fortuna permite caracterizar a sociedade parisiense por duas imagens. A distribuição do conjunto de bens assume a forma de uma pirâmide de base muito larga e topo muito estreito. No interior dos grupos sócio-profissionais, a hierarquia pode ser representada esquematicamente por um pião invertido, exceção feita aos meios situados no ponto mais baixo da escala, onde a estrutura piramidal reaparece.

Do século XVIII ao século XIX, modificou-se a administração da fortuna. A julgar pelos dados dos inventários, o endividamento é muito diferente. A partir de 1815 (não estudamos o período anterior), as dívidas são importantes em dois casos: ou isso exprime um embaraço econômico que, às vezes, coloca o interessado no limite da miséria, quaisquer que sejam as razões desta situação; ou então se trata de negociantes que recorrem ao crédito. No século XVIII, os ricos acumulam créditos passivos, deixando à sua sucessão o cuidado de proceder ao pagamento, o que não exclui o fato de não utilizarem uma parte de suas rendas para efetuar investimentos. Este modo de vida implica um enriquecimento ou um empobrecimento? Os fornecedores, certamente, superestimavam os seus preços para compensar a lentidão no acerto das faturas, porém o que os ricos cabedais perdiam deste lado, talvez recobrassem mesmo quando a taxa de interesse dos investimentos era superior a este juro diferido dos créditos. Sobre isto caberia elaborar um estudo acerca do comportamento de todo um meio social. Se alguns tendiam a viver, parcialmente pelo menos, com base em seu capital, o fato explicaria talvez a freqüência das cláusulas que nos contratos de casamento das famílias nobres se destinavam a salvaguardar uma parte do patrimônio.

Para analisar corretamente o problema das dívidas convém conhecer, portanto, a composição das fortunas que é, em todos os aspectos, o complemento necessário ao conhecimento dos níveis de riqueza. O estudo foi apenas encetado. Já aparece que, em Paris, a fortuna mobiliária ocupava um lugar importante em todos os meios abastados desde a metade do século XVIII.

Estas observações não esgotam a contribuição dos arquivos notariais e de todas as fontes que permitem reconstituir a especificação das fortunas. Quisemos apenas assinalar que o estudo das estruturas deve levar em consideração usos, opiniões do passado, em uma palavra, o conjunto das condições históricas. Independentemente do nível econômico, da qualificação, do *status* na profissão (pensamos em oposições do tipo das que opõem, por exemplo, o assalariado ao patrão), a psicologia social que exprimem entre outros a administração do patrimônio, o lugar das dívidas e a composição da fortuna, é um fator igualmente importante para diferenciar e caracterizar cada meio.

3. *A Classificação Sócio-profissional*

Todas estas pesquisas demandam referência a quadros que devem responder a uma dupla exigência: exprimir primeiramente a situação do passado, tal como ela podia manifestar-se aos contemporâneos, satisfazer em seguida, à curiosidade dos usuários atuais. Não se trata aqui de propor uma classificação geral onde seria possível integrar a diversidade das estruturas sociais urbanas do século XVIII. Nós queremos apenas indicar alguns princípios e certos critérios de classificação, inspirando-nos principalmente na experiência adquirida graças ao exame dos arquivos notariais, porém baseando-nos também na lista estabelecida por ocasião da arrecadação da primeira capitação, em 1695, e no código do imposto a indústrias e profissões do ano VII, ainda utilizável retrospectivamente para o estudo do século XVIII.

Para reconstituir as estruturas sociais, impõe-se a pluralidade das classificações. Duas são tradicionais. A classificação das profissões testemunha menos o estado social do que a economia. Esta classificação é a mais simples, contanto que seja detalhada e é evidente que todos os exames passam por esta etapa preliminar. Em seguida, a classificação jurídica e honorífica: é um elemento indispensável a uma sociedade constituída em ordens. Deve-se considerar a separação entre a nobreza e o Terceiro Estado, os diferentes tipos de nobreza, a "hierarquia de honra" no seio do Terceiro Estado, segundo a expressão de Loyseau. As questões que estas duas classificações colocam não serão abordadas aqui; limitar-nos-emos a uma terceira, a classificação sócio-profissional. Especifiquemos ainda, no entanto, que o estudo das estruturas sociais exige recenseamentos paralelos, segundo diferentes pontos de vista: só eles podem explicar a complexidade do real.

*
* *

Os trabalhos dos sociólogos e dos estatísticos contemporâneos inspiraram o recurso a esta "classificação sócio-profissional", principalmente as do Institut National de la Statistique et des Études Économiques. Nosso objetivo é o mesmo do I.N.S.E.E. e dos grandes institutos de estatística estrangeiros: "classificar o conjunto da população ou, pelo menos, da população ativa, em um número restrito de grandes categorias, cada uma apresentando uma certa homogeneidade social.[27] Ademais, é preciso tentar hierarquizar, o que facilitaria provavelmente o estudo da mobilidade social. Em certos setores profissionais, a hierarquia

---

27. I.N.S.E.E., *Code des catégories socio-professionelles*, 1ª parte (3ª edição, 1954), p. 1.

impõe-se sozinha: é o caso, com respeito ao exército do século XIX, da separação entre oficiais superiores e generais, oficiais subalternos e suboficiais, ainda que não sejam solucionados todos os problemas de limite. Do mesmo modo, é indispensável, por exemplo, distinguir a pequena da grande empresa: Turgot opõe o negociante — mercador atacadista — ao varejista, o empresário-fabricante ao simples artesão;[28] este também é o ponto de vista de Savary.[29] Mas, onde é que se deve marcar a cesura? Vejamos o caso dos comerciantes pertencentes às seis corporações de Paris: certos "grandes mercadores donos de loja" podem ser assimilados a verdadeiros negociantes em conseqüência da extensão e da natureza de seus negócios; porém, as seis corporações contavam igualmente com empresas ínfimas.[30] À hierarquia ligada à natureza e às condições da atividade profissional, muitas vezes difícil de se distinguir com precisão, se se deseja entrar no detalhe, superpõe-se uma outra. Ela está relacionada com o montante da fortuna. Alguns varejistas, por exemplo, situam-se ao nível da categoria inferior dos negociantes; inversamente, certos lojistas se encontram ao nível das classes populares. Esta hierarquia e estas superposições reaparecem em todas as categorias.

Por isso, é indispensável delimitar com precisão as categorias inferiores cuja condição deve servir como base de referência. Fora do meio dos domésticos, é necessário prever dois grupos: primeiro os assalariados pertencentes aos meios populares urbanos, subdivididos em diversas categorias; em seguida, os trabalhadores do tipo "artesão" cujo *status* era intermediário entre o salariado e o patronato. Entendemos por "artesão" o "tarefeiro", artesão dependente que trabalha para um único patrão ou artesão independente que trabalha em casa para uma clientela, um e outro isentos do direito proporcional do imposto a indústrias e profissões pela lei do ano VII. Contrariamente, o artesão lojista será classificado entre os mestres, no grupo dos patrões. Pode-se ligar ao grupo dos tarefeiros os "vendedores ambulantes" que prestam pequenos serviços nas ruas e que, nem no plano social, nem no domínio econômico podem ser assimilados aos lojistas.

Para estudar a composição dos grupos e das categorias o método é empírico: algumas atividades, freqüentemente repre-

---

28. *Réflexions sur la formation et la distribution des richesses*, Paris, 1788, p. 81.
29. *Le parfait négociant*, Paris, 1675, t. II, p. 68.
30. *Idem*, t. I, pp. 33-34.

sentadas, são escolhidas como casos típicos, outras são reagrupadas em derredor por comparação e assimilação. Este é o processo utilizado pelo I.N.S.E.E.; é o que preconizava a declaração do rei que precede a enumeração das vinte e duas classes da primeira capitação em 1695. Porém, ademais, deve-se adotar, em princípio, categorias suscetíveis de agrupar um número bastante grande de pessoas, pois, "em uma exploração estatística, um número demasiado pequeno é inutilizável".[31] Isso implica que o estudo dos meios sociais inteiramente superiores é da competência, no mais das vezes, do exame de casos individuais.

Enfim, esta classificação deve ser bastante precisa e bastante complexa para permitir todas as subdivisões, todos os reagrupamentos. A rigidez do sistema de classificação será compensada pela flexibilidade de sua utilização.

*
* *

Nosso propósito não é analisar o sistema de classificação ao qual tivemos de nos filiar para os estudos em desenvolvimento. Enumeraremos apenas alguns dos critérios de classificação, bastante diversos, que adotamos. A primeira referência é a denominação profissional e a qualificação no ofício, porém faltaria especificar o vocabulário com o qual não se deve ser ingênuo: o comerciante de quatro estações, por exemplo, apesar de seu nome, pertence aos pequenos serviços de rua; do mesmo modo, o "rapaz", no Antigo Regime, designa com freqüência o "caixeiro" e é bom fazer a distinção, como fez a capitação de 1695, entre o balconista de taberna, colocado na última classe, taxado a uma libra e o "caixeiro de grande comerciante lojista", tributado em 6 libras, na 19ª classe, ou o "caixeiro de comerciantes proprietários de magazines em Paris", colocado na 18ª classe (tarifa: 10 libras), com os "tabeliães das cidades de segunda ordem". Em seguida, deve-se levar em consideração o seu papel na produção, o que opõe o assalariado ao patrão, a importância e o caráter dos negócios, determinados pelos índices diversos (montante do aluguel que, em Paris, permite muitas vezes distinguir o artesão lojista do assalariado, valor das mercadorias e das ferramentas, montante do imposto, número de empregados...), dos laços de dependência, o que estabelece o conteúdo do grupo dos domésticos. Para o século XVIII, a característica do empregado, empresa privada ou Estado, o rei (diretamente ou através de intermediários) melhor dizendo, deve igualmente ser conser-

---

31. *Code des catégories socio-professionnelles*, p. 3.

vada, bem como a cultura ou o prestígio social que se relacionam com determinadas profissões, com determinados ofícios.

Esta lista não é limitativa, visa fornecer apenas uma orientação. Da mesma forma, estas observações relativas à classificação sócio-profissional são apresentadas apenas como sugestões, sujeitas a revisão segundo as lições da experiência. Antes mesmo de propor um painel provisório, uma ou diversas relações serão estabelecidas e submetidas às observações dos que praticam a pesquisa sócio-profissional, sociólogos ou historiadores.

*
* *

Os arquivos notariais permitem abordar muitos outros aspectos da história social. Evocamos, *passim*, a questão dos níveis de vida; citemos aqui as origens sociais, a história das famílias, a psicologia familial, certos aspectos das relações sociais (comparando a condição dos cônjuges, estudando a qualidade das testemunhas e aproximando os destinos das linhas colaterais). Toda esta dinâmica social é posta em evidência ao se comparar sistematicamente os registros relativos às diferentes etapas da vida individual e familial.

O estudo estabelece, também, determinados aspectos da hierarquia social. Ele traz, portanto, uma contribuição à análise das estruturas sociais, permitindo nuançar o exame das condições materiais através de considerações provenientes da psicologia coletiva.

4. A HISTÓRIA DA SOCIEDADE FRANCESA CONTEMPORÂNEA: FONTES E MÉTODOS*

Há cerca de vinte anos, inúmeros estudos, publicados ou em vias de conclusão, versaram sobre a sociedade francesa dos séculos XIX e XX: análises de certos aspectos ou de certos fatores da vida social, tentativas de síntese de grupos sociais. Organizaram-se encontros entre especialistas para confrontar questões de método ou resultados.[1] A matéria não deixa de apresentar, portanto, algumas observações sobre a história social da época contemporânea.

* L'histoire de la société contemporaine. Sources et méthodes. *Revue d'histoire économique et sociale,* Paris, 1974, nº 1, pp. 7-36.

1. Cf. E. LABROUSSE, "Voies nouvelles vers une histoire de la bourgeoisie occidentale aux XVIIIe et XIXe siècles (1700-1850)", *X Congresso Internazionale di Scienze Storiche*, Roma, 1955, *Relazioni*, t. IV, pp. 365-396; também, *L'Histoire sociale, sources et méthodes*, Colóquio da École Normale Supérieure de Saint-Cloud (15-16 maio 1965) Paris, 1967; e também *Ordres et classes, Colloque d'histoire sociale*, Saint-Cloud, 24-25 maio 1967, Paris, Haia, 1973.

Apesar de seus progressos, a história social ainda está em busca de si mesma. O acavalamento de atribuições ocorre com disciplinas próximas, como a Geografia ou a Sociologia, pois a história de nossos dias tende a anexar o presente e as ciências humanas mais especializadas na atualidade não negligenciam o passado. Mesmo quando ela se liga a tempos mais remotos, a história social não conquistou totalmente a sua autonomia. A união com a história econômica, tão freqüentemente praticada na França, é frutífera. Porém, a fórmula "história econômica e social" não implica obrigatoriamente a subordinação desta àquela e a história social não se reduz ao estudo das incidências da evolução econômica sobre a sociedade. Brilhantes sínteses, aliás, apoiaram-se em análises demográficas.[2] Mas, basear a história social exclusivamente sobre a demografia continua sendo um desafio e, igualmente, os "ensaios de história social" deste tipo recorrem amplamente a conhecimentos complementares. Na realidade, história econômica e demografia histórica, para tomar apenas estes dois exemplos, são ciências auxiliares da história social, pela mesma razão que a história social pode ser utilizada como ciência auxiliar por outros setores da pesquisa. Cada disciplina traz suas hipóteses, seus métodos, sua linguagem; umas são complementares às outras; a originalidade aparece na síntese e nas conclusões.

Qual é, portanto, o objeto da história social? Reduzir o estudo da sociedade ao da "boa sociedade" e dos salões ou a história social à dos movimentos sociais constitui um anacronismo, amplamente ultrapassado, mesmo se tais pesquisas permanecem úteis. Os historiadores de hoje se ligam de preferência a uma história de massa. O seu domínio é a análise dos grupos sociais, seu objetivo o conhecimento da vida coletiva, principalmente por ocasião de acontecimentos únicos ou raros, mas normais, como nascimento, casamento, morte, e manifestações comuns e banais da existência pública ou privada. Porém, estudo de massa não significa estudo exclusivo das massas, quer sejam populares ou mais ou menos privilegiadas, a história social deve decompor os diversos meios, reencontrar a originalidade das categorias dirigentes e das elites passíveis de se destacarem nas diversas esferas da sociedade. Por outro lado, a descrição dos fenômenos habituais não exclui a análise das circunstâncias

---

2. O iniciador neste domínio foi LOUIS CHEVALIER com *La formation de la population parisienne au XIXe siècle*, Paris, 1950, e *Classes laborieuses et classes dangereuses à Paris pendant la première moitié du XIXe siècle*, Paris, 1958; cf. também, PIERRE GUILLAUME, *La population de Bordeaux au XIXe siècle*, Paris, 1972.

excepcionais que podem agir como revelador, permitindo a eclosão de tendências que permanecem latentes quando nada vem romper a rotina da vida cotidiana.

O domínio da história social é amplo. Acaba-se de reconsiderar os diversos aspectos da atividade de um país sob um novo ângulo, aplicando-se ao conjunto dos atores. Nosso conhecimento da sociedade francesa contemporânea não corresponde ainda totalmente a esta exigência. As reflexões que se seguem, inspiradas por pesquisas recentes, publicadas ou em curso de exploração, constituem um balanço provisório: elas evocam soluções práticas de modo a facilitar a seleção, a exploração das fontes e a passagem da análise à síntese.

1. *Fontes e Técnicas de Exploração*

1.1. Cinco Grandes Tipos de Fontes

A prospecção das fontes foi durante muito tempo uma das preocupações maiores dos historiadores de nossa disciplina: estes tinham de reler os documentos, correntemente utilizados, com novos olhos e procurar séries passíveis de responder a seus objetivos particulares.[3] Hoje, resta ainda muito a ser feito, porém as pesquisas estão bastante adiantadas para que se possa propor uma classificação. As fontes da história social distribuem-se em cinco tipos principais, em função dos dados que elas trazem e das possibilidades de exploração que oferecem.

As estatísticas elaboradas pelas preocupações dos contemporâneos pertencem ao primeiro tipo. Do início do século XIX a nossos dias, elas se tornam cada vez mais numerosas e abarcam domínios cada vez mais variados,[4] imagens do gosto pelos números e pela medida que caracterizam a nossa civilização industrial e racional. Inúmeras compilações publicam os resultados e primeiramente os que editam os serviços oficiais encarregados de reunir a informação estatística, *Statistique générale de la France*, depois o Institut National de Statistique et Études Économiques. A maioria dos quadros resume uma informação mais pormenorizada, reproduzida nos boletins editados pelos ministérios ou por instituições de interesse nacional. Um exemplo entre muitos outros: a "anuidade sucessorial", tão

---

3. Ver principalmente E. LABROUSSE, *loc. cit.*

4. Para o século XIX, cf. BERTRAND GILLE, *Les sources statistiques de l'histoire de France des enquêtes du XVIIe siècle à 1870*, Genebra, 1964.

freqüentemente empregada para simbolizar a evolução dos patrimônios desde o começo do século XIX é o resumo de informações mais complexas sobre a distribuição e a composição dos legados pela França.[5] Por vezes, são os dados originais que são classificados pelos serviços especializados. Deve-se atribuir uma atenção particular principalmente aos anuários, editados pelas grandes cidades, que contêm com freqüência uma mina inesgotável de informações.[6] Porém, ao lado das publicações oficiais, são difundidas séries dignas de fé por meio de relatórios impressos, pela imprensa ou por obras diversas; citemos os numerosos dados relativos aos fabricantes e aos artesãos parisienses reunidos nas pesquisas da Câmara de Comércio sobre a indústria em Paris no século XIX,[7] ou, em domínio bastante diferente, as informações sobre a prática religiosa levantada em monografias paroquiais.[8] Às estatísticas publicadas acrescentam-se estatísticas inéditas conservadas nos arquivos e que, redigidas pelos contemporâneos, respondem a preocupações próximas, tais como, por exemplo, as que são relativas à incidência da reforma da contribuição industrial e profissional em 1844, sobre a composição do corpo eleitoral censitário.[9]

A documentação é enorme e dispersa, as descobertas são sempre possíveis. O alcance das informações, de interesse inegável, jamais desprezível, é muitas vezes fundamental, mas, sempre, o historiador permanece prisioneiro de referências e temas escolhidos pelo estatístico. Estas escolhas trazem em si mesmas um ensinamento, pois são feitas por contemporâneos para responder às curiosidades de sua época e de seu meio: não é inútil assinalar, por exemplo, o quanto são medíocres as informações sobre a distribuição de rendas reais dos indivíduos,

---

5. O montante da anuidade sucessorial desde 1826 foi publicado pelo I.N.S.E.E., *Annuaire statistique de la France, Résumé rétrospectif*, Paris, 1966, p. 530. A partir do final do século XIX, informações complementares são fornecidas pelo *Bulletin de Statistique et de Législation comparée*, depois pelos *Statistiques et Études financières*, publicações do Ministério das Finanças.

6. Por exemplo, para a capital, as *Recherches statistiques sur la Ville de Paris et le département de la Seine*, 6 vols., 1821-1860, depois o *Annuaire statistique de la Ville de Paris*, desde 1880.

7. *Statistique de l'industrie à Paris*, resultante da pesquisa feita pela Câmara de Comércio para os anos de 1847 e 1848, Paris, 1851; *id.* para o ano de 1860, Paris, 1864; *Enquête sur les conditions de travail en France pendant l'année 1872. Département de la Seine*, Paris, 1875.

8. Cf., por exemplo, Abade BALTHAZAR, *Histoire religieuse de l'Eglise Notre-Dame-des-Victoires*, Paris, 1855.

9. Arq. Nac. série F^{1c} III.

ao passo que os dados sobre a idade, o estado civil ou as profissões são abundantemente coletados. Não obstante, as estatísticas já feitas não permitem responder a todas as curiosidades, pois são demasiado rígidas para se adaptar sempre às hipóteses que guiam a procura do pesquisador.

Os recenseamentos constituem um segundo tipo, próximo das estatísticas inteiramente elaboradas, porém mais flexíveis. Freqüentemente de origem oficial, foram muitas vezes publicados ou bastante difundidos: listas nominativas e boletins individuais dos recenseamentos da população, arrolamentos fiscais, listas eleitorais, listas do recrutamento do contingente etc. Sob sua diversidade, tais recenseamentos possuem características comuns. Em cada série, os dados são geralmente homogêneos, podem ser utilizados em bruto e a sua exploração é relativamente fácil. Por outro lado, os recenseamentos versam sobre indivíduos definidos, chefes de família, contribuintes, eleitores, conscritos, para retomar os exemplos precedentes, o que permite transportar os resultados a conjuntos mais amplos. Os dados tirados dos recenseamentos fornecem estatísticas que repousam sobre fatos isolados pelos contemporâneos, o que é um ponto comum com as fontes do primeiro tipo. Porém, o historiador pode reagrupar as variáveis a fim de responder a suas curiosidades particulares: distinguir, por exemplo, as categorias de idade entre os eleitores sem profissão designados como "proprietários" nas listas eleitorais censitárias, dá uma indicação sobre o caráter da ociosidade da burguesia do século XIX, ociosidade real ou retirada da vida ativa.[10]

Ao terceiro tipo, prendem-se todas aquelas monografias que são demasiado numerosas para serem objeto de cálculos estatísticos. Algumas interessam a grande parte da população. Por exemplo, a obrigação de declarar ao fisco os bens passíveis de serem transmitidos após um falecimento provoca um registro que permite conhecer os bens e os herdeiros de todo francês que deixe após a morte um haver ainda que mínimo.[11] Se as falências atingem apenas comerciantes e somente os que faliram, os relatórios estabelecidos pelos síndicos não deixam de consti-

---

10. ADELINE DAUMARD, *La bourgeoisie parisienne de 1815 à 1848*, Paris, 1963, p. 50.

11. ADELINE DAUMARD (org.), *Les fortunes françaises au XIXe siècle. Enquête sur la répartition et la composition des capitaux privés à Paris, Lyon, Lille, Bordeaux et Toulouse d'après l'enregistrement des déclarations de succession*, Paris-Haia, 1973.

tuir uma análise muitas vezes útil, pois retraçam os antecedentes e a carreira de representantes de um grupo social numeroso.[12] Outras fontes monográficas, menos ricas, permanecem insubstituíveis; entre elas, as agendas de revisão do cadastro de Paris que indicam o aluguel e descrevem a habitação dos locatários de cada casa,[13] o que constitui um elemento indispensável ao conhecimento de um aspecto importante da vida das camadas populares. Para os meios superiores, com efeito, sem desprezar totalmente os documentos deste gênero, o pesquisador dispõe de monografias as mais variadas, mais completas. As mais preciosas provêm dos arquivos notariais e, antes de mais nada, dos contratos de casamento e dos inventários *post-mortem* completados pelos testamentos, as liquidações e as partilhas de sucessão. Estes autos apresentam um triplo interesse: constituem uma espécie de balanço da fortuna e, por ocasião dos falecimentos principalmente, das condições de vida dos interessados; permitem analisar os antecedentes familiais e certas etapas das carreiras individuais; enfim, retomando os trâmites indicados principalmente por ocasião das aberturas de herança, pode-se seguir uma família e seu patrimônio por diversas gerações e reconstituir suas alianças.[14] Muitas outras monografias poderiam ser enumeradas. Pode-se-lhe juntar inúmeras biografias inéditas ou impressas, as lembranças, as memórias e os relatos autobiográficos, que constituem uma fonte nem sempre inteiramente verídica, mas raramente desprezível.[15] Mais sérios, embora por vezes maculados de erros, são os dossiês pessoais constituídos em nome dos que, a um título qualquer, exerceram uma função pública remunerada ou gratuita, funcionários públicos e privados, oficiais, comerciantes ou industriais notáveis etc., ou aceitaram uma distinção honorífica como a Legião de Honra.[16] Com freqüência, aliás, estas diversas monografias se comparam e se completam, principalmente quando se recobrem com os meios superiores da sociedade.

12. Utilizados pela primeira vez por L. CHEVALIER, *Population parisienne, op. cit.*, pp. 224 e s.

13. ADELINE DAUMARD, *Maisons de Paris et propriétaires parisiens au XIXe siècle (1809-1988)*, Paris, 1965, pp. 66-68.

14. Um exemplo da aplicação deste método é fornecido por A. DAUMARD, *Bourgeoisie parisienne, op. cit.*

15. Ver ANDRÉ-JEAN TUDESQ, *Les grands notables en France (1840-1849). Étude historique d'une psychologie sociale*, Paris, 1964.

16. *Idem*, pp. 19-21 e *passim;* também, A. DAUMARD, *Bourgeoisie parisienne*, pp. XXV e 269-272.

Individuais ou familiais, tais monografias proporcionam inúmeras indicações cifráveis. Porém, em uma mesma série, as informações são freqüentemente heterogêneas, à imagem da variedade dos destinos individuais. Os dados não podem ser utilizados em sua forma bruta, é necessário que eles passem por uma "preparação". Decantação para reter os fatos significativos, mas sem esquecer de levantar as falhas por vezes ricas de sentido como, entre outras, a ausência de livros, de objetos de devoção, nos inventários *post-mortem*. Complemento das lacunas eventuais relativas à profissão, às origens familiais, à carreira etc., comparando-se fontes de mesma série ou de tipo vizinho. Eventualmente, enfim, correção de menções exatas, mas difíceis de utilizar diretamente: por exemplo, o valor e a composição das heranças, preocupações essenciais do fisco e dos tabeliães, importam menos aos historiadores que os das fortunas que os defuntos puderam desfrutar enquanto vivos.[17] A massa e a complexidade da documentação impedem os desbastamentos exaustivos, porém a história social encontra nestas monografias extensas séries quantificáveis tentando achar respostas mais precisas e mais variadas que as que oferecem os quadros rígidos das estatísticas e dos recenseamentos antigos.

As monografias excepcionais, que não se integram em uma série, pertencem a um quarto tipo. São, na maior parte arquivos privados, inéditos ou publicados, tais com livros de razão, correspondências, lembranças, arquivos de empresas em que a história social acha o que colher ao lado da história econômica. Pode-se juntar a isso documentos semipúblicos, como os testamentos ológrafos que, freqüentemente no século XIX, permitiam a seu autor exprimir alguns aspectos de sua personalidade ou de suas crenças, mas por demais esporadicamente e com temas demasiado variáveis para que a exploração dependesse da análise estatística. As monografias deste tipo, sempre muito pouco numerosas, são insubstituíveis, pois, em matéria de comportamento ou de reação psicomental, elas esclarecem os aspectos da vida social dificilmente redutíveis ao método quantitativo. Porém, são de difícil utilização: se não estiver enquadrado em uma série, o caso particular corre o risco de ser abusivamente erigido em regra geral.

O quinto tipo abarca todos os testemunhos contemporâneos que não se integram nos quatro primeiros: imprensa, brochuras, obras literárias ou científicas, discursos, deliberações e relatórios diversos, instruções, de uso interno ou externo, emanadas de autoridades públicas ou privadas, religiosas ou laicas

---

17. Cf. *Fortunes françaises, op. cit.*, pp. 75 e ss.

etc., sem esquecer a imensa documentação fornecida pelos arquivos judiciários, o contencioso e a jurisprudência (com a ressalva de que as fontes judiciárias, dificilmente consultáveis atualmente para o período contemporâneo, provirão talvez em parte da série precedente quando tiverem sido sistematicamente exploradas). Não se poderia levantar aqui uma lista exaustiva, nem mesmo delinear uma classificação desta enorme documentação "qualitativa", em grande parte impressa, mas também parcialmente manuscrita. O exame destes dados nunca se completa, nunca se acaba, mas é uma iniciação indispensável à vida do passado.

1.2. Insuficiências e Lacunas

Apesar de sua abundância e de sua variedade, as fontes não são plenamente satisfatórias.

Todos os abandonados da civilização contemporânea, marginais, mas também pessoas de condição difícil, modesta ou subordinada (tais como, por exemplo, as crianças, mesmo adultos e casados, e as esposas que ajudam com o seu trabalho o chefe de família, agricultor, artesão ou comerciante) deixam poucos traços. Isto pode ser explicado pela insuficiência da cultura, dos recursos, pela falta de tempo ou de informação. Por vezes, também, os grupos, cuja existência é assim atenuada, rejeitam, mais ou menos conscientemente, uma sociedade cujas normas são as de uma civilização na qual não se sentem integrados. Por exemplo, a importância do concubinato no proletariado das grandes cidades nos séculos XIX e XX traduz, tanto quanto a miséria, uma espécie de medo ou de recusa diante das regras de um mundo estranho e incompreensível.

A informação estatística no entanto não faz totalmente falta. Desde o início, os recenseamentos da população acusam todos os "casais", qualquer que seja a condição do chefe de família, mas deixam no ar uma incerteza quanto a todos os que viviam sob o teto do pai e quanto à massa dos homens, em maioria trabalhadores manuais, que moravam em pensões. Com o estabelecimento do sufrágio universal, em 1848, as listas eleitorais dão um levantamento geral embora sumário de todos os franceses adultos do sexo masculino, depois, a partir de 1945, dos dois sexos, enquanto que os registros de alistamento militar fornecem informações muito mais numerosas (origem familial, nível de instrução e condições físicas) mas somente sobre os conscritos. As estatísticas sobre morte são bem mais completas: comparações entre levantamentos feitos pelo fisco devido à taxação das heranças permitem apreciar aproximadamente, por ocasião dos falecimentos, a distribuição social da miséria ou, ao menos, a insuficiência dos bens de primeira necessidade.[18] Poder-se-iam assinalar muitas outras fontes quantitativas aplicáveis aos marginais e aos pobres: para continuar no domínio da morte, citemos os algarismos relativos aos óbitos em conseqüência das grandes epidemias do século XIX[19] ou os que fornecem os levantamentos das inumações ou das pompas fúnebres.[20] Porém, o que falta, salvo casos particulares, são as fontes do terceiro tipo, as monografias bastante numerosas para serem objeto de cálculos estatísticos. Os juízes de paz desempenham às vezes junto aos meios populares urbanos, após um falecimento, o papel dos tabeliães nos meios burgueses; mas suas intervenções, limitadas a casos em que é preciso proteger os interesses dos filhos menores, permanecem excepcionais. Os dossiês judiciários, elaborados por ocasião de incidentes, de conflitos ou de dramas, acarretam a intervenção da força pública, de modo que os dossiês dos insurretos da Comuna ou dos participantes das revoluções parisienses de 1830 ou de 1848[21] constituem outra exceção à regra. Bem mais que para o restante da sociedade francesa, as monografias que tratam dos meios populares correspondem a épocas de crise e a crises especiais, sua exploração é infinitamente mais delicada, pois, se não pode ser controlada por resultados extraídos de circunstâncias ou de condições mais banais, corre o risco de deformar a realidade.

Uma segunda dificuldade apresenta-se quando o historiador se empenha em estudar a época realmente contemporânea: aumentam o número e a riqueza das fontes mas as dificuldades de interpretação crescem. As estatísticas difundidas por organismos oficiais ou privados são cada vez mais numerosas, cada vez mais elaboradas e dizem respeito a setores cada vez mais amplos: desde a análise do consumo dos casais, ou o emprego de seu tempo de lazer e de férias, até aos cálculos que, através dos comportamentos (comparecimento à missa, o domingo ou outras festas especiais, cumprimento do dever pascal, celebração religiosa das grandes etapas da vida familial), procuram reconsti-

18. Idem, p. 99 e passim.

19. Le choléra, la première épidémie du XIXe siècle, estudo coletivo apresentado por LOUIS CHEVALIER, Paris, 1958.

20. A. DAUMARD, Bourgeoisie parisienne, op. cit., p. 11.

21. JACQUES ROUGERIE, Procès des communards, Paris, 1964, e Paris libre, Paris, 1971; RÉMI GOSSEZ, Les ouvriers de Paris, Paris, 1968.

tituir o lugar da religião na sociedade contemporânea. O gosto pela publicidade, a imitação do estrangeiro provocavam também uma floração de notas biográficas que podem servir de base a uma exploração sistemática. Anuários e mesmo notas inseridas mais ou menos regularmente na imprensa são ricos de informação sobre determinadas personalidades, de notoriedade às vezes efêmera, às vezes durável: origens familiais, formação, carreira, alianças, descendentes, às vezes até preferências, são detalhados com precisões tais que a deformação da realidade não pode ser considerável, salvo omissões; porém, estas notas não dizem nada em geral sobre o montante e a composição das rendas e das fortunas. Além do mais, o desenvolvimento, na sociedade atual, da instrução, da abastança e da informação escrita, oral e visual, amplia o interesse e o alcance da documentação qualitativa. Esta se infla incessantemente e atinge camadas sociais mais amplas do que outrora. Porém, seu emprego torna-se ainda mais complexo, pois cresce a defasagem entre a massa dos leitores ou ouvintes em sua maioria portadores de uma bagagem elementar e os documentos elaborados por homens que, sem terem todos uma cultura real, possuem pelo menos um verniz de conhecimentos livrescos. Finalmente, a extensão da prática de pesquisas e de sondagens traz um elemento novo ao historiador. Se interrogar pessoalmente sobreviventes ou contemporâneos, o pesquisador dispõe de testemunhos individuais ou numerosos segundo a dimensão da amostragem, provenientes de pessoas que, sem isto e por falta de oportunidade, teriam provavelmente guardado silêncio:[22] reservada antes a elites ou a acasos excepcionais, a possibilidade de se exprimir é dada, assim, a novas camadas sociais. As sondagens organizadas pelos institutos especializados constituem uma variante útil, pois levou as pessoas interrogadas a desvelarem pensamentos que nem sempre os comportamentos exprimem, mas de emprego aleatório, pois as perguntas, muitas vezes simplificadas, senão simplistas, prejulgam com muita freqüência as respostas ou deformam-lhes o sentido.[23]

22. Cf. J. OZOUF, *Nous les maîtres d'école, autobiographies d'instituteurs*, Paris, 1967.

23. Periodicamente, por exemplo, institutos de pesquisa perguntam aos franceses quais as personalidades políticas que lhes parecem ter mais futuro nos próximos anos. Porém, como respondem os franceses interrogados? Indicam eles o nome do político que tem as suas preferências ou o do candidato eventual que acham que lhes parece ter mais probabilidades de ser nomeado pelo sufrágio unversal, mesmo se isto for contra os seus desejos pessoais? A interpretação dos resultados é muito aleatória, tanto que este ponto essencial permanece na sombra.

De modo geral, quando o historiador se empenha em conhecer a sociedade de seu tempo ou de épocas que lhe são muito próximas, ele multiplica as dificuldades de sua tarefa. Mesmo se dispuser de uma equipe, é submerso pela maré montante da informação e, o que é mais grave, dificilmente tem acesso aos documentos primários. Em sua preocupação legítima de respeitar os direitos dos indivíduos, de salvaguardar os segredos da vida privada, das famílias e dos negócios, os poderes públicos autorizam de fato a consulta aos arquivos apenas nos períodos relativamente antigos, salvo exceções concedidas geralmente a organismos oficiais encarregados de elaborar e publicar estatísticas, tais como, por exemplo, a que o Institut National de Statistique et Études Économiques da França publicou sobre a distribuição dos rendimentos dos casais segundo as declarações fiscais.[24] O utilizador portanto tem à sua disposição somente estatísticas completas. Mais grave ainda: às vezes, os documentos de base desaparecem, destruídos sistematicamente quando sua conservação não mais se apresenta como necessidade jurídica ou institucional, o que aconteceu sempre, ou então uma vez que os organismos encarregados de coletar e de manipular os recenseamentos apresentaram informações que julgaram úteis extrair daí, o que é um sinal da época atual.[25] A situação é, portanto, nova. A pesquisa direta nos arquivos, principalmente nos arquivos passíveis de fornecer dados quantificáveis, é no mais das vezes difícil. Ela corre o risco de tornar-se impossível, mesmo a termo, quando os documentos de base são destruídos, sob pretexto de que tudo podia ser daí extraído graças aos meios modernos de tratamento da informação. O historiador da sociedade contemporânea permanece e corre o risco de permanecer, no futuro, dependente de uma documentação elaborada que tem a vantagem de ser abundante, variada, complexa, mas que impõe quadros rígidos correspondentes às preocupações e às escolhas dos apresentadores.

---

24. "Étude sur les revenus des ménages en 1962", *Études et conjoncture*, dez. 1965.

25. Desde 1946, por exemplo, a escrituração das listas nominativas determinadas a partir dos boletins individuais por ocasião dos recenseamentos da população não é mais obrigatória. Os boletins individuais recenseados diretamente pelo I.N.S.E.E. foram destruídos e a conservação das cópias, que deveriam encontrar-se nas prefeituras, é bastante aleatória.

Para atenuar as lacunas da documentação acessível ou suscetível de sê-la, ainda resta muita coisa a fazer. As monografias, que se apresentam em certo número, merecem um esforço particular. Algumas dentre elas são pouco ou não são utilizadas pela história contemporânea. Ora falta a autorização dos proprietários: assim, por exemplo, não são consultáveis as cartas trocadas entre os tabeliães e seus clientes. Ora a ausência de classificação torna difícil a consulta: é o caso principalmente, salvo exceções, dos arquivos judiciários. O desbastamento de certas fontes monográficas inteiramente atuais apenas começou: um único estudo, ao que saibamos, debruçou-se sobre os dossiês constituídos após sentenças de embargos sobre salários, para apreciar o endividamento dos meios populares tentados pela publicidade e pelas ofertas de crédito.[26] Há, enfim, fontes virtuais que poderão auxiliar a conhecer melhor a sociedade atual. Se, por exemplo, as declarações individuais de renda feitas anualmente ao fisco forem levadas, um dia, ao conhecimento dos outros contribuintes, elas poderão sem dúvida ser exploradas pelos historiadores para uma pesquisa estatística e anônima.

Assim, apesar dos progressos alcançados, a prospecção não está concluída. Hoje, como ontem, tanto para compreender o presente quanto para conhecer o passado, o historiador deve "inventar" novas fontes, ou seja, descobrir documentos ignorados antes dele e procurar novos modos de interrogar a documentação conhecida.

1.3 Método Quantitativo, Método Qualitativo

As regras habituais da crítica histórica aplicam-se às fontes da história social. É uma evidência. Porém, talvez seja bom lembrar que determinadas estatísticas impressas, por exemplo as tabelas relativas à composição das fortunas particulares, difundidas por jornalistas do século XIX são apenas avaliações postas em cifras, testemunhos entre outros, cujo valor não se deve exagerar.

O método histórico deve se adaptar à natureza dos documentos variados, complexos, numerosos e aos objetivos da história social, que estuda os grupos. Toda a vez que for possível, deve-se, pois, "contar", segundo a expressão de Georges Lefebvre, e cifrar os resultados das observações. Este método quanti-

---

26. JEAN-CLAUDE MINET, *L'endettement du monde ouvrier dans les cantons de Denain et Bouchain de 1948 à 1968*. Tese de mestrado, datilografada. Universidade de Picardie, 1968.

tativo não é um fim em si, mas os números são expressões cômodas: permitem estabelecer proporções, controlar a freqüência dos fenômenos e, portanto, apreciar o valor das observações. Pois, a fim de passar do particular para o geral, cumpre premunir-se contra dois riscos: considerar como típicos os casos individuais que só são significativos como exemplos inseridos em uma série, dar muita importância às situações excepcionais que, sozinhas, realçam a monotonia do conjunto quando se examina uma longa série. Tomemos um exemplo. Seria fundamental poder apreciar a importância da mobilidade social na sociedade burguesa que se formou na França com o desaparecimento das ordens do Antigo Regime. Os casos particulares de êxito ou fracasso possuem apenas uma pequena significação (pouco importa aqui que o estudo verse sobre duas ou três gerações, pois esta questão de método, aliás decisiva, não muda em nada o problema do número); para concluir, é preciso não somente apreciar o movimento no interior dos diversos meios — em relação à burguesia inteira — mas substituí-lo no conjunto da população.

Paralelamente, impõe-se a necessidade de uma informação qualitativa. Esta evoca temas, indica quais eram as preocupações essenciais dos homens do passado, o que não decorre sempre de uma exploração quantitativa. Em certos domínios, de fato, a realidade é rebelde aos recenseamentos. No entanto, não se poderia desprezar os testemunhos esparsos quando, sozinhos, permitem presumir a resposta a ser fornecida ao que não é redutível à estatística: pode-se, por exemplo, enumerar as manifestações da prática religiosa mas, para conhecer a fé, o historiador dispõe apenas de testemunhos individuais, difíceis de apreciar, porém impossíveis de se desprezar. Método qualitativo e método quantitativo são portanto complementares.

A amplitude das fontes e as ambições da história social proíbem qualquer exame exaustivo. É possível achar uma solução racional para esta dificuldade inspirando-se em métodos modernos de pesquisa? E o que escolher, de início? A pesquisa científica baseada no acaso ou a amostragem racional? A escolha ao acaso não é sempre compatível com a natureza das fontes quantitativas: as monografias, principalmente, são com freqüência demasiado heterogêneas, em uma mesma série, para que tal procedimento seja aplicável. Aliás, a confiança colocada no acaso, ou seja, na probabilidade de reencontrar as características do conjunto a partir de uma amostra, repousa no conhecimento prévio dos traços fundamentais da população estudada. Fazer uma pesquisa política, por exemplo, interrogando-se um grupo selecionado segundo a idade, sexo, domicílio e a profissão significa admitir que as escolhas políticas são, para o essencial, função destas quatro variáveis. Com certas reservas,[27] o procedimento é aplicável ao estudo de séries homogêneas, listas eleitorais, declarações fiscais etc. Porém, a pesquisa assim compreendida não resolve a questão crucial que consiste em procurar as características específicas dos grupos sociais e da sociedade inteira. Isso não depende das técnicas de exploração das fontes, é um problema de utilização e de síntese.

2. Da Análise à Síntese

2.1. Os Grupos Sociais e a Escolha das Referências

Não se removeu toda a ambigüidade quando se especificou que o objetivo da história social é o conhecimento dos homens que vivem em sociedade. Impuseram-se termos variados à linguagem dos especialistas. Determinadas palavras são vagas ou anódinas, tais como "grupo", "categoria", que evocam apenas uma idéia de classificação. Outras fórmulas, mais carregadas de intenções, apóiam-se em definições pouco precisas, como "meio social" ou "categoria sócio-profissional". Enfim, expressões tendem a se congelar em uma significação particular, ainda que se esteja longe de alcançar a unanimidade sobre o seu sentido. A sociedade francesa do Antigo Regime baseava-se em uma classificação em "ordens", de fundamentos jurídicos, e traços desta organização subsistiram na Europa Ocidental até o século XX. Porém, determinados historiadores, em nossos dias, dão à palavra ordem uma acepção muito mais ampla:

> A estratificação social em "Ordens", subdivididas em "Estados", é extremamente freqüente. Consiste em uma hierarquia de graus, distintos uns dos outros e ordenados não segundo a fortuna de seus membros ou a capacidade de consumir que estes possuem, nem tampouco segundo seu papel no modo de produção dos bens materiais mas, segundo o apreço, a honra, a dignidade atribuídas pela sociedade a funções sociais que podem não ter nenhuma relação com a produção dos bens materiais (...). A estratificação em "Ordens" (...) opera-se naturalmente desde que a divisão do trabalho social faz aparecer uma diferenciação social.[28]

---

27. O sorteio das localidades ou dos indivíduos pode às vezes exagerar ou dissimular algumas tendências. Se, por exemplo, escolhe-se um procedimento de sorteio alfabético, o acaso pode levar a minimizar a importância de alguns grupos: assim, o número de bretões na população de uma cidade pode ser estimado diferentemente conforme tiramos ou não os patronímicos começando por "Le".

28. ROLAND MOUSNIER, *Les hiérarchies sociales de 1450 à nos jours*, Paris, 1969, pp. 19 e 22.

A palavra "classe" tornou-se de uso ainda mais delicado, pois muitos historiadores restringem-lhe o seu emprego ao que é feito pelos filósofos marxistas definindo as classes sociais por referência à propriedade dos bens de produção. Destas divergências deve-se conter o perigo de partir de definições apriorísticas que reduzem muito o interesse da pesquisa. De que serve, com efeito, estudar as características de uma sociedade se já se conhecem as bases sobre as quais ela repousa?

Para evitar qualquer equívoco, é sensato, portanto, partir do estudo dos "grupos sociais", fórmula que, até agora, não se carregou de nenhum conteúdo afetivo ou político. Porém, há diversas espécies de grupos sociais. Alguns dentre eles são delimitados sem ambigüidade através de critérios amiúde, mas nem sempre, administrativos ou jurídicos: por exemplo, os médicos ou os professores públicos, ou os assalariados de uma empresa ou os comerciantes açougueiros e também os cidadãos compelidos a tal contribuição direta, ou os eleitores ou até as mulheres sem profissão declarada e ainda a nobreza imperial; a lista seria quase infinita. Inversamente, os grupos fluidos como a burguesia ou as classes médias não são nem definidos com certeza, nem delimitados com precisão. Entre os dois, grupos cujo conteúdo se apresenta sem equívoco, têm entretanto em certos aspectos um caráter fluido. Onde colocar os limites dos "meios de negócios", por exemplo, seja em relação aos chefes de pequenas empresas, seja por comparação com certos ricos capitalistas do século passado, ociosos mas influentes ou, principalmente em nossos dias, levando em conta a existência de "quadros superiores" cujo papel e iniciativas são por vezes decisivos. Outro exemplo, a nobreza. Ela é muito difícil de ser delimitada e caracterizada em razão das múltiplas usurpações "em que os nomes com a pretensão nobiliárquica"[29] são um símbolo e também porque, desde a abolição dos privilégios de nascença, o conteúdo desta posição é pouco preciso.[30] Enfim, há os grupos particulares, tais como as minorias religiosas ou étnicas: estas têm, por vezes, importância na vida social, mas é difícil isolá-las se sua existência só possui uma incidência tangível na vida privada.

Com muita freqüência, portanto, o estudo de um grupo social confunde-se com a procura de sua definição ou, em outras palavras, a definição do conteúdo e das características dos grupos sociais é um dos objetos primordiais de nossos estu-

---

29. Expressão empregada principalmente por A. J. TUDESQ, *Grands notables, op. cit.*

30. A. DAUMARD, *Bourgeoisie parisienne, op. cit.*, pp. 28-29.

dos. Desde o início, entretanto, pode-se estabelecer um princípio: é preciso estudar à parte os notáveis, as elites passíveis de se destacar no seio dos diversos grupos, pois, senão, perdidas na massa, estas categorias superiores, cuja ação de enquadramento é freqüentemente decisiva, correriam o risco de escapar ao pesquisador. Mas, como isolar as categorias superiores? Em vez de analisar um único grupo social, pode-se tentar conhecer o conjunto de toda uma sociedade definida por sua implantação geográfica: habitantes de uma cidade, de um burgo, de uma região, de uma província ou de um país. Entretanto, mesmo se a tarefa se afigurar assim mais de acordo com as possibilidades materiais de trabalho, a dificuldade só foi esquivada: rapidamente, retorna-se ao problema precedente, pois tudo repousa na escolha das classificações de referência.

Qualquer apresentação estatística implica em referências. Estas referências podem ser múltiplas. O estudo da sociedade francesa desde o início do século XIX pode, por exemplo, dar a primazia seja à fortuna e às rendas, seja à profissão ou ao título, tendo como corolário uma tomada em consideração da condição social, seja ao lugar na produção, o que não coincide com os dois outros tipos de referência, mesmo se ocorrerem reagrupamentos, quer com o domicílio ou o local de atividades, quer com o sexo, a idade e o estado civil, para enumerar os fatores de diferenciação social mais imediatamente perceptíveis. Existem outros: assim, o gênero de vida e o nível de vida, ligados parcial mas não exclusivamente à importância dos recursos, o grau e as características da cultura, que não são somente uma herança, a religião, a vinculação a uma seita ideológica como a francomaçonaria, a adesão durável e total a um partido político ou a um sindicato profissional, capazes de moldar as personalidades e modificar os comportamentos. Teoricamente, as variáveis podem ser multiplicadas; na prática, o seu número é limitado. De fato, é lógico e cômodo utilizar primeiro as informações que são normal e geralmente fornecidas pelas fontes; se, por exemplo, profissão ou título foram sistematicamente escolhidos nos testemunhos, isso exprime um dos aspectos da realidade que deve ser levado em consideração.

O ideal seria poder utilizar o conjunto dos documentos examinados procedendo a inúmeras classificações paralelas mas variadas e depois compará-las. As necessidades de exploração conduzem muitas vezes o pesquisador a privilegiar certas referências e a conservar outras só para exprimir nuanças. É inevitável, porém é preciso tentar reduzir ao mínimo os inconvenientes dos quadros preestabelecidos escolhendo critérios de classificação tão flexíveis quanto possível e multiplicando os cruzamentos com outras variáveis.

Na prática, a maior parte dos estudos da sociedade francesa contemporânea reúnem as informações relativas às profissões ou aos títulos em "qualificações sócio-profissionais". A classificação é difícil e as escolhas, sempre discutidas, jamais são plenamente satisfatórias.[31] Lembremos apenas a este respeito alguns pontos essenciais. Desde o século XIX, mesmo sob o regime censitário que concedia um privilégio eleitoral à fortuna, ao ofício, à profissão ou, pelo menos, ao título, são o elemento primordial para situar a posição e a condição dos franceses na sociedade. A classificação sócio-profissional tem por objeto reagrupar estas posições em categorias muito pouco numerosas para que apareçam a variedade e a originalidade dos meios sociais. Ela não constitui uma imagem da organização social, é apenas um ponto de partida que não deve prejulgar as soluções. A fim de que a realidade não corra o risco de ser deformada, cumpre, portanto, que as categorias sejam bastante numerosas, suas articulações bastante flexíveis para permitir todos os reagrupamentos. É necessário, assim, que a classificação seja assaz matizada para dar conta de todas as hierarquias, as que eram percebidas pelos homens da época (tais como, por exemplo, a oposição entre inquilino e proprietário até a metade do século XIX, pelo menos entre pessoas que vivem dos rendimentos de bens de raiz e pessoas que vivem dos rendimentos de bens mobiliários) e as que são sugeridas pelas hipóteses dos pesquisadores atuais. As outras variáveis podem facilmente prender-se a esta referência de base: nível de fortuna e, se possível, de renda (amiúde bem mais difícil de conhecer se nos atermos à renda individual total e não a alguns de seus elementos), setor de atividade profissional para revelar eventualmente as reações das corporações ou dos ofícios, funções ou títulos honoríficos, tal como a pertinência a uma das nobrezas subsistentes na França, sexo, idade, estado civil, domicílio e outra situação assinalável qualquer capaz de influir na posição social, sem esquecer, dado o caso, das especificações mais difíceis de conhecer como o nível de instrução, grupo étnico, religião e outros compromissos ideológicos. A fixação de tabelas de variáveis múltiplas e de diversas entradas põe em relevo os fenômenos dominantes e permite discernir as hierarquias e suas origens, nas quais se baseia a classificação definitiva, prelúdio da análise que enceta a síntese.

31. J. DUPAQUIER, "Problèmes de la codification socio-professionelle", em *L'histoire sociale, sources et méthodes, op. cit.*, pp. 157 e ss.

2.2. Análise do Conteúdo

Em primeiro lugar, impõe-se uma análise concreta da condição material e da posição dos homens na sociedade e no seio dos diversos grupos estudados, por referência a critérios precisos e que retenham tudo quanto é mensurável. No curso desta primeira exploração, que versa sobre os indivíduos fundidos na massa e considerados como parte de um todo, é necessário experimentar todos os critérios de classificação que imponham o conhecimento do conjunto da época estudada e as hipóteses de trabalho próprias ao pesquisador. Às vezes, na falta de dados precisos, símbolos mais ou menos imperfeitos fornecem indicações aproximativas. Por exemplo, o montante do aluguel, o número de domésticos por casal ou determinados elementos de conforto ou de luxo da vida cotidiana estão em relação com os recursos e podem, em certa medida, compensar as insuficiências das informações relativas às rendas. Com uma reserva apenas: as escolhas e os hábitos de despesas variam segundo os meios sociais, as profissões, a idade, às vezes o sexo, e dependem estreitamente das condições geográficas e locais. Outro exemplo, a classe dos enterros e a natureza dos sepultamentos em vala comum ou em terrenos concedidos por tempo limitado ou jazigos perpétuos são, estatisticamente, elementos para apreciar a distribuição da pobreza, da abastança e da riqueza. Citemos ainda a habitação: sua forma, sua arrumação, seu conforto, a natureza dos objetos que aí são conservados desde roupas até móveis, passando pelas provisões e os livros, podem ser utilizados se as informações diretas sobre os níveis de vida e de cultura e até os gêneros de vida forem insuficientes.[32] Tal enumeração está longe de ser limitativa. A esta análise das estruturas materiais e tangíveis liga-se tudo o que deixa traços concretos e, também, por exemplo, os levantamentos relativos à saúde, às doenças, às enfermidades e à morte, como demonstraram obras já numerosas.[33]

A análise dos grupos fluidos apresenta uma dificuldade suplementar. Aí não é só o caso de descrever para destacar a originalidade e a unidade do grupo, é necessário também delimitar, escolher as categorias que podem ser integradas, elimi-

---

32. A. DAUMARD, *Bourgeoisie parisienne, op. cit.*, primeira parte.

33. Cf. L. CHEVALIER, *Le choléra, op. cit.*, e *Classes laborieuseus, op. cit.*, e JEAN-PAUL ARON, PAUL DUMONT, EMMANUEL LE ROY LADURIE, *Anthropologie du conscrit français d'après les comptes numériques et sommaires du recrutement de l'armée, 1819-1826*, Paris-Haia, 1972.

nando outras. Na prática, é prudente escolher primeiro os critérios mais amplos, sob o risco de superpor grupos próximos. Os limites entre classes populares e burguesia ou, para tomar outro exemplo, os que separam as classes médias das classes superiores e das classes inferiores, são totalmente incertos. Nem sempre é fácil, também, traçar uma fronteira entre os proprietários, os arrendatários, os beneficiários dos rendimentos de um capital qualquer e o grupo dos que, assalariados ou não, vivem do produto de seu trabalho. Para determinadas categorias, excluídas umas e mantidas outras, não há nenhuma ambigüidade, mas entre as duas se colocam condições intermediárias que, em uma primeira análise, devem ser tomadas em consideração. Assim, um estudo da burguesia deve eliminar domésticos, operários, serventes e simples executantes de tarefas subalternas, como também a nobreza, nas épocas em que esta conserva ainda uma originalidade; porém, este estudo não pode descartar aprioristicamente categorias mal definidas como as dos pequenos lojistas e artesãos autônomos ou as dos múltiplos empregados de escritório ou do comércio capazes de se situarem em diversos degraus da escala social segundo a natureza de suas tarefas e de seus antecedentes. Por comparação, a análise dos elementos concretos da condição destas categorias intermediárias permite presumir ou separar a pertinência destas ao grupo estudado. Porém, uma vez mantida, a sua presença pesa sobre as características do conjunto.

A descrição das estruturas baseia-se, portanto, na análise do número e da importância das concordâncias. A interpretação exige uma grande prudência. Ela não pode ignorar as superposições de uma categoria sobre a outra, nem as distorções que acarretam, por exemplo, o exame das rendas ou das fortunas e o das responsabilidades e da cultura. Ela deve, entretanto, conduzir a uma classificação provisória que fornece um primeiro esboço da hierarquia das condições, dos recursos e das necessidades no seio do grupo estudado. Comparações no espaço e no tempo podem e devem ser feitas graças a cortes sucessivos. Assim, surgem as tendências da evolução, porém este conhecimento dos grupos em que os indivíduos desaparecem na massa conserva um caráter estático e parcial.

A ênfase recai sobre a evolução quando se chega ao estudo das famílias e dos destinos individuais, muitas vezes em estreita ligação umas com os outros. Deve-se analisar as origens sociais levando-se em conta, na medida em que os documentos o permitem, o local de nascimento, a profissão e o domicílio dos pais e dos avós também, pois as mutações sociais importantes se fazem freqüentemente em três gerações. Cumpre examinar as mudanças de condição que balizam a vida dos indivíduos, reencontrar as etapas da vida profissional, eventualmente, as passagens de um ofício ou de uma atividade a outras, medir o enriquecimento ou o empobrecimento, considerar os casamentos que são um símbolo e muitas vezes, também, um fator de mutação ou de estagnação social. Impõe-se igualmente uma comparação com a condição dos filhos e dos genros. Nestas bases, podem ser levantadas "genealogias sociais": às referências habituais, acrescentam-se as menções relativas à evolução das profissões ou dos títulos e à formação das fortunas.[34] Reagrupadas em quadros estatísticos, as observações particulares acerca de indivíduos ou de famílias fornecem elementos para um estudo preciso da mobilidade social nos diversos grupos sociais e nas diversas categorias que os compõem, o que é um dos pontos cruciais para o conhecimento da sociedade contemporânea.

A seguir, seriam realmente desejáveis pesquisas sobre as relações sociais, a influência do patronato e eventualmente a existência de clientelas. Porém, sobre este ponto, as fontes são pouco explícitas e a utilização dos símbolos foi até agora pouco satisfatória. Abrem-se, entretanto, possibilidades ao pesquisador: por exemplo, a comparação entre as carreiras dos altos funcionários de uma mesma corporação conforme tenham passado ou não por um gabinete ministerial ou, em certas épocas e em certas administrações, conforme tenham pertencido a tal sindicato, a tal partido político ou a tal associação corporativa, ideológica ou religiosa. Porém, tais análises apenas tiveram início.

Permanece o problema fundamental: encontrar os motivos que fazem com que os homens ajam nos diversos meios e procurar as causas profundas das escolhas e das decisões.

Exteriormente, escolha e decisões exprimem-se muitas vezes através de comportamentos que deixam traços, mais ou menos aparentes mas discerníveis: temos aí uma matéria-prima de eleição para os nossos estudos, pois os comportamentos individuais dão testemunho sobre os indivíduos e sobre os grupos ao mesmo tempo se forem bastante numerosos para serem reunidos em séries estatísticas. É útil separar vida privada de vida pública pois, em nossas sociedades liberais, a primeira está submetida a menos pressões do que a segunda, mesmo se tendo em conta a influência das modas e do conformismo. Entendemos por vida privada tudo o que toca a conduta dos assuntos

---

34. A. DAUMARD, *Bourgeoisie parisienne, op. cit.*, pp. 319-323.

pessoais e familiais: decisões tomadas por ocasião dos momentos cruciais que são representados pelo casamento, pela escolha de um ofício, pelas mudanças de profissão ou pelo abandono voluntário de qualquer atividade profissional; gestão de uma empresa, de uma fortuna, utilização das rendas; escolhas relativas à formação e ao estabelecimento dos filhos; papel respectivo do marido e, eventualmente, lugar dos ascendentes e dos parentes colaterais no lar ao lado dos pais e dos descendentes diretos; manifestações concretas de interesse dedicado a problemas religiosos ou a tipos de cultura, expressos pela composição das bibliotecas pessoais por disposições testamentáriass ou qualquer outro testemunho. Por vida pública, entendemos aquilo que mostra como os indivíduos participam da vida coletiva, exercendo seus deveres de cidadãos ou aceitando benevolamente funções gratuitas e também pelo exercício de suas atividades profissionais ou pela escolha de suas distrações: isto quer dizer que as superposições entre vida pública e vida privada são numerosas. A análise dos comportamentos individuais quando desemboca em cálculos de conjunto, o que é difícil mas muitas vezes praticável, é um elemento para apreciar em que medida os diversos grupos sociais compreendiam e aceitavam as instituições e a civilização de seu tempo.

Um matiz importante é acrescido se nos empenhamos em distinguir comportamento voluntário de comportamento involuntário. O comportamento voluntário implica escolhas deliberadas por parte dos interessados, por exemplo, a decisão de mandar batizar os filhos, a de poupar uma parte dos recursos, de comprar valores mobiliários mais do que imóveis etc. No caso, podem exercer-se pressões familiais, sociais, porém, os interessados têm consciência de que têm de optar entre diversas soluções possíveis, o que dá um interesse particular ao exame destes tipos de comportamento. Os comportamentos involuntários traduzem mais as reações coletivas de determinados grupos, de certos meios, principalmente em períodos de crise, quando afloram instintos profundos que, em tempos normais, não teriam ocasião de exprimir-se. A este respeito, foi muito significativa, por exemplo, a reação de Rémusat* ao anúncio das

---

* Charles François Marie, Conde de Rémusat — nascido em Paris, filho do Conde de Rémusat que foi camareiro de Napoleão. Desenvolveu idéias liberais e depois passou para o jornalismo. Assinou o protesto que culminou a Revolução de Julho. Foi eleito deputado por Toulouse e, em 1836, tornou-se sub-secretário de Estado para o interior. Exilado após o golpe de Estado, dedicou-se a estudos filosóficos e literatos, até que, em 1871, Thiers (então presidente da República) convidou-o para a pasta dos Assuntos Estrangeiros na qual permaneceu até 1873. Morreu em 1875. (N. da T.).

jornadas de fevereiro de 1848. Como todos os homens de seu meio, ficou muito preocupado por ele e pelo futuro de seus filhos principalmente:

> Mesmo que sua condição social não fosse alterada, em vez de participar quase sem esforços nas vantagens de que dispõe o Estado, da existência política, iriam ter pretensões a vencer, inimizades a desafiar; ser-lhes-ia necessário mais trabalho, coragem, persistência, mérito para conseguir e, até, em caso de mudança democraticamente radical, para subsistir.[35]

Lembrando com enternecimento que seu filho primogênito compreendeu a situação e considerou a possibilidade de arranjar uma profissão para viver, Rémusat exprime dessa forma a mentalidade de um homem que estava muito ligado à aristocracia. Porém, com muita freqüência, as crises mais graves não são as mais significativas, pois, quando o perigo é demasiado grave, as reações correm o risco de serem deformadas pelo medo ou pelo ódio. É talvez mais útil ater-se às crises que não culminaram em catástrofe, como, por exemplo, a crise de 1840 na França, crise belicosa onde se exprimem certos sentimentos que, embora sendo as circunstâncias menos graves, têm um alcance mais profundo.[36]

Pode-se ir mais longe e descobrir a alma sob as atitudes? Isto seria necessário para analisar a "consciência de classe" e, mais simplesmente, a comunhão de pensamento e muitas vezes de interesse que é o cimento dos grupos sociais homogêneos. Porém, isto é difícil e aleatório, pois os comportamentos podem mascarar sentimentos profundos. Alguns homens, alguns grupos seguem os hábitos e as regras de seu meio e de seu tempo por comodidade, segundo o método de Descartes, ou por simples conformismo. Outros, como explica de Tocqueville ao expor o seu próprio caso,[37] aceitam submeter-se a determinados ritos, religiosos por exemplo, pois vêem neles o melhor meio de manifestar a sua adesão a uma ética. Enfim, certos atos individuais ou coletivos decorrem do farisaísmo ou se explicam pela preocupação em defender privilégios, direitos adquiridos face ao montante das reivindicações de outros grupos sociais. Os limites, no

---

35. CHARLES DE RÉMUSAT, *Mémoires de ma vie*, t. IV, p. 255.

36. Cf. A.-J. TUDESQ, *op. cit.*, pp. 490-549, e A. DAUMARD, *op. cit.*, pp. 633-641.

37. A. de TOCQUEVILLE, carta de 2 de outubro de 1843 endereçada a A. DE GOBINEAU, *Oeuvres complètes*, t. IX, pp. 56 e ss.

entanto, são difíceis de traçar. O que esconde, no século XIX, por exemplo, o paternalismo praticado por muitos empresários e inúmeros proprietários de bens de raiz, pequenos ou grandes notáveis, vivendo em suas terras ou nos burgos? Era certamente para uma parte um meio de defender a ordem social: numerosos testemunhos provenientes dos protegidos e dos protetores permitem afirmá-lo. Certas formas de paternalismo decorreram também de uma concepção particular da caridade que leva a ajudar os pobres menos por amor pelos irmãos deserdados do que para adquirir mérito por meio de obras. O paternalismo, enfim, procedia de uma preocupação moralizadora e de um sentimento de superioridade que levava a tratar como menores e irresponsáveis homens cuja condição os colocava na dependência do mestre ou do patrão. Não iremos apreciar aqui o valor destas pretensões e as causas do estado de inferioridade das classes populares; resta que, sob este ângulo, o paternalismo é uma manifestação de orgulho social que se traduz por encargos assumidos benevolamente: não exprime apenas um egoísmo ou uma prudência de classe, é uma reação aristocrática que liga a noção de dever à existência de direitos ou de privilégios.

O exemplo precedente, um pouco longo, era necessário para que se colocasse em evidência os nossos limites. O estudo da alma coletiva é fundamental, mas cabe perguntar se ele decorre dos métodos da história social na medida em que esta pretende ser experimental e quantitativa. Salvo casos particulares, nossa documentação, nossas técnicas e nossos métodos não permitem, quase, atualmente medir as forças profundas que estão à base das decisões ou das reações dos diversos parceiros sociais. Será necessário, para tanto, desprezar esta quarta dimensão e reduzir a história social aos três aspectos suscetíveis de serem medidos: descrição estatística das estruturas (sem desprezar as mudanças no tempo e no espaço), estudo estatístico da evolução das carreiras e das famílias, análise dos comportamentos individuais e coletivos? Seria abusivo ignorar toda a contribuição da informação qualitativa e os testemunhos particulares que, deixando de trazer provas, sugerem hipóteses que devem, com todas as reservas necessárias, encontrar normalmente lugar na síntese. O maior inconveniente liga-se à amplitude desta informação qualitativa e às dificuldades que implicam o seu manejo. Este, de fato, corre o risco de privilegiar as culturas e os sentimentos dos grupos dominantes e das elites, mesmo quando se tratam de manifestações populares. Com o desenvolvimento da instrução e a difusão dos meios de informação, o século XX marca, talvez, uma nova etapa. Toda uma prospecção teria de ser feita na arte e na literatura de grande difusão, mas não somente popular. Analisado sistematicamente, o sucesso, junto a inúmeras camadas sociais, de autores famosos contemporâneos, bem conhecidos da massa graças aos meios de informação visual e oral tanto quanto escrita, seria um elemento para se conhecer a alma coletiva dos franceses de nosso tempo.

2.3. Modalidades e Objetivos da Síntese

Basear-se, na medida do possível, em números e estatísticas para afastar o perigo de observações apressadas e pouco numerosas é adaptar à história social as técnicas que provaram as suas capacidades nas ciências experimentais. Aí se detêm as possibilidades de comparação. O estudo da alma coletiva, repetimos, parece rebelde ao emprego de métodos quantitativos, porém este não é o obstáculo maior: as ciências experimentais não têm a pretensão de dar conta de todos os aspectos da vida nem das origens desta. A diferença fundamental encontra-se em outro lugar: ao contrário das ciências da natureza, e até das outras ciências humanas, a história, cujo objeto é o passado, seja ele o mais próximo possível, é por essência incapaz de proceder a experiências que, nas disciplinas afins, permitem verificar as hipóteses. Como atenuar esta dificuldade?

Uma tendência, bastante difundida em nossos dias, consiste em estudar o passado interpretando as observações com relação a um "modelo" único para verificar, ou infirmar, uma teoria. Tornou-se banal escolher a luta de classes e a inegável distribuição dos meios de produção entre os grupos sociais para explicar a evolução da sociedade contemporânea. Porém, outras hipóteses foram elaboradas: fazendo uma pesquisa sobre a França de 1960, um historiador americano construiu um modelo que combina as noções de "proeza (conceito) nascida de atitudes aristrocráticas e altamente individualistas" e "de um tipo especial de solidariedade (...) estreitamente ligado ao grupo de camaradas".[38] Este método de pensamento é menos novo do que alguns afirmam: em domínio paralelo, Bossuet era um precursor quando escreveu a *Politique tirée de l'Écriture Sainte.* Alguns historiadores, baseando o seu raciocínio em um "modelo", admitem, é verdade, que a sua hipótese não é a verdade, mas apenas um procedimento, um instrumento que pode ser modificado, e até abandonado.[39]

38. S. HOFFMANN, CH-P. KINDLEBERGER. L. WYLIE, J.-R. PITTS, J.-B. DUROSELLE, F. GOGUEL, *A la recherche de la France*, Paris, 1963, p. 268.

39. *Idem*, pp. 342-343.

O pesquisador que se apóia na teoria única corre o risco de simplificar abusivamente uma realidade complexa. Ele pode verificar o valor de suas hipóteses, especificar em que medida, sob que ressalvas e em que condições elas se aplicam: é insuficiente. A análise deve ser mais complexa, sendo necessário partir não de uma, mas de várias hipóteses de trabalho. Voltamos a encontrar aqui, ao nível da síntese, a exigência já esboçada a propósito da escolha das referências. A primeira arma do historiador é, portanto, a imaginação criadora que permite descobrir no passado, inclusive o mais recente, o que está latente, mas oculto. Quem diz "imaginação criadora" deixa a estrada aberta para todas as iniciativas racionais, porém, na prática, o estudo de um grupo social ou do conjunto de uma sociedade repousa em três exigências: compreensão, surpresa, comparação.

Em primeiro lugar, é preciso levar em consideração os temas que retiveram a atenção dos homens do passado. Sempre que possível, pois ela se inspira diretamente no conteúdo das fontes, esta primeira descrição fornece uma imagem da sociedade tal como existia para os contemporâneos. Porém, isto significa reter o que mais deixou traços, e implica o risco de privilegiar os que desempenham um papel dominante ou determinante. Para compreender mais profundamente, é indispensável também que o historiador, longe de se assimilar ao objeto de seu estudo, guarde distâncias, expartrie-se, sem o quê ele correria o risco de considerar como normal o que é apenas habitual, como necessário o que reflete um estado de hábitos e da civilização. O anacronismo é um meio seguro e amiúde praticado para se expatriar. Consiste em tentar esclarecer o passado à luz das experiências do presente ou de um período estudado. A isto se prendem tentativas de aplicar ao estudo histórico conceitos destacados pela Psicanálise ou, mais freqüentemente, pela Sociologia. Por exemplo, a noção de "festa", ou mesmo de "festa violenta", foi avançada para explicar as reações coletivas do povo de Paris durante a Comuna, porém, com mais freqüência, até agora, isto leva a nomear os fenômenos mais do que explicá-los.[40] Uma variante consiste em projetar em um período dado as estruturas de pensamento ou os modos de relação que caracterizam uma época anterior; mas, o anacronismo é menos evidente, devido ao peso das remanescências na sociedade francesa. O *depaysement* geográfico leva a resultados

---

40. Cf. a observação pertinente de PIERRE VILAR, a propósito da comunicação de HENRI LEFEBVRE, in *La Commune de 1871*, Colloque de Paris (maio 1971), Paris, 1972, p. 185.

análogos: suscita surpresas e recoloca em questão o que parece ser mais simples e mais evidente. Pode ser amplamente praticado pelo historiador que estuda um país, uma região, até mesmo, por extensão do termo, um meio que lhe é estranho. A síntese final exige, enfim, uma visão ampla do tempo, do espaço, da diversidade dos grupos sociais e das estruturas institucionais e mentais ligadas a tudo isso. As evoluções e as permanências são mais visíveis no que dura mais longamente, em cujo transcurso se decanta o que é acidental ou contingente. A originalidade de um grupo social destaca-se melhor por comparação com os que o cercam. Por exemplo, os meios sociais dos burgos e das pequenas cidades de província seriam conhecidos de modo imperfeito se se negligenciassem os laços que unem os seus habitantes com os dos campos e das cidades mais importantes. Igualmente, a comparação entre categorias afins, tais como a pequena burguesia e as classes populares ou a alta burguesia e as classes médias, fornece elementos para resolver as difíceis questões de limite e de superposição entre grupos sociais.

Os fatos são, às vezes, difíceis de se estabelecer, pois, com muita freqüência, são deformados involuntariamente pelos testemunhos. Quanto às observações, elas só podem ter um caráter científico se forem baseadas em uma idéia preconcebida. Porém, se não quiser fechar-se num sistema, o pesquisador deve multiplicar as hipóteses de trabalho e confrontar os resultados obtidos através de vias diferentes. Quando aparecem concordâncias, é provável que a realidade se aproxima dos resultados obtidos. Subsistem incertezas: tudo pode ser recolocado em questão pela descoberta de novos documentos ou de novas hipóteses de trabalho. É um risco inerente a toda pesquisa.

Descrever a composição, as características, o papel e as aspirações dos grupos sociais que apresentam uma evidente homogeneidade, defini-los no sentido pleno do termo, depois retomar estes dados para destacar os traços originais do conjunto da sociedade, tais são o objetivo e o resultado da síntese final. Uma síntese que, insistimos, é sempre passível de revisão. A ambição é grande, as realizações permanecem parciais, porém, à luz do que já foi tentado, se desprendem algumas linhas diretrizes.

Definir um grupo social é, em primeiro lugar, delimitá-lo de modo preciso. Muito freqüentemente, as fronteiras são pouco nítidas devido ao embaralhamento e à imbricação das condições que caracterizam a França, principalmente desde os primórdios da época contemporânea. O objetivo primeiro da síntese visa, portanto, reconstituir a hierarquia ou, melhor, as hierarquias sociais. Esta regra, que se aplica à sociedade francesa, é, sem dúvida, bastante geral. Fora das elaborações teóricas como as de Fourier e, eventualmente, de sociedades elementares e fechadas em que os homens, porém, em geral, nem as mulheres nem os escravos, são iguais é difícil conceber um sistema social sem hierarquia. Quanto às elaborações socialistas, que procuram a justiça favorecendo os grupos colocados tradicionalmente em posição de inferioridade, operários ou camponeses, elas apenas deslocam os privilégios.

A hierarquia social resulta da combinação de inúmeros fatores em torno dos quais se ordena a análise dos grupos sociais: situação material, origens e relações sociais, aspirações e comportamentos coletivos. Esta hierarquia pode ser interna aos grupos. Neste caso, estes últimos dividem-se em categorias: estas situam-se umas acima das outras e os membros do grupo, muitas vezes também elementos exteriores, atribuem-lhes uma superioridade de estima e reconhecem neles uma superioridade de fato. Esta estrutura provoca, às vezes, tensões interiores; ela é amiúde, também, um elemento de coesão, pois suscita elites cuja presença pode acelerar a tomada de consciência do grupo na medida, pelo menos, onde estas elites não se evadam para um grupo vizinho, geralmente superior. Restaria, aliás, estabelecer se a força da hierarquia, a importância das elites e a consciência de classe ou o espírito de corporação andam regularmente juntos: onde o paralelismo é mais nítido, fora de certos períodos de crise grave? Nas camadas sociais superiores? Nos meios aristocráticos? Nos meios populares? Ou nas classes intermediárias? Reencontrar a hierarquia externa, segunda forma da hierarquia social, consiste em classificar os diversos grupos sociais uns com respeito aos outros. Isto não é feito sem dificuldade: na França, no século XIX, por exemplo, os grupos são cotejados por suas extremidades e existem hierarquias paralelas, tais como as hierarquias nobiliárias que não se confundem totalmente com as hierarquias burguesas.[41]

Permanece um problema essencial: a estrutura social, a que caracteriza os grupos sociais, assim como a que se aplica ao conjunto da sociedade, será do tipo binário ou do tipo ternário?

---

41. A. TUDESQ, *op. cit.*, t. I, pp. 121-124, e A. DAUMARD, "Diversité des milieux supérieurs et dirigeants", in F. BRAUDEL e E. LABROUSSE, *Histoire économique et sociale de la France*, t. III, vol. 2, Paris, 1976, p. 931 e ss.

Evidentemente, é sempre possível dividir uma quantidade finita em dois ou em três, mas a aritmética não tem nada a ver com o caso aqui. O que conta, mais uma vez, é comparar todos os fatores e todos os resultados antes de concluir. É necessário estabelecer como se distribuem as categorias nos grupos sociais, estes no conjunto da sociedade; é necessário saber como uns e outros reagem face às alternâncias de períodos prósperos e tempos difíceis que ritmam a vida social, como exercem seus direitos e concebem seus deveres no seio de seu próprio grupo social ou em relação à coletividade mais ampla em que se inserem. Somente então, poder-se-á fixar clivagens, aliás raras vezes perfeitamente nítidas. Somente então, poder-se-á verificar se, nos diversos níveis da hierarquia social, os elementos de unidade ou de diversidade, as manifestações de concordância ou os confrontos sociais opõem duas tendências em cada grupo social, duas classes no conjunto da sociedade (a menos que não se unam em uma espécie de simbiose) ou se, ao contrário, o edifício social, em seu todo e para cada um de seus componentes, comporta três graus. A presença de corpos intermediários em cada caso, sua ausência em outro, com todo o peso dos conhecimentos, do *savoir-faire* e das tradições específicas ligadas a elas, é um dos elementos fundamentais da existência das sociedades contemporâneas e das condições de sua evolução.

Na última fase, resta destacar as bases sobre as quais repousa a sociedade. A descrição das estruturas materiais, institucionais e mentais é apenas uma etapa. Uma outra questão se coloca em seguida. Quais são as razões profundas que se encontram na origem das condições de vida e das aspirações coletivas que justificam o caráter das decisões tomadas por aqueles que, em todos os níveis, exercem responsabilidades, explicam a natureza dos impulsos descontrolados que exercem sua pressão sobre todos os meios sociais? O estudo é delicado e o recuo no tempo às vezes deforma a realidade. A civilização que conhece a posteridade não coincide sempre com a que se impunha aos contemporâneos. Dessa forma, as elites sociais do século XIX ignoraram Stendhal e menosprezaram os impressionistas: fora do domínio das artes e das letras, ocorreram, provavelmente, defasagens do mesmo gênero alhures. Por outro lado, a civilização contemporânea, principalmente no século XIX, sem dúvida, mas ainda em nossos dias, aparece amiúde como uma justaposição de tradições e de usos variados, até opostos. Porém, apesar desta diversidade e a despeito de confrontos que chegam às vezes até à violência, existem traços comuns. No século XIX, por exemplo, a vida da boa burguesia liberal e da nobreza reacionária baseavam-se em princípios menos distanciados do que estavam as posições políticas; igualmente, a separação mental e sentimental estava longe de ser absoluta entre os representantes da pequena classe média e os das classes populares das cidades, uma vez que podia ser franqueado o nível de extrema miséria que foi o de uma parte do proletariado industrial quando dos primórdios da industrialização.[42] Mas, inversamente, dever-se-ia examinar se tais comparações entre tradições diversas seriam menos nítidas, se fosse suprimido o quadro nacional. Isso permitiria estudar, principalmente, se existiram, em diversas épocas, uma aristocracia e uma civilização européias ou ainda um proletariado internacional com seus valores particulares. No estado atual da pesquisa, vemo-nos reduzidos, neste domínio, às hipóteses e às conjeturas. Seja como for, o resultado da história social é esta pesquisa dos alicerces da civilização, na qual repousa a organização social. É sua dificuldade e sua grandeza.

*
* *

À guisa de conclusão, formularemos algumas aspirações. Apesar de existirem numerosas publicações, e de serem ainda mais numerosas as investigações encetadas, restam muitas lacunas a serem preenchidas. A sociedade das pequenas cidades e dos burgos é bem menos conhecida do que a das grandes metrópoles. Se a burguesia e os notáveis retiveram a atenção, falta ainda uma grande síntese acerca da nobreza no século XIX, outra sobre os grupos dirigentes do século XX. Estamos muito mal informados também a respeito dos meios provenientes da pequena classe média, que formam a articulação entre burguesia e classes populares do fim do século XIX até nossos dias. Não multiplicaremos os exemplos, porém insistiremos na necessidade para a época mais recente, de debruçar-se sobre categorias que tomaram um lugar particular na sociedade. Os casais em que a mulher exerce uma atividade profissional autônoma, sem ser obrigada a isso pela miséria, constituem um fato novo da ordem social contemporânea. Seria necessário também debruçar-se sobre o papel de certas categorias mantidas pela nação inteira que, mais ou menos autônomas, são doravante bastante numerosas para pesar sobre a evolução do país: adolescentes e jovens que, às custas de sua família e da coletividade, acumulam por

---

42. Cf. infra, Cap. 12.

43. Desde a redação desse estudo, uma tentativa foi feita nesse sentido, cf. A. DAUMARD, in *Histoire économique et sociale de la France, op. cit.*, tomo IV, vol. 1, 2 e 3.

vezes conhecimentos ricos de promessas de futuro, mas que, às vezes também, vivem como simples parasitas; aposentados ainda jovens que, conservando o essencial de seus meios intelectuais e físicos, são ao mesmo tempo um peso e concorrentes para a população ativa. Enfim, o desenvolvimento do sindicalismo e a multiplicação dos organismos representativos de toda espécie secretam, nos diversos meios, elites de um novo tipo que ocupam um lugar cada vez mais importante na sociedade atual.

Muitos grupos, fluidos ou delimitados exatamente, podem ser isolados, muitos temas podem ser abordados. Porém, para descobrir as mais diversas hipóteses de trabalho, para arrolar os mais numerosos materiais, para elaborar as mais vastas, mais audaciosas e mais verídicas sínteses, o meio mais fecundo é ampliar ainda mais o campo das comparações. Seria desejável estender mais além a análise no tempo, pesquisar as mudanças e as permanências que caracterizam um mesmo grupo social do Antigo Regime até nossos dias, ater-se principalmente aos avatares do espírito de corporação que, após ter-se obliterado um pouco na época do liberalismo, tende a reforçar-se de novo com o avanço do sentimento de solidariedade profissional. Porém, mais proveitosos ainda seriam os estudos que propusessem a comparar países vizinhos bastante semelhantes para se possibilitar comparações, bastante diversas para permitir que as diferenças tragam à luz a originalidade e as características das convergências. Os resultados dos recenseamentos periódicos da população, determinadas tributações fiscais como os impostos sobre o capital baseado no montante das heranças na Inglaterra, na Prússia e alhures são, entre muitas outras, fontes comuns à França e aos países vizinhos. Poder-se-ia desenvolver estudos paralelos sobre os grupos sociais, a organização social e os alicerces da sociedade em diversos países. O nosso apelo e os nossos votos são para que se crie a história social comparada dos países de herança cultural ocidental: isso poria em evidência aquilo que constituiu e ainda constitui a originalidade e a unidade da Europa Ocidental, apesar das guerras, dos confrontos e dos conflitos que marcaram os séculos XIX e XX.

5. A BURGUESIA PARISIENSE DE 1815 A 1848[*]

A burguesia parisiense de 1815 a 1848, este título põe em evidência os três aspectos do assunto que pretendi abordar em minha tese:[1] uma época, uma cidade e uma categoria social. Porém, o terceiro aspecto é que é essencial: meu objetivo principal era, na verdade, estudar a burguesia partindo de um exemplo preciso em um quadro geográfica e cronologicamente limitado.

---

[*] *La bourgeoisie parisienne de 1815 à 1848. L'information historique*, Paris, 1965, nº 4, pp. 161-166.

[1] Tese principal para doutorado em letras, defendida junto à Sorbonne, no dia 18 de maio de 1963.

1. Importância e Sentido do Assunto

A escolha do tema parisiense e do período estava longe de ser indiferente. Sob a Monarquia Constitucional, a sociedade moderna, saída da Revolução, adapta-se a uma vida normal. Reencontrada a paz exterior, a estabilidade das instituições, que são modificadas apenas superficialmente pela mudança de dinastia e pelas conseqüências da Revolução de Julho, fazem desta época, apesar dos motins e das perturbações que acarretam, um período favorável aos trabalhos da burguesia, um tempo em que o campo está livremente aberto a todo o tipo de empreendimento individual, especialmente no domínio econômico, pois a França se beneficia então de uma expansão rápida, entrecortada por crises graves, porém marcada por reaquecimentos poderosos. Por outro lado, a despeito destes fatores de unidade, os anos que se escalonam entre 1815 e 1848 cobrem um lapso de tempo bastante longo para que uma evolução seja perceptível: a geração que domina a sociedade parisiense no início da Restauração não tem as mesmas preocupações, nem as mesmas reações que a geração que enfrentou os problemas surgidos no final do reinado de Luís Filipe.

O local não tem menos interesse que o período. Paris não é uma cidade francesa qualquer; é a capital e uma capital que tende, desde o fim do Antigo Regime, a desempenhar um papel cada vez mais determinante em toda a vida da França, política e intelectual, econômica e financeira, moral e artística. Quase todos os tipos sociais oriundos da burguesia urbana na França do século XIX estão nela representados; quase todas as emoções que agitam o país têm aí sua repercussão. Paris é, portanto, por excelência um campo de experimentação para um estudo da burguesia. A imensa população da capital está em constante renovação em todos os seus níveis, o que faz da burguesia parisiense um caso particular: na sua diversidade ela pode surgir como uma síntese das burguesias urbanas da época.

Porém, o problema de base não estava aí: a partir de um exemplo preciso, tentamos caracterizar os grupos que podem ser reunidos sob a denominação de burguesia. Este estudo se impunha devido à importância numérica dos meios burgueses em Paris e, também, em conseqüência do papel que desempenha a burguesia em todos os domínios, sob todos os planos, na história da capital e da França entre 1815 e 1848: a burguesia é, então, o meio social que progride, que está voltado para o futuro, é o arcabouço e o motor da nação.

Ora, o que se deve entender por "burguesia"? A palavra "burguês", como substantivo ou qualificativo, encontrava em todos os lábios sob a Monarquia Censitária, mais ninguém seria, na época, capaz de recensear os burgueses, nem de caracterizar a burguesia. Atualmente, a despeito das inúmeras pesquisas que, desde o século XIX, foram efetuadas sobre a burguesia em particular e sobre as classes sociais em geral, nenhuma definição é satisfatória para o historiador, pois nenhuma dá conta da condição nem da psicologia dos homens, que no século XIX, viviam como burgueses, reagiam como burgueses, se consideravam burgueses e eram julgados como tais por seu ambiente e pela sociedade toda. O que faz falta são estudos de base que dariam apoio às especulações e permitiriam propor uma definição, comparando a sociedade burguesa nas diferentes cidades, em diversas épocas. É uma dessas bases que tentamos estabelecer nesta obra.

Por isso, longe de adotar uma definição apriorística, conduzimos todos os nossos esforços para a observação dos fatos, deixando para o fim a tentativa de síntese. A definição deve ser um resultado, não uma hipótese: é a dificuldade e o interesse deste estudo. Porém, seria necessário um ponto de partida. Tivemos então de pesquisar em primeiro lugar todos os grupos que na sociedade parisiense eram passíveis de se ligar, de um modo ou de outro, à burguesia: na prática, isto redundava em eliminar as categorias que, por natureza, não podem pertencer a tais meios, ou seja, a nobreza e o povo, salvo se considerarmos os casos limites. É um ponto de partida negativo: e não pode ser de outro modo quando se deve estudar o que não se conhece e quando cumpre limitar o campo da pesquisa. Quando as diversas categorias suscetíveis de pertencer à burguesia são recenseadas, a segunda fase consiste em observá-las sob todos os ângulos possíveis levando em conta ao mesmo tempo as características e o comportamento dos grupos e dos indivíduos que os compõem. Chega, enfim, a última etapa, prelúdio da conclusão, que consiste em comparar para destacar traços comuns. Mas, os procedimentos empregados dependem da análise do método, por sua vez estreitamente ligado ao estado das fontes.

2. *Fontes e Método*

Na medida do possível, tentamos adaptar o método das ciências experimentais à pesquisa histórica. Obviamente, a transposição não é fácil, porém alguns princípios gerais podem ser retidos. Primeiramente, multiplicamos as observações sob os ângulos mais diversos: o historiador que trabalha sobre o passado não pode fazer nem experiências como o cientista, nem pesquisas como o sociólogo, porém pode dar um sentido novo a respostas ofertadas de antemão, se encontrar uma nova maneira de formular suas perguntas. Em seguida, é necessário, na medida do possível, traduzir estas observações em uma forma quantitativa: a estatística, quando repousa em bases seguras é preferível ao "caso típico" que pode ser sempre excepcional. Todavia, a escolha das referências, tanto quanto a dos documentos de base, corre o risco de deformar a realidade; para atenuar este risco, é indispensável confrontar os resultados obtidos com os mesmos problemas por meio de abordagens diferentes: sua concordância é uma garantia de exatidão.

Na prática, a aplicação dependia da natureza das fontes disponíveis, mas implicava igualmente temas de pesquisa e hipóteses de trabalho.

*
* *

É um pouco artificial evocar temas de pesquisa *ad liminem* pois, na realidade, certas questões, colocadas desde o início, tiveram de ser abandonadas ou apenas esboçadas na exposição definitiva, na falta de elementos para tratá-las, tais como, por exemplo, o lugar reservado à religião na burguesia parisiense, ao passo que outros, ao contrário, se impuseram no curso do trabalho, à leitura mesma dos documentos. A escolha dos temas que devem ser multiplicados se explica por uma dupla orientação do pensamento. É normal considerar questões relacionadas com as curiosidades de nosso tempo e tentar extrair dos documentos informações relativas a pontos totalmente afastados do espírito de seus redatores: é assim, por exemplo, que os inventários lavrados pelos tabeliães para determinar a situação da fortuna dos defuntos permitem, em muitos casos, apreciar o enriquecimento dos particulares. Ao mesmo tempo, é necessário impregnar-se do espírito do passado, inspirar-se na apresentação dos documentos, levar em consideração as lacunas como aspectos positivos, pois todos estes fatores prestam testemunho sobre a composição dos grupos sociais e sobre as atitudes coletivas. Todas as direções da pesquisa não poderiam ser enumeradas aqui; nós nos ateremos apenas a quatro temas essenciais.

Seria preciso primeiramente enumerar os grupos suscetíveis de pertencerem à burguesia, depois estabelecer uma hierarquia no interior dos grupos e de grupos a grupos, porém sempre relacionando as observações, na medida do possível, à população global, a fim de situar os meios burgueses no conjunto da sociedade. Enumeração e hierarquia implicavam na existência de sistemas de referência que são outras tantas hipóteses de trabalho, escolhidas em função da estrutura da sociedade do tempo. Quatro símbolos principais foram, pois, retidos. A profissão ou o título, não apenas o setor de atividade, mas sobretudo o nível na profissão é uma das bases da classificação: ela fornece indicações sobre a natureza das responsabilidades exercidas, a influência, o prestígio, a posição social, em suma. Não menos determinantes são os recursos, avaliados de acordo com a fortuna, pois, com raras exceções, nossas fontes não permitem, quase, que se avalie a renda. O nível de cultura, real ou pressuposto, não poderia tampouco ser desprezado, mas é dificílimo estabelecer, a não ser por meios indiretos, como a importância e a composição das bibliotecas particulares; de fato, na maioria das vezes, a profissão e os conhecimentos que ela implica são, neste sentido, os únicos elementos de apreciação. Do mesmo modo, há sempre uma certa margem de incerteza quando cumpre apreciar o quarto fator, os níveis de vida e os gêneros de vida, medidos a partir de determinados símbolos como o montante do aluguel, o número de domésticos ou a destinação dos cômodos reservados à habitação da família. Obviamente, outras referências poderiam se impor, sejam em sociedades diferentes, sejam em outro contexto documentário; mas forçoso é eliminar aquilo que não deixou traços.

O segundo grande tema que reteve nossa atenção, os problemas relativos às possibilidades de ascensão e de decadência sociais, liga-se também muito de perto às preocupações dos homens do século XIX que viam, mesmo, na importância dessas mudanças verticais um dos alicerces da sociedade burguesa e sua justificação. Por outro lado, sob a denominação de "mobilidade social" tais questões estão no centro de numerosas pesquisas dos sociólogos contemporâneos. Estas duas considerações explicam a importância que se deve atribuir a tal problema.

Para apreciar as migrações sociais a partir de documentos que não se destinavam evidentemente a tal utilização, o mais simples é examinar as variações dos níveis de fortuna, a evolução das profissões e, correlativamente, quando possível, a evolução dos gêneros de vida e dos níveis de fortuna, completando estes dados gerais por meio de todas as precisões de pormenor que possam ser arroladas a respeito dos diversos casos particulares que se destinam, em seguida, a serem reagrupados. O objetivo, na verdade, é pesquisar como a posição social dos representantes dos diversos meios é capaz de evoluir, seja no curso das carreiras individuais, seja de geração a geração. A análise dos fatores suscetíveis de favorecer as mutações sociais completa normalmente esta pesquisa: fatores gerais, em primeiro lugar o que implica o conhecimento da situação econômica e política e das bases jurídicas da sociedade, fatores particulares em seguida, o que exige o estudo dos antecedentes e das formações dos burgueses de Paris, o das causas individuais de êxito ou de fracasso.

Por um certo lado, o estudo da mobilidade social coteja o primeiro tema: o conteúdo da hierarquia social é especificado para considerar os objetivos a que se propuseram atingir os que, nos diversos meios, desejavam mudar de condição. Porém, principalmente, a análise das migrações sociais, da formação dos indivíduos e das relações sociais é essencial por si mesma: aí se encontram as provas da estabilidade ou da renovação da burguesia, aí se colocam elementos capazes de esclarecer a psicologia coletiva, a que pelo menos se exprime ao nível da vida individual e familial.

Nosso terceiro objetivo foi reconstituir o comportamento dos burgueses de Paris, mas agrupando as reações individuais para destacar as tendências coletivas. A escolha do ofício, a conduta da vida profissional, os esforços para constituir ou aumentar o patrimônio, a própria gestão da fortuna, as tentativas para adquirir ou desenvolver uma cultura superficial ou insuficiente, e outros tantos elementos que exprimem o comportamento individual. No quadro da família, outros signos são simbólicos: a importância atribuída ao casamento, a escolha da mulher por seu futuro esposo (ou do genro pela família da futura esposa), o papel do dote, o tamanho da família, a criação dos filhos e a intervenção dos pais na orientação das carreiras dos filhos ou no fornecimento de capitais, a partilha do patrimônio entre o cônjuge sobrevivente, os descendentes e, eventualmente, os colaterais, a influência dos laços familiais e das relações sociais, são outros tantos elementos que desenham a fisionomia do homem privado, variável segundo os meios.

Quanto ao homem público, ele existe mais ou menos desenvolvido em todo o burguês de Paris que, mesmo não sendo eleitor, é pelo menos guarda nacional. Cumpre encarar, antes de tudo, a participação na vida da cidade e, neste painel, as relações que tinham, entre si, os diversos meios sociais. Cada qual em sua esfera e na medida de seus meios, tentavam os burgueses de Paris assumir responsabilidades municipais, comportavam-se como mecenas ou como filantropos, aspiravam, em suma, merecer o nome de *evergètè** que constituíra a glória dos cidadãos ricos da Antigüidade? Em seguida, além do círculo das preocupações urbanas, coloca-se a questão da participação na vida do Estado, do interesse dedicado aos negócios públicos, da preocupação mais ou menos marcada, segundo os meios, de ter, neste sentido, um papel dirigente.

Através das escolhas que implica, o comportamento dos homens e dos grupos sociais revela muitos aspectos da psicologia profunda das coletividades. E, portanto, tivemos aí elementos para responder a nosso último objetivo: tentar reencontrar as crenças, expressas ou latentes, sob as quais repousam as reações coletivas. Todavia, os autos nem sempre revelam a alma profunda dos homens nem dos grupos. O estudo da psicologia coletiva, tão importante, é particularmente difícil, como mostrará a análise das fontes.

*
* *

A natureza dos documentos acionados liga-se às circunstâncias da época e da cidade que constituem objeto deste estudo. Em Paris, de fato, e para a primeira metade do século XIX, numerosas séries que, alhures, poderiam ser o alicerce de pesquisas sociais e econômicas precisas, desapareceram: as declarações do imposto bem como os registros-matrículas da guarda nacional foram destruídos, os boletins nominativos dos recenseamentos periódicos da população, o próprio estado civil não mais existem. Entretanto, em contrapartida, a massa enorme da população parisiense e, por conseguinte, os arquivos que lhe concernem não pedem desbastamentos completos, impondo ao historiador a necessidade de escolha. É, portanto, a própria natureza das fontes que explica o método de exploração dos documentos.

As fontes, cujo levantamento detalhado é feito na bibliografia de nossa obra, procedem de três categorias cuja enumeração fornece uma orientação de pesquisa para qualquer estudo social interessado no mesmo período.

É necessário considerar primeiro as estatísticas e os recenseamentos, legados pelo passado, que apresentam a vantagem considerável de prestar testemunho sobre grupos mais ou menos amplos, mas apresentando todos os elementos de homo-

* Do grego: benfeitor. Título concedido aos cidadãos que haviam prestado serviços à cidade ou ao Estado na Antigüidade (N. da A.).

geneidade. Entre as estatísticas, ou seja, os documentos em cifras já elaborados pelos contemporâneos, alguns foram editados e amplamente difundidos entre o público, como, por exemplo, os que dão os resultados das contagens da população ou outras informações sobre Paris e sua população. Estes dados são preciosos devido à sua contribuição positiva e também na medida em que mostram a que fatos os contemporâneos atribuíam suficiente importância a ponto de torná-los objeto de um cálculo. Outras estatísticas, publicadas em coletâneas mais ou menos científicas ou em informes de caráter mais ou menos administrativos, não tinham a mesma acolhida (exceto quando eram retomados e comentados pela imprensa ou pela literatura de grande tiragem), mas podem trazer inúmeras precisões numéricas: deste tipo surge, por exemplo, a análise do número e do caráter das falências declaradas no Sena, o que era exposto todos os anos, por ocasião da abertura da sessão do Tribunal de Comércio. Enfim, certas estatísticas, inéditas, podem ser encontradas nos arquivos, legados pelos diferentes ministérios (bem como informações sobre a composição do corpo eleitoral de Paris ou sobre a guarda nacional), porém estes, em geral, são apenas elementos fragmentários.

Ao lado das estatísticas elaboradas, deve-se conceder um grande espaço aos recenseamentos, fáceis de se transformar em séries estatísticas já que basta reagrupar, através de simples adições, os diversos elementos sob as rubricas legadas pelo passado. As listas eleitorais censitárias e as listas anuais do montante das declarações de imposto, por bairro, são as contagens que nos foram mais úteis. Porém, muitos outros forneceram contribuições nada desprezíveis: arquivos de recrutamento, registro de inscrição das falências, lista dos principais acionistas do Banco da França etc.

Estatísticas e recenseamentos que interessam a quase totalidade da população ou dos grupos mais restritos possuem características comuns. Os dados que fornecem são geralmente homogêneos para cada série; por isso, a exploração é fácil, pois os documentos podem ser utilizados de forma bruta, tais como estão. Os grupos ou os fenômenos estudados são bem delimitados, o que permite comparar com exatidão suficiente as informações obtidas com um conjunto mais amplo e, principalmente, em certos casos, substituir o meio estudado na população total. Finalmente, estas recapitulações em cifras fornecem indicações diversas sobre as estruturas demográficas, sociais, econômicas, sobre a conjuntura e a evolução política, às vezes até sobre as origens e os antecedentes familiais de alguns parisienses.[2]

Todavia, os recenseamentos e as estatísticas legados pelo século XIX não são suficientes para satisfazer todas as curiosidades do historiador, o que dá uma importância toda particular à segunda categoria de fontes: as monografias, porém monografias bastante numerosas para serem agrupadas em séries estatísticas. Quase todas são documentos de arquivos, pois as monografias impressas são demasiado raras e, salvo exceção, demasiado imperfeitas para desempenhar outro papel senão o de complemento. As principais monografias que utilizamos são de duas espécies. As declarações de transmissão de bens após óbito feitas no Registro Oficial apresentam, primeiramente, a vantagem de recensear por ocasião das sucessões a quase totalidade da população não indigente. Os arquivos notariais, em seguida, interessam apenas a uma parte muito estrita da população, porém, com raras exceções, eles englobam os meios abastados e constituem, portanto, uma fonte de eleição para o estudo da burguesia; além disso, como nos inventários pós-óbito, juntam-se os contratos de casamento que permitem comparar a posição dos meios de idade diferente; enfim, e sobretudo, conduzem, em muitos casos, a seguir a história das famílias durante diversas gerações.

A título complementar, foram consultadas outras monografias: dossiês de falência, sobremodo interessantes quando refazem as diferentes etapas da carreira de um comerciante mas que, infelizmente, só testemunham os fracassos; dossiês pessoais, elaborados por empenho da administração no ensejo de uma candidatura a um posto ou uma dignidade qualquer, são geralmente exatos, mas amiúde sumários, no que se refere pelo menos aos parisienses.

A maioria destas monografias, tão preciosas, não pode ser utilizada em estado bruto: não basta apenas classificá-las para fazer cálculos, cumpre submetê-las a uma verdadeira preparação. Às vezes, é preciso completá-las reportando-se a um documento anterior: por exemplo, as origens de determinado defunto de quem possuímos o inventário pós-óbito não podem ser reconstituídas se não nos reportarmos ao contrato de casamento, muito ligeiramente resumido no registro estabelecido com vistas à partilha da herança. É necessário sempre reagrupar certos dados, isolar outros, a fim de poder responder às questões que podem ser colocadas: desse modo, para tomar um exemplo

---

2. É o caso, principalmente, dos arquivos do recrutamento.

simples, a dimensão das famílias segundo os meios sócio-profissionais pode ser reconstituída segundo as declarações de transmissão de bens pós-óbito, mas com a condição de se encontrarem meios para levar em conta a idade dos pais e, eventualmente, do número de filhos mortos. Em seguida, surge a dificuldade do emprego estatístico devido ao caráter heterogêneo dos autos de uma mesma série: deve-se ao mesmo tempo multiplicar as classificações e os cálculos para ter em conta a diversidade do real e proceder aos reagrupamentos indispensáveis sem os quais nenhuma interpretação é possível. Finalmente, a massa enorme de séries monográficas impede desbastamentos exaustivos e impõe escolhas que retêm sempre algo de arbitrário.

Entretanto, uma vez sobrepujadas estas dificuldades, as monografias apresentam-se com uma riqueza extrema. O registro das heranças fornece um quadro de notável precisão de conjunto (apesar dos erros de detalhe) sobre a distribuição das fortunas segundo os meios e os grupos sociais. Os arquivos notariais, sobretudo, trazem inúmeras informações, na maioria das vezes passíveis de exploração quantitativa, não apenas sobre as estruturas sociais e econômicas, mas ainda sobre as origens familiais, a mobilidade social, as relações entre os diversos meios e até sobre os numerosos aspectos da psicologia coletiva no quadro da vida individual, profissional ou familial.

Po mais essenciais que sejam estes dados quantitativos, eles não poderiam substituir e muito menos eliminar o recurso aos testemunhos de toda a espécie que formam a terceira categoria de fontes. Esta documentação, em grande parte qualitativa, caracteriza-se por sua diversidade e por sua massa: relatórios administrativos, documentos de arquivos diversos relativos à vida da capital, papéis particulares, bem como a enorme documentação impressa que cobre tanto a imprensa e as publicações periódicas ou esporádicas quanto os romances e os estudos mais ou menos científicos dos contemporâneos, sem esquecer a jurisprudência. Uma leitura considerável torna-se necessária tanto para interpretar corretamente a documentação quantitativa quanto para completá-la, pois esta não pode abarcar tudo. Foi-nos impossível exaurir tais testemunhos demasiado numerosos, demasiado diversos em Paris: uma escolha tornou-se necessária, mas na realidade ela foi empírica e um pouco arbitrária por falta de instrumentos de trabalho, inclusive bibliográficos. Aliás, para serem perfeitamente utilizadas, as fontes qualitativas deveriam ser, em realidade, lidas duas vezes. Em primeiro lugar, no início do trabalho, a fim de o leitor se impregnar do espírito do tempo, de evitar determinados erros, de vocabulário, por exemplo, e a fim de compreender quais problemas, latentes ou expressos, perseguiam a sensibilidade dos contemporâneos: é ao preço desta leitura, bastante extensa, e somente por ela, que se pode interpretar corretamente as estatísticas. Contudo, depois em uma segunda etapa seria necessário retomar toda esta documentação e relê-la, pelo menos em grande parte, à luz dos dados quantitativos para substituir os testemunhos no painel dos diversos meios sociais que constituem objeto de nosso estudo. É somente a este preço que seria possível reconstituir o estado de espírito dos diferentes grupos e conhecer a psicologia coletiva.

Os processos de exploração decorrem da natureza das fontes e são, portanto, amplamente tributários das condições locais; todavia, em suas grandes linhas, o método oferece um valor geral. Os diversos testemunhos podem exigir um tratamento particular mas, para o essencial, o seu emprego repousa num princípio comum: cumpre confrontar os resultados obtidos através de vias diferentes e reter os que apresentam entre si uma concordância suficiente. É o inverso do procedimento que consistiria em estabelecer uma hierarquia entre as diferentes fontes e, indo do geral ao particular, a partir de uma estatística de conjunto (demográfico, fiscal ou profissioanl, por exemplo) para aprofundar progressivamente os primeiros resultados obtidos sobre estas bases, escolhendo alguns casos como típicos. Este sistema somente é aplicável se a pesquisa incide sobre um grupo estreitamente circunscrito no início. Pelo contrário, quando o estudo versa sobre uma categoria social mal delimitada e quando se trata de definir, impõe-se a comparação das diferentes fontes. Seja, por exemplo, o problema da hierarquia social no seio da burguesia, ele só pode ser resolvido considerando-se a questão sob diversos ângulos: primeiro no quadro de estudo das estruturas, comparando-se principalmente as categorias profissionais e os níveis de fortuna; em seguida, considerando-se as origens sociais, as carreiras individuais e os destinos das famílias e, finalmente, confrontando-se os dados precedentes ao comportamento profissional tão diferente de acordo com os meios e até as reações diante da vida pública e as opções políticas.

Não se pode cogitar aqui de entrar nos pormenores do método. Destacaremos apenas três princípios essenciais. Em primeiro lugar, como é impossível examinar em sua totalidade a enorme documentação que se liga ao estudo da burguesia parisiense, tal como a compreendemos, foi mister praticar sondagens. Estas sondagens não se baseiam num sorteio nem na utilização do cálculo das probabilidades que se aplicariam mal à complexidade de nossa documentação e, sobretudo, a nosso objetivo já que, por hipótese, a "burguesia" não é definida por nenhuma característica precisa no início. Por isso tentamos somente proceder nossos exames apoiando-nos apenas na pesquisa ponderada do maior número possível de referências. No tempo, por exemplo, escolhemos anos típicos ou situados de modo a enquadrar o período estudado; no espaço, consideramos os diversos bairros de Paris e sua relativa especialização; do conjunto da população retivemos, mais especialmente, certos grupos suscetíveis de terem desempenhado um papel particular na burguesia parisiense. Porém, como estas sondagens deixam sempre uma margem de incerteza, em toda a medida do possível, tentamos estabelecer os quadros destinados a assinalar as tendências gerais de evolução: estatísticas de conjunto para os fenômenos calculáveis numericamente, tais como, entre outros, a evolução da parte dos meios abastados em relação à população total ou à expansão econômica da capital; testemunhos, ainda, para se ter o controle da opinião sobre os grandes fatos contemporâneos.

O segundo princípio de método é medir tudo o que é mensurável, porém referindo-se sempre os dados a um quadro geral. Cabem dois corretivos, todavia. É útil levar em conta casos particulares como exemplos para ilustrar as estatísticas ou quando a documentação quantitativa é, para ter-se uma base de trabalho, menos segura que os dados do conjunto, mas capaz de trazer elementos de explicação e de sugerir pelo menos hipóteses: assim, os balanços das empresas ou das sociedades de que pudemos dispor, muito pouco numerosos para constituírem séries, fornecem no entanto indicações sobre a administração das empresas e o comportamento dos negociantes. É necessário, principalmente, tratar o caso dos notáveis e dos ricos à parte. Cumpre isolá-los, indo por vezes ao caso individual, pois eles correm o risco de escapar à análise quantitativa global fazendo com que os pequenos grupos desapareçam em um estudo de massa: é uma regra geral que se aplica a todos os grupos numéricos restritos, mas que possuem um papel importante no plano social.

O terceiro princípio, enfim, é procurar os motivos que levam a agir os representantes dos diversos meios. Aqui, porém, nós nos chocamos com uma grave dificuldade. Sem dúvida, o princípio de base é sempre o mesmo: reunir o maior número possível de documentos e, sobretudo, controlar uns pelos outros, escolhendo, de preferência, os que decorrem dos tipos mais diversos. Mas como explorá-los? Nós nos ativemos de preferência ao comportamento, pois, amiúde, mas nem sempre, este pode ser medido ou expresso de modo quantitativo. Contudo, ao lado do que é mensurável, é preciso levar em conta o que não o é. Se, por exemplo, tivesse chegado até nós o número de comunhões pascais administradas nas diferentes paróquias de Paris, isto teria sido uma indicação sobre o comportamento religioso, contudo forneceria apenas um ponto de partida; a interpretação exigiria uma extrapolação. Em última análise, o exame das reações coletivas, o estudo da alma coletiva dos grupos sociais escapa à medição. A documentação qualitativa retoma aí todos os seus direitos, porém o valor dos testemunhos é aumentado pelo quadro estatístico preestabelecido nos quais estes ocorrem.

3. Os Resultados

Os resultados que este método permitiu salientar distribuem-se, em nossa obra, entre três partes que correspondem a três níveis da vida social. Em primeiro lugar, um estudo de massa que permite descrever os grupos passíveis de pertencer à burguesia parisiense, seja globalmente, seja de acordo com as categorias sócio-profissionais ou os níveis de fortuna. Este estudo é estatístico por excelência e versa sobre anos ou períodos determinados. Não elimina a pesquisa da evolução, porém revela somente estados sucessivos de situação, não evidenciando as transformações internas. A segunda parte, ao contrário, reconstitui a evolução dos grupos sociais, analisando a carreira e a formação dos indivíduos, acompanhando a história das famílias por diversas gerações e procurando igualmente os fatores suscetíveis de modificar o destino dos homens durante sua vida. Simplificando, podemos dizer que a análise das famílias vem após a dos grupos indiferenciados e que ao estudo estático sucede-se um estudo dinâmico. Enfim, a última etapa visa expor como — e, se possível, por que e em que espírito — os burgueses de Paris participavam da vida coletiva, estando os indivíduos reagrupados a fim de caracterizar as reações de conjunto.

A análise dos grupos sublinha a extrema diversidade da condição dos parisienses, em especial os que pertenciam a meios passíveis de se integrar à burguesia. Esta começa bem baixo, sobe bastante alto e apresenta todas as transições. Todavia, mesmo estendidas ao máximo, as categorias burguesas não constituem mais de 15% do total da população de Paris, minoria muito fraca se pensarmos que esta porcentagem integra meios marginais, situados à orla das classes populares.

A hierarquia baseava-se, ao mesmo tempo, nos recursos ou, mais precisamente, na fortuna e na profissão ou título que determinavam, na maioria das vezes, o gênero de vida, e aos quais se ligava com freqüência um nível de cultura. A classificação social repousava portanto em um critério material, "o dinheiro" e em valores que, expressos pelo título profissional, implicavam referências não formuladas a tradições de cultura, de prestígio, de influência. Sobre estas bases, pudemos propor uma divisão ternária da sociedade: classes superiores e povo enquadram meios intermediários que são a própria complexidade. O pormenor da realidade social pode ser melhor cingido se considerarmos uma subdivisão ternária no interior de cada uma destas três categorias: então, povo, meios intermediários e classes superiores não se situam exatamente uns sobre os outros, mas se recobrem em suas extremidades como escamas de peixe.

Nas classes superiores situam-se primeiramente a aristocracia financeira que toma a posição de destaque após a revolução de 1830 e a decadência da nobreza: banqueiros, grandes industriais, grandes negociantes de atividades freqüentemente confundidas são, por excelência, os representantes desta categoria que compreende, também, ricos capitalistas muito empenhados no movimento dos negócios, sem serem, propriamente falando, empresários. Depois, vem a alta burguesia, às vezes em contato estreito com esta aristocracia financeira, mas diferente no entanto pois, em regra geral, seus representantes, mesmo os bem ricos, não detêm os poderes de decisão em matéria econômica e financeira: ao lado dos chefes de empresa, alguns representantes particularmente notáveis das profissões liberais e, sobretudo, altos funcionários formam um meio coerente em que a fortuna e a influência caminham *pari passu*. É aí, na aristocracia financeira e na alta burguesia, que se recrutam as notabilidades nacionais.

Nos limites das classes superiores e dos grupos intermediários, a boa burguesia possui vínculos parisienses muito mais marcados: ao lado dos negociantes e industriais, uma parte importante da boa burguesia é recrutada no seio das profissões liberais, na maioria, que assumem as responsabilidades necessárias à marcha da sociedade burguesa, e no seio dos funcionários sem fortuna que o prestígio de sua função separa da média burguesia.

São os representantes da boa burguesia sem fortuna, às vezes até excluídos do corpo eleitoral censitário, que formam o nível superior dos meios intermediários. Abaixo coloca-se a média burguesia, categoria mais numerosa, dominada pelos lojistas de fortunas bastante diversas. É igualmente a este grupo que pertencem a maior parte dos funcionários do Estado e muitas "capacidades". É nesta média burguesia que se recruta a burguesia parisiense por excelência e mesmo a burguesia de bairro.

A burguesia popular, finalmente, encontrada no mais baixo escalão deste recenseamento, é uma pequena burguesia necessitada e sem dinheiro, em que se misturam pequenos lojistas e pequenos artesãos, modestos empregados com salários medíocres e pequenos rentistas. Por seus elementos mais desfavorecidos, colocados sobre o mesmo plano dos quadros operários, a burguesia popular se limita com o povo, no seio do qual se escalonam, abaixo desta aristocracia, os simples operários e trabalhadores braçais e, depois, os pobres e os miseráveis.

Todos estes meios se interpenetram, e interferem entre si. Na burguesia, as condições marginais eram numerosas; em nenhuma profissão, para nenhum nível de fortuna, havia ruptura brusca e o desequilíbrio era acentuado pela existência de duas fontes de renda paralelas: a do capital e a que remunera os talentos. De 1815 a 1848, todas estas categorias burguesas se expandiram, aumentou o número absoluto de seus representantes, porém seu lugar relativo em relação ao conjunto da população permaneceu estacionário.

O estudo da formação da burguesia e das estruturas familiais justifica esta classificação, confirmada pela análise das carreiras individuais, das relações sociais e dos casamentos.

Porém, este estudo evidencia, principalmente, a importância da renovação da burguesia em seus diferentes níveis. Pode-se discernir e quantificar, para os diversos meios sócio-profissionais, um importantíssimo movimento de ascensão social que beneficia, principalmente, os provincianos: muitos imigrantes rurais pobres se integram na pequena e na média burguesia; quanto às categorias superiores, elas são amplamente penetradas por jovens provenientes da burguesia urbana mas sem fortuna. A ascensão social dos parisienses de origem é mais limitada, sobretudo para as gerações mais recentes. A oportunidade, a vontade, a coragem e as capaciades de todas as espécies são os fatores destes êxitos que o casamento favorecia igualmente: o dote, mas também a colaboração das mulheres associadas à administração de seus maridos eram, amiúde, decisivos.

É sensível uma evolução cronológica. Contemporâneos da Restauração, os burgueses parisienses são os herdeiros da Revolução e do Império. Todos os meios foram transformados graças ao enriquecimento dos possuidores, à extinção gradual da maioria das famílias notáveis da burguesia do Antigo Regime, ao afluxo dos imigrados e dos homens provindos das famílias mais humildes. A burguesia parisiense, logo depois de 1815, saiu das revoluções políticas e de suas conseqüências econômicas e sociais. Para a geração seguinte, o movimento não esmoreceu; porém sua amplitude se restrige. Tomada em seu conjunto, a burguesia permanece muito aberta. A classe média cresce, como toda a população parisiense, ela se expande, abeberando-se nos meios inferiores. Esta renovação chega até a atingir a boa burguesia. Porém, o nível superior da burguesia parisiense tende a se fechar ao mesmo tempo em que se forma uma nova aristocracia, cujo poder e independência se afirmam sob a Monarquia de Julho. Todavia, pondo-se de lado a aristocracia burguesa, são numerosos os deslizamentos de um meio a outro.

Não podemos, por isso, dizer que a mobilidade social caracterizava a condição da sociedade parisiense em seu conjunto. Em primeiro lugar, esta renovação da burguesia, sobre a qual não se poderia insistir em demasia, não prejulga a situação de conjunto das classes inferiores. A burguesia, mesmo compreendida em sua acepção mais ampla, representa apenas uma fraca porção da população parisiense. Por mais importante que seja, em relação a este pequeno grupo, o afluxo dos meios inferiores, o número dos adventícios é mínimo comparado ao dos homens que não tiveram a possibilidade de sair de sua miserável condição: para a massa das classes populares de Paris, as perspectivas de promoção social eram muito limitadas. A crença na mobilidade social implica, por outro lado, que, sozinhos, os mais dignos pudessem guardar sua posição privilegiada. Ora, apesar das falências, das ruínas, dos fracassos, no conjunto, as pessoas bem situadas e seus filhos conservavam sua posição ou a melhoravam. Os privilégios de nascimento e de fortuna eram mantidos.

No entanto, as migrações sociais eram reais, importantes: porém, uma vez que poucos lugares se tornavam vagos, elas exigiam um aumento contínuo dos efetivos das classes superiores e, portanto, uma expansão econômica contínua. Feita esta ressalva, as possibilidades de ascensão social são um dos alicerces da sociedade burguesa, um de seus traços característicos; elas exprimem uma necessidade de êxito que não é uma renegação da condição anterior mas um florescimento, uma consecução.

Em que valores repousava esta impressão de realização? O estudo preciso do comportamento dos meios burgueses na vida social permite destacar dois elementos essenciais. No plano privado, quer se trate das manifestações da vida individual, profissional ou familial, todos os burgueses de Paris, de todos os níveis de influência e de fortuna, eram movidos pela preocupação de conservar a sua autonomia, de não depender da coletividade ou, pelo menos, de ter um sentimento desta liberdade. O pequeno burguês, situado na orla das classes populares, experimentava o desejo de "ser dono de si mesmo", expresso pelos esforços que desdobrava para instalar-se por conta própria. No nível superior, o estado de espírito era o mesmo. No domínio profissional, a administração dos fundos de comércio, das oficinas ou das indústrias é significativa: sozinho à testa de sua casa, unido com alguns sócios ou gerente de uma sociedade em comandita, proprietário de um pequeno capital ou colocado na gestão de capitais consideráveis, o chefe de empresa parisiense tinha consciência de sua responsabilidade e de sua liberdade; mas se o pequeno lojista só procurava obter lucros, o grande negociante era igualmente movido pelo desejo de exercer uma influência, agindo em um domínio que ele conhecia bem, o dos negócios e o da indústria. Não menos característica é a reação dos burgueses de Paris frente a sua fortuna: todos os burgueses procuravam se enriquecer, ou procuraram fazê-lo em determinada época de sua vida, mas eram impelidos menos pelo gosto do dinheiro enquanto tal, do que pela preocupação de conquistar uma posição que lhes permitisse julgar assegurado o seu futuro e desfrutar plenamente sua condição de homens independentes, responsáveis e livres. O individualismo da burguesia é muito menos uma atitude egoísta do que a manifestação de um sentimento de dignidade que se traduz pelo gosto pela liberdade e pelo desejo de conservar as possibilidades de escolha.

Quando se misturavam à vida comum, muitas nuanças separavam o comportamento dos burgueses de Paris: segundo os meios, uns se opunham aos outros por vezes até profundamente, senão violentamente, como mostram, por exemplo, as atitudes tomadas por ocasião das consultas eleitorais ou dos grandes acontecimentos políticos. Todavia, além e apesar destas diferenças, que não se poderiam minimizar, destacam-se fatores de unidade: todos os burgueses de Paris, qualquer que fosse o seu *status,* alimentavam o sentimento da superioridade da civilização burguesa, à qual tinham consciência de pertencer e que, cada um em sua esfera, acreditavam representar, pelo menos parcialmente. Isto provocava em todos uma necessidade de assumir responsabilidades, mais ou menos extensas, de ter uma influência, de fazer previsões, planos para moldar o futuro, uns permanecendo ao nível da vida individual e familial, outros ligando-se também aos problemas de interesse geral. Com objetivos diferentes, todos os burgueses de Paris defendiam a mesma civilização. Uma mesma alma, nos meios diferentes, fazia a unidade da burguesia.

Ao contrário do nobre que, em última análise, coloca o seu destino nas mãos do príncipe que encarna um poder transcendente devido à sua própria autoridade, ao contrário do camponês tradicional que sofre as flutuações das estações e submete-se a Deus (ou, se se preferir, ao destino ou às forças da natureza), ao contrário do representante do proletariado das cidades que se crê incapaz de obter qualquer coisa por si mesmo e não adquire confiança e força senão misturado a seus semelhantes, através de uma ação violenta ou pacífica, o burguês, aquele que vivia em Paris entre 1815 e 1848, deposita sua fé na sua razão e em suas capacidades. Os burgueses deste tempo eram adultos que desejavam se governar sozinhos, submetendo-se a regras, que trabalhavam para ganhar e conservar o privilégio de sua situação social, que nutriam o sentimento de orientar o seu destino, tanto individual quanto coletivo. Eles não abdicavam diante da organização social, porém utilizavam as engrenagens desta como uma ferramenta. Os burgueses de Paris eram homens que queriam conhecer, compreender, escolher e cuja vida inteira se orientava ao redor destes três imperativos. Porém, tais objetivos exigem qualidades, acarretam falhas que, tanto umas quanto outras, não podem pertencer à massa. Toda burguesia é uma seleção baseada na capacidade; ela acredita na força da razão e no progresso, porém sua força e sua prosperidade têm por preço o esmagamento dos fracos e o nascimento de uma aristocracia que degenera quando rompe com as tradições do meio de origem.

6. O POVO NA SOCIEDADE FRANCESA NA ÉPOCA ROMÂNTICA*

No século XIX, triunfam os valores burgueses na sociedade francesa. Uma igualdade jurídica entre os homens que não exclui nem as desigualdades de posição, nem o reconhecimento de uma hierarquia social, um individualismo que concilia o respeito às famílias e a manutenção da herança com admiração pelos êxitos individuais, enfim, uma necessidade de poder que se exprime pela procura das responsabilidades privadas ou públicas constituem as bases de uma nova sociedade que, progressivamente, se impôs a todos os meios sociais com alguma influência no país, ultrapassando largamente os contornos vagos mas amplos dos que podem ser ligados às classes burguesas. Na mesma

* "Le peuple dans la société française à l'époque romantique", *Romantisme,* Paris, 1975, n.º 9, pp. 21-28.

época, o Romantismo se apresenta como entranhadamente hostil ao espírito burguês. Sem dúvida, não é algo evidente que os representantes da grande ou da média burguesia tinham todos, em arte e em literatura, os gostos exclusivamente clássicos que lhes foram freqüentemente atribuídos.[1] Porém, é certo que os líderes da escola romântica contestavam as bases da civilização burguesa: uns, no tempo da Restauração, filiando-se a um passado mais ou menos mítico, imaginavam uma sociedade aristocrática e corporativa; outros, principalmente a partir de 1830, acreditavam num futuro qualquer algo utópico, dando livre curso às forças revolucionárias.

Que sentido dar a este divórcio entre as aspirações dos românticos e as instituições burguesas? Muitos fatores estão em jogo, mas se impõe uma comparação com certas orientações da vida política, as dos ultra-realistas que acreditavam poder se aliar ao povo contra a burguesia, as dos republicanos e dos socialistas que contavam com as massas para ajudá-los a criar uma sociedade mais justa. Por mais opostos que fossem, tanto umas como outras depositvam confiança no povo, considerado como mais puro, mais generoso, mais próximo do verdadeiro temperamento nacional. Na mesma época, exprimia o Romantismo as tendências profundas da alma francesa deformadas pela cultura das classes dominantes? Esta é uma questão fundamental que ultrapassa o nosso objetivo. Faremos aqui apenas algumas observações sobre as características dos meios populares urbanos entre 1815 e 1848, a fim de examinar o lugar do povo e a originalidade de sua contribuição na sociedade francesa.

*
* *

No século XIX, homens e mulheres do povo se distribuíam entre grupos muito heterogêneos. Destacam-se inúmeros tipos, uns ligados às formas tradicionais da vida econômica e social, outros em relação com os primórdios do capitalismo industrial.

Sob a Restauração, o mundo do trabalho manual permanecia ainda bastante arcaico. Os representantes dos antigos ofícios, operários e empregados de loja, diaristas e intermediá-

---

1. As bibliotecas particulares, de acordo com amostra sistematicamente estudada, concedem um pequeno lugar apenas aos grandes nomes da literatura contemporânea, mas as obras dos escritores tradicionalistas não são absolutamente mais numerosas do que as dos românticos. Cf. ADELINE DAUMARD, *La bourgeoisie parisienne de 1815 à 1848*, Paris, 1963, pp. 353-354.

rios de todos os tipos, pequenos vendedores de rua, formavam a massa da população urbana. Oficiais artesãos e artesãos constituíam uma elite profissional, porém muitas nuanças separavam uns dos outros. Grande número de operários eram simples assalariados que executavam tarefas para um patrão na oficina deste ou em seu canteiro de obras e sob o seu controle direto. Os tarefeiros possuíam as suas ferramentas e não dependiam muito diretamente do empregador. Uns, alfaiates, sapateiros, costureiros etc., executavam em casa as encomendas de uma clientela particular. Muitos trabalhavam por conta de um negociante-fabricante que fornecia matéria-prima e impunha os tipos de fabricação. Às vezes, trabalhavam sozinhos ou com a ajuda de sua mulher e dos filhos, mas outros, como os tecelões de Lyon, eram verdadeiros chefes de oficina que empregavam operários e serventes (esta tarefa de mão-de-obra era, na maior parte, reservada às mulheres no caso dos tecelões). Apesar da dependência que ligava os chefes de oficina aos negociantes, a transição, no plano social, era insensível com o artesão instalado por conta própria à testa de uma oficina que, em muitos dos ofícios, fazia também as vezes de loja, artesão este que era um pequeno patrão, não tinha de prestar contas a ninguém e se considerava o seu próprio dono.

Nos burgos e nas pequenas cidades, a condição dos oficiais artesãos permanecia, ainda, próxima à do mestre. Mestres e oficiais artesãos haviam feito a sua aprendizagem na oficina ou no canteiro de obras e eram altamente qualificados. Os oficiais artesãos partilhavam a vida e, amiúde, as refeições do mestre; freqüentemente possuíam um lote de terra, uma horta, um casebre, o que lhes assegurava uma certa independência. Nas grandes cidades, a qualificação também era elevada. Às vezes, subsistiam traços análogos de um gênero de vida: em Bordeaux, simples oficiais artesãos eram proprietários de sua *échoppe*, nome local dado às casinhas dos bairros populares; em Lyon, eram mínimas as diferenças entre o tecelão chefe de oficina e seus operários, a distribuição das tarefas obedecia principalmente à idade.[2] Contudo, a separação entre mestre-artesão e seus oficiais artesãos acentuou-se rapidamente nas grandes cidades no século XIX. Por volta de 1830, o marceneiro Duplay, em cuja casa se alojara Robespierre, foi sempre mestre-marceneiro, mas os pormenores de seu inventário mostram que seu gênero

---

2. MAURICE GARDEN, "Ouvriers et artisans du XVIIIe siècle. L'exemple lyonnais et les problèmes de classification", *Revue d'histoire économique et sociale*, 1970, n? 1, pp. 28-54.

de vida, como também o seu nível de fortuna, situavam-no na média burguesia: é um exemplo entre muitos outros. A vida dos oficiais artesãos era, particularmente, dura nas grandes cidades pois, tendo o seu salário por único rendimento, eles tinham de comprar tudo e muito caro: a taxa dos aluguéis, o preço da comida eram elevados. A remuneração por hora era melhor nas cidades importantes e, principalmente em Paris, do que nas pequenas aglomerações, mas este fato estava longe de compensar aquele. Oficiais e artesãos sofriam também com o desemprego: desemprego irregular mas freqüente relacionado com as crises econômicas; desemprego crônico ligado ao período morto das estações que grassava em todos os ramos profissionais.[3] Enfim, aquele que trabalhava em casa era quase sempre explorado por seu empregador: a revolta dos tecelões de Lyon, em 1831, é o símbolo de uma doença geral.

Ao lado do pessoal de ofício, as empresas tradicionais, artesanais ou comerciais, ocupavam uma massa de diaristas, de serventes e de trabalhadores braçais cujos salários eram mais baixos e que tinham mais dificuldade de encontrar e conservar um emprego, pois a concorrência era grande. As tarefas eram múltiplas e todas as idades se misturavam: adolescentes que ajudavam um operário experiente fazendo, ao mesmo tempo, sua aprendizagem; rapazes executando trabalhos de força; velhos e trabalhadores envelhecidos prematuramente que, ao se tornarem fisicamente incapazes de exercer o seu ofício, tinham de se rebaixar executando tarefas medíocres e maquinais; serventes, enfim, sem aptidão particular que viviam dia após dia dos trabalhos que apareciam. Todos os tipos de pequenos serviços, uns honrosos, como a venda ambulante de miudezas nas ruas ou sobre o chão dos mercados, outros desconsiderados, como o dos trapeiros, por exemplo, eram igualmente praticados por toda uma população de pessoas humildes na maioria das vezes miserável e sempre marginal. Enfim, numerosas mulheres que viviam sozinhas, particularmente numerosas nas grandes cidades, ligavam-se a estas classes populares. Operárias hábeis ou simples diaristas, enfermeiras ou trapeiras, elas executavam, como os homens, todas as espécies de serviços, mas os seus salários eram sempre inferiores aos salários masculinos e sua condição era tanto mais dura, quanto que, estatisticamente, a morte atingia as mulheres menos prematuramente que os homens: a viúva idosa sem fortuna e sem arrimo familial ou a

---

3. *Statistique de l'industrie à Paris résultant de l'enquête faite la Chambre de Commerce en 1947 et 1848*, Paris, 1851.

solteirona eram um dos refugos da sociedade. Quanto às domésticas das famílias burguesas, elas constituíam um grupo à parte, pouco considerado pelos outros meios populares.

Os operários da grande indústria constituíam uma minoria apenas: em 1846, somente um quarto da mão-de-obra era ocupado nas empresas que empregavam mais de dez assalariados. O proletariado das fábricas ainda era pouco numeroso e disperso. Mas era particularmente miserável, pois o desenvolvimento do maquinismo, na indústria têxtil, por exemplo, permitia empregar uma mão-de-obra pouco ou nada qualificada. O operário, confinado em tarefas monótonas, servia à máquina e, não tendo nenhuma visão de conjunto do trabalho, não se interessava por seu serviço.

Ainda mais dura era a condição das mulheres e das crianças empregadas nas grandes empresas. Como a utilização das máquinas na indústria têxtil não exigia força física, mulheres e crianças eram sistematicamente recrutadas, pois os salários femininos eram duas ou três vezes mais baixos que os dos homens e a remuneração das crianças, irrisória. Todas as pesquisas contemporâneas ressaltaram as terríveis condições de trabalho nessas fábricas: falta de higiene nas oficinas, comprimento da jornada de trabalho, alongado ainda mais pela duração do trajeto da casa à fábrica, no mais das vezes bastante distantes uma da outra, e a mediocridade dos salários pesavam sobre todos os operários, porém mais gravemente sobre as mulheres e as crianças que, sub-remuneradas pelo patrão, eram além do mais exploradas ou martirizadas pelos contramestres ou pelos operários adultos responsáveis pela máquina. Os maus tratos infligidos às crianças eram freqüentes; quanto às mulheres, elas nem sempre podiam fugir aos abusos sexuais nas oficinas por medo de serem despedidas, ou à prostituição nas calçadas, para completar assim um salário irrisório.

*
* *

Se os tipos que caracterizam a sociedade popular eram bastante fáceis de distinguir uns dos outros, se o pauperismo parecia o resultado inelutável do surto da indústria e do capitalismo financeiro, seria necessário conhecer o conjunto da população urbana para apreciar a verdadeira posição das classes populares na sociedade. Seria essencial, neste caso, comparar os rendimentos, dos quais dependem em grande parte as condições de vida. Porém, se se possui dados sobre a evolução do salário diário, parece muito difícil, senão impossível, reconstituir as tendências da renda real dos assalariados. Esta última depende do número de jornadas de trabalho; varia segundo a dimensão da família, sendo os filhos (e, eventualmente, os ascendentes) ora uma carga, quando representam apenas bocas a alimentar, ora uma ajuda, graças a seus ganhos; ela podia ser majorada graças ao trabalho da mulher em casa ou fora, e através dos recursos anexos fornecidos ali por uma horta familial, aqui pela adjunção à casa de um pensionista regular, operário solteiro, alimentado e às vezes hospedado. Na impossibilidade de se medir os rendimentos das classes populares (e, igualmente, salvo exceção, os de outros meios, base indispensável para a comparação), forçoso é procurar conhecer os bens. Será um paradoxo estudar os bens de categorias que, para o essencial, subsistiam pelo trabalho de seus braços? Não totalmente. As pessoas do povo, os que, ao menos, não viviam nestas espécies de coletividades constituídas pelos "cortiços" onde se alojavam os operários solteiros ou afastados de suas famílias, possuíam objetos de primeira necessidade: segundo as disposições legais, estes constituíam um bem, passível, quando sobrevinha um falecimento, de direitos de sucessão, o que, graças às declarações feitas pelos herdeiros, permite ter um apanhado da condição popular. Do mesmo modo, é importante saber se o povo das cidades era totalmente estranho a toda forma de propriedade. Nada possuir, em uma época que praticamente ignorava qualquer sistema de seguro e de aposentadoria para os trabalhadores manuais e, também, para a maioria dos franceses que viviam de salário, era de fato estar condenado à miséria total quando a entrada do salário era interrompida por doença, desemprego ou velhice.

Uma análise detalhada das declarações de sucessão confirma a diversidade da condição popular.[4] Não somente os tarefeiros mas até simples assalariados deixavam bens que os situavam ao nível de muitos pequenos patrões, lojistas ou artesãos que trabalhavam por conta própria, à frente de uma oficina. Não se trata de fortuna, mas de uma poupança que proporcionava uma certa segurança a quem a possuía. Às vezes, porém muito raramente, esta poupança era investida em imóveis: operários, em número bastante reduzido, moravam em casebres

---

4. ADELINE DAUMARD (dir.), *Les fortunes françaises au XIXe siècle*, Paris, 1973, principalmente pp. 139 e ss. Cf. também PIERRE LÉON, *Géographie de la fortune et structures sociales à Lyon au XIXe siècle*. Publicações do Centro de História Econômica e Social da região de Lyon, 1974, e PAUL GONNET, *La société dijonnaise au XIXe siècle*, tese datilografada defendida junto à Universidade de Paris I em 1974.

que lhes pertenciam, principalmente nas pequenas cidades e, às vezes, na periferia das grandes cidades; alguns possuíam um lote de terra mais ou menos distante, herdado de uma ascendência camponesa, ou adquirido para servir de horta familial. Na maioria das vezes, a poupança era constituída por alguns créditos, de garantia incerta, ou por um depósito na caixa econômica, após a criação desta, mas, na época, isto só vale para a cidade de Paris. Transições insensíveis separavam, portanto, o povo da "burguesia popular",[5] franja inferior da burguesia, existindo todas as posições intermediárias.

Feita esta constatação, impõem-se corretivos importantes. No mais das vezes, os meios populares não possuíam nada que se parecesse com uma poupança. Na grande maioria dos casos, os bens dos diaristas e dos trabalhadores manuais sem qualificação consistiam unicamente de trastes, ferramentas, roupas de cama e alguns móveis de pequeníssimo valor. Nada, portanto, que pudesse desempenhar o papel de uma reserva para enfrentar as dificuldades da vida. Também muitas das mulheres que viviam sozinhas, solteiras ou viúvas, sem profissão declarada, deixavam heranças insignificantes; elas, sem dúvida, viviam de pequenos serviços, demasiado irregulares para serem mencionados, às vezes, viviam às expensas de sua família. Ademais, entre a gente de ofício, somente alguns privilegiados tinham um haver que os situavam em nível econômico próximo ao das camadas inferiores da pequena burguesia lojista ou artesã em seus graus mais inferiores; a maior parte das heranças apresentava um valor que não ultrapassava quase o dos bens pertencentes aos outros meios populares.

Porém, muitos dos óbitos de homens e de mulheres de qualquer idade não davam lugar a nenhuma declaração: onde não havia nada, o fisco perdia os seus direitos. Estas "heranças nulas" eram numerosas em todas as cidades de certa importância: a proporção, sempre superior a 50% do número de defuntos adultos atinge cerca de 70% e, às vezes mais, em Paris e nas grandes cidades industriais ou mercantis. Estas porcentagens elevam-se naturalmente quando se aplica o cálculo, não ao conjunto dos defuntos adultos, mas apenas aos representantes das categorias populares. Em Paris, por exemplo, sob a Restauração, quase 90% de operários, gente de ofício (à exceção dos que eram pequenos patrões por conta própria), diaristas e serventes, que nada deixavam por ocasião de seu falecimento, nem mesmo os poucos francos necessários ao pagamento das despesas de um enterro, fato que, para os contemporâneos, era símbolo de

5. A. DAUMARD, *La bourgeoisie parisienne. . .*, op. cit., p. 216.

extrema miséria.[6] Um colaborador da *Revue des Deux Mondes* traduzia de maneira diversa esta realidade "espantosa" escrevendo que, de 1824 a 1826, "a vala comum... triste ponto de encontro dos pobres" devorou, em Paris, 80% dos cadáveres.[7] A proporção dos que não deixavam qualquer herança diminuía apenas nos centros, pequenas cidades ou grandes metrópoles, como Toulouse, que haviam conservado formas de vida mais tradicionais, arcaicas mesmo, e que mantinham elos estreitos com o campo. Entretanto, mesmo aí, as heranças "populares" possuíam sempre, em média, e com raríssimas exceções, um valor ínfimo.

Sem dúvida, em toda parte, mesmo em Lille, a cidade dos "porões" e dos "pátios", que se tornaram o símbolo do pauperismo, reencontramos a estrutura escalonada dos bens, as transições e imbricações que impedem que se estabeleça uma separação absoluta, no plano material, entre o povo e o nível inferior da pequena burguesia. Mas, sempre, esta gente do povo relativamente favorecida era muito pouco numerosa. A distribuição dos bens, nos meios populares, evoca a imagem de uma pirâmide pouco elevada, cujo ápice é excessivamente afinado e a base desmesuradamente alargada, repousando sobre um pedestal em que se situavam os pobres cuja condição os confinava amiúde à miséria. Por certo, estudar os bens sem poder levar em consideração os recursos do salário e, além disso, basear a análise na situação das pessoas que chegaram ao fim de suas vidas e geralmente idosas, tende a obscurecer as cores do quadro. No entretanto, salvo em casos inteiramente excepcionais, a condição das pessoas do povo era precária e sem esperança. Perdendo progressivamente com a idade suas forças físicas e suas aptidões profissionais, o trabalhador manual estava condenado à miséria. O velho incapacitado para o trabalho vivia, na melhor das hipóteses, às expensas de seus filhos ou do sobrevivente destes; na pior, dependia da caridade pública nos asilos. Num e noutro casos, ele era objeto de desprezo, pois a sociedade de então era dominada pela apologia do êxito e pelo gosto da independência.

*
* *

6. *Idem*, p. 11.

7. A. COCHUT, "Mouvement de la population de Paris", *Revue des Deux Mondes*, 15 de fevereiro de 1845, p. 724.

Uma parte da pequena e da média burguesia tinha origens populares, porém a renovação destes meios interessava efetivos mínimos para influir na condição de conjunto da população.[8] Quase todos os pobres, tendo por perspectiva apenas a miséria ou a indigência totais se a morte não os eliminasse antes do declínio de suas forças, como as pessoas do povo se inseriam na sociedade do seu tempo?

A Revolução Francesa, escrevia Mignet em 1844, "tornou iguais perante a lei homens que o cristianismo tornara iguais perante Deus".[9] Esta fórmula traduz apenas imperfeitamente a realidade, pois os meios populares ainda sofriam muitas discriminações de origem legal. Politicamente, teve-se de esperar 1848 para que fosse estabelecido o sufrágio universal; porém, também é verdade que o sufrágio censitário não proporcionava ao conjunto da burguesia a plenitude de direitos políticos. Mais ricas de sentido, talvez, sejam as disposições relativas à organização da guarda nacional. Os franceses não taxados com a contribuição mobiliária pessoal eram dispensados do serviço, sob o pretexto de que este era demasiado oneroso para as pessoas reduzidas aos exclusivos recursos de um magro salário ou de uma empresa insignificante. Na realidade, a medida tinha um caráter discriminatório, já que os pobres, descartados do serviço militar normal, poderiam ser requisitados em caso de grave perigo, principalmente exterior: os direitos pertenciam a grupos restritos, mas todos os cidadãos possuíam deveres. Enfim, as disposições legais particulares que se aplicavam aos assalariados, colocavam operários e diaristas numa mesma posição de inferioridade. Por exemplo, em caso de desacordo, basta a palavra do empregador, o "mestre", dizia o Código, para dar fé ao montante e ao pagamento do salário, ao passo que o operário devia dar prova de suas afirmações.[10] Era uma contradição flagrante com o princípio da igualdade jurídica, justificada pelo seguinte argumento: "o mestre merece mais confiança".[11]

A miséria de uns, a pobreza da quase totalidade de outros acarretavam graves conseqüências para o "estado físico e moral" das pessoas do povo.

8. A. DAUMARD, *Bourgeoisie parisienne...*, *op. cit.*, pp. 250 e ss.

9. MIGNET, "Notice historique sur la vie et les travaux de M. le comte Merlin", *Mémoires de l'Académie des sciences morales*, 1844, t. IV, p. XLIII.

10. Artigo 1.781 do Código Civil.

11. Comentário de Treillard, um dos principais redatores do Código.

As descrições da vida operária em Lille, feitas por Villermé por volta de 1840,[12] por exemplo, estão em todas as memórias; elas reúnem, aliás, numerosos outros testemunhos. É mais importante ainda lembrar que, em número bastante elevado, os jovens eram isentados do serviço militar por incapacidade física; em determinados anos, nos departamentos franceses das regiões industriais, nenhum recruta proveniente dos meios operários pôde ser conservado.[13] A análise da mortalidade assinala igualmente a mediocridade da condição popular. As estatísticas levantadas por ocasião das epidemias do século XIX, principalmente quando da cólera de 1832, mostram o quanto a desigualdade diante da morte era grande e o quanto, em larga medida, estava ligada às diferenças das condições sociais.[14] Fora dos períodos de crise, os contrastes não se atenuavam e pôde-se calcular, por exemplo, que, no Departamento do Loire, a duração média de vida era de 59 anos para os agricultores, mas somente de 42 anos para os passamaneiros e de 37 anos para os mineiros. Do mesmo modo, um estudo sobre a dimensão das famílias nas grandes cidades ressalta que, quando do falecimento de um ascendente, os filhos da gente do povo eram muito mais numerosos.[15] Como, além do mais, o caráter prolífico dos meios populares é um fato reconhecido,[16] é a prova de que a mortalidade popular era, ao mesmo tempo, muito acentuada e muito prematura.

A miséria, o trabalho infantil e a mediocridade da organização do ensino primário acarretavam uma ignorância grave, mas sobremodo desigualmente distribuída. Um número bastante grande de jovens examinados por ocasião do alistamento não sabiam ler nem escrever. Para as classes de 1827-1830, a proporção atinge cerca de 20%, 38%, 45% nos Departamentos do Sena,

---

12. M. VILLERMÉ, *Tableau de l'état physique et moral des ouvriers employés dans les manufactures de coton, de laine et de soie*, Paris, 1840.

13. J.-P. ARON, P. DUMONT, E. LE ROY LADURIE, *Anthropologie du conscrit français d'aprés les comptes numériques et sommaires du recrutement de l'armée (1819-1826)*, Paris, 1972.

14. *La choléra, la première épidémie du XXe siècle*, estudo coletivo apresentado por LOUIS CHEVALIER, Biblioteca da Revolução de 1848, Paris, 1958.

15. ADELINE DAUMARD, in *Histoire économique et sociale de la France*, Paris, P.U.F., t. III, vol. 2, p. 910.

16. MARCEL REINHARD, ANDRÉ ARMENGAUD, JACQUES DUPAQUIER, *Histoire générale de la population mondiale*, Paris, 1968, p. 336.

Reno e Norte, respectivamente.[17] Estes índices eram largamente ultrapassados em numerosas regiões rurais. Nas cidades, sobretudo nas que eram importantes, mas ainda dominadas pelos ofícios tradicionais, a gente do povo, os homens pelo menos, possuíam com freqüência alguma instrução. Entretanto, a ignorância constituía para a massa uma pesada desvantagem. Às vezes, velhos operários particularmente trabalhadores e especialmente favorecidos pela sorte chegavam a instalar-se num negócio por conta própria. Entre os que, após um período de prosperidade mais ou menos longo, abriam finalmente falência, apesar de sua seriedade e das aptidões profissionais que lhes eram reconhecidas em seu ofício, inúmeros eram vítimas de uma falta de instrução que os tornava incapazes de avaliar o estado de seus negócios.[18]

Os comportamentos populares, enfim, apresentavam numerosas particularidades. Sob a Restauração, as velhas práticas das associações corporativas ainda estavam vivas na construção e em outros antigos ofícios. Estas sobrevivências salientavam duas características específicas dos meios populares: o gosto pela violência, que se manifestava nas lutas entre oficiais e operários que pertenciam a agremiações rivais e, também, o sentido dos interesses coletivos, já que existia uma certa solidariedade entre os trabalhadores de uma mesma corporação. Se bem que os objetivos fossem diferentes, nada impede ver aí, não o ponto de partida, mas um elemento que explique os primeiros êxitos das tentativas de associações operárias, sociedades de auxílio mútuo e, principalmente, coalizões que permitiram que determinadas greves tivessem efeitos positivos, como o aumento dos salários por hora, conseguido pela greve dos carpinteiros de Paris em 1845. O individualismo dos operários das cidades não está em discussão mas subsistia, paralelamente, mais do que nos outros grupos sociais, inclusive o dos trabalhadores do campo, uma tradição de ação coletiva. Quanto ao trabalho, ele tendia a não ser mais sentido apenas como uma pesada carga e, em contraste com a atividade obstinada dos pequenos patrões, grande parte dos operários folgava dois dias por semana mesmo quando a obra era urgente: no domingo, eles se distraíam em família; no dia seguinte, celebravam entre os companheiros a "segunda-feira santa", deixando vazios os canteiros de obra e as oficinas.[19]

17. *Anthropologie du conscrit...*, op. cit., p. 178.
18. A. DAUMARD, *Bourgeoisie parisienne...*, op. cit., p. 259 e ss.
19. *Statistique de l'industrie à Paris...*, op. cit.

A elite operária dos velhos ofícios, lá onde, nas grandes cidades se recrutavam os quadros republicanos, tinha muito freqüentemente um gênero de vida e um ideal familial e pessoal próximo ao da pequena burguesia: gosto pelo lar, respeito pela mulher, desejo de promoção social para os filhos através da instrução e do trabalho. Porém, as atitudes que fizeram do povo um mundo à parte na sociedade, eram mais difundidas. Boa parte dos operários solteiros ou casados com mulheres que moravam em locais distantes viviam sozinhos, a maioria possuía um lar, mas estes casais quase não se pareciam com os das famílias burguesas. Em Paris, por exemplo, muitos nascimentos ilegítimos, cujo número era particularmente elevado nos bairros populares, eram fruto de casais irregulares mas estáveis. Apesar das representações dos magistrados neste sentido, apesar dos esforços de associações religiosas, como a sociedade Saint François-Régis, o concubinato fazia parte dos costumes do povo nas grandes cidades.[20] Falar de desregramento, de imoralidade seria inexato. Mais amiúde, a gente do povo não sentia nenhuma necessidade de regularizar sua situação conjugal. Seria para poupar despesas, como afirma Balzac? Entretanto, o casamento civil era inteiramente gratuito e ninguém era obrigado a comparecer perante o tabelião e o padre; a abstenção manifestava, portanto, mais a falta de interesse dos meios populares pelas instituições da sociedade burguesa. Ora, esta negligência tinha conseqüências, esta recusa acarretava outras. Uma parte das massas populares tendia a viver à margem das leis, à margem das regras, à margem dos valores da moral dominante. Nas grandes cidades, principalmente na capital, os contemporâneos tinham consciência disso. Após a Revolução de 1830 e, principalmente, quando da grave crise que coincidiu com a epidemia de cólera, numerosos comentários, desde os do *Journal des Débats*, órgão da burguesia conservadora, até as obras do reformador socialista Considérant, comparavam o povo das cidades aos vândalos que haviam causado a ruína do Império Romano ou a selvagens que, não tendo nada a esperar, nada a temer, nada a defender, ameaçavam a ordem e os fundamentos da sociedade. Progressivamente, as "classes laboriosas" eram comparadas a "classes perigosas".[21]

*
* *

20. LOUIS CHEVALIER, *Classes laborieuses et classes dangereuses à Paris pendant la première moitié du XIXe siècle*, Paris, 1958, p. 380.

21. *Idem*, pp. 454-460 e *passim*.

Na época romântica, a gente do povo era pobre. O desenvolvimento das manufaturas e do capitalismo industrial agravou a situação, mas sem modificar muito os dados fundamentais. "Viver trabalhando ou morrer combatendo", grito de revolta dos tecelões de Lyon, meio artesanal tradicional, é simbólico. A vida do homem do povo era sempre precária, à mercê de qualquer interrupção de trabalho, pois, mais ainda nas cidades que no campo, a gente do povo não contava nem com reservas, nem com recursos de substituição ou de complemento. Por isso a pobreza se transformava, com freqüência, em miséria. A miséria era o resultado mais freqüente e quase normal da vida popular, miséria esta que se agravava com a idade para aqueles a quem a morte não atingia prematuramente. O burguês calculava, previa, organizava a sua vida e a de sua família; amiúde, aliás, ele se enganava e os fracassos não eram raros, mas estes não podiam ser considerados como acidentes ou apresentar-se como resultados de uma incapacidade ou de imprudências. O camponês sofria os efeitos de muitos anos adversos, mas conhecia também outros bons. A sorte do operário das cidades era inteiramente outra: o homem do povo podia ter bons dias, mas não tinha futuro.

Podemos, por isso, comparar o povo a uma população marginal, totalmente separado dos outros habitantes do país? Não totalmente. Os testemunhos contemporâneos insistem nos casos extremos, em comportamentos e manifestações de violência suscetíveis de se transformar em delitos ou em crimes que, embora freqüentes, não deixavam de ser, nem por isso, um fato de uma minoria: retinha-se e comentava-se primeiro o que causava medo. Por outro lado, é bastante certo que existia uma necessidade de mudança, nem sempre claramente expressa, na consciência popular. Porém, fora das ações de massa em períodos de motim ou de greve, era entre os operários dos velhos ofícios, os mais qualificados, os mais bem pagos, os mais instruídos que surgiam reivindicações e um espírito propriamente revolucionário. Às vezes, acrimoniosos, na maioria das vezes generosos e um tanto utópicos, estes homens, no entanto, não haviam rompido todos os laços com a civilização burguesa. Em sua vida privada e familial, permaneciam fiéis aos valores da moral tradicional; no plano social, aceitavam uma hierarquia por menos que ela lhes parecesse fundamentada em capacidades e em mérito pessoal incontestes; eles não desdenhavam, ao contrário, procuravam um êxito pessoal; instalar-se por conta própria para "ser seu próprio patrão", tal era a ambição comum, porém raramente realizada, desta elite operária.

O que, em última análise, fazia do povo das cidades um mundo à parte, era a dificuldade que experimentava de se integrar à sociedade burguesa. O desenvolvimento do capitalismo industrial e o estabelecimento do liberalismo econômico acarretavam tensões e crises, tanto na França quanto nos outros países, porém o essencial está alhures. O individualismo, principal motor e principal suporte da organização social dominante, podia corresponder ao temperamento profundo das classes populares mas, exceto para indivíduos excepcionais e particularmente favorecidos pela sorte, ele não se adaptava à condição das massas. Ao contrário do camponês que, impotente diante das intempéries, somente concebia uma vida submissa à vontade de Deus (ou de qualquer outra fatalidade); ao contrário do nobre tradicional que, orgulhoso de sua linhagem, considerava entretanto o soberano como a fonte de todas as decisões, de todos os favores e de todas as graças; ao contrário do burguês que, negligenciando o papel do Todo-Poderoso, recusando o poder absoluto do príncipe, só contava consigo mesmo, ajudado eventualmente por seu círculo, para realizar suas ambições pessoais, o proletário só podia esperar que seu destino se modificasse se sua personalidade estivesse dissolvida na multidão. A exaltação dos valores individualistas em nome dos direitos do criador, de um lado, a glorificação das virtudes do povo cujo poder verdadeiro repousava em uma ação coletiva um tanto niveladora, de outro, não é um dos menores paradoxos da escola romântica.

7. ALGUMAS OBSERVAÇÕES SOBRE A HABITAÇÃO DOS PARISIENSES NO SÉCULO XIX*

Em todas as sociedades baseadas originariamente na agricultura sedentária, a necessidade de estar alojado em uma casa surgia como uma necessidade vital. Porém, o desejo de dispor de uma habitação independente por casal é um dos traços do individualismo da sociedade liberal contemporânea e talvez de uma concepção das relações sociais ligada ao triunfo dos valores burgueses no século XIX. Esse desejo se opõe, com efeito, às estruturas arcaicas da família que, entre os inúmeros camponeses e em uma parte da aristocracia de origem nobiliária, guarda uma forma patriarcal que implica na coabitação de diversas gerações. Ele também está em

---

* "Quelques remarques sur le logement des parisiens aux XIXe siècle, *Annales de Démographie Historique*, 1975, pp. 49-64.

contradição com a condição dos mais deserdados muitas vezes obrigados, no século XIX, a viver coletivamente em pensões populares ou em asilos de velhos.

O estudo entretanto é difícil. Mesmo limitadas à capital, a análise das condições de habitação no século XIX e a pesquisa da influência que essas condições puderam ter sobre a vida dos parisienses poderiam servir de objeto de diversas grandes obras de erudição. Mais difícil ainda seria estabelecer as relações entre a situação demográfica e a situação da habitação: se as correlações podem ser constatadas no tempo ou no espaço estaríamos autorizados, por isso, a estabelecer uma união de causa e efeito? Tarefa difícil para o demógrafo, no estado atual das pesquisas, tarefa que o historiador não especializado na matéria não pode abordar sem maiores precauções. Por isso, proponho-me a apresentar aqui apenas alguns resultados, muito mais hipóteses, e principalmente colocar questões sobre dois aspectos do problema: a influência do alojamento na distribuição dos parisienses nos diversos bairros da capital e a diversidade das condições de habitação em Paris. Porém, é preciso evocar ligeiramente as fontes fundamentais.

*
* *

Os dados sobre as casas e os alojamentos em Paris são bastante numerosos. As fontes resultam de três tipos principais: uma documentação qualitativa inesgotável proveniente de organismos públicos ou de origem privada e na qual se encontram por vezes inseridas informações quantitativas; por exemplo, nas relações estabelecidas pela administração das contribuições diretas, estatísticas publicadas e recenseamentos facilmente redutíveis a estatísticas por simples adição das informações fornecidas sobre cada caso; finalmente, monografias mais ou menos complexas.

As estatísticas publicadas no século XIX são freqüentemente mais ricas em Paris do que nas outras cidades. Por exemplo, como assinalou um estudo importante publicado pelo I.N.S.E.E.,[1] os recenseamentos qüinqüenais da população só indicam o número de casas e alojamentos a partir de 1901, enquanto que em Paris pesquisas locais sobre essa questão já haviam sido feitas em 1891 e em 1896; ademais, para a capital, dispomos de uma pesquisa particular sobre a habitação operária em 1910. Aliás, para todo o século XIX, pelo menos para determinados anos, existe além disso dados estatísticos precisos e variados arrolados nas publica-

---

1. "Évolution des conditions de logement en France depuis 100 ans", *Études et conjonctures*, out.-nov. de 1957.

ções da Préfecture* do Departamento do Sena[2] ou conservados nos arquivos das contribuições diretas.[3] Informações precisas são dadas sobre o número de casas por bairro, sobre o número de locações tributáveis e o número de casais, assim como sobre a evolução do número de habitações vagas de ano para ano. Além do mais, as variações da contribuição imobiliária em relação às demolições de antigas casas e às novas construções fornecem um índice precioso acerca da atividade da construção.

Sobre certos pontos é possível igualmente encontrar na capital recenseamentos gerais e contínuos. Os três registros imobiliários cobrindo a totalidade do século XIX,[4] indicam, para cada uma das casas e lotes,** as transmissões de propriedade, o que permite conhecer a antiguidade das casas, a origem das propriedades e as variações do valor em capital do terreno ou da construção. Eles mencionam igualmente o valor locativo e sua evolução, seja em razão de avaliações administrativas periódicas, seja por ocasião das mudanças de propriedade acarretadas pelos falecimentos. Para fins de controle, também são indicados os contratos de locação e às vezes as habitações vagas, o que permite apreciar os tipos de ocupação.[5] No início do século XX, os registros imobiliários de Paris para os anos de 1900 e 1911 arrolam informações bastante diversas que trazem um complemento indispensável, às vezes particularizado pelos arquivos do cadastro de 1900.[6]

Entre as monografias bastante numerosas para poderem dar origem a estatísticas, os inventários lavrados por tabeliães são as fontes mais completas, mais precisas para comparar as

* Prèfecture — Sede administrativa do governo de um Departamento (N. da T.).

2. *Recherches statistiques sur la ville de Paris et le département de la Seine,* publicadas por ordem dos governadores do Departamento do Sena, t. I a IV, 1821-1829; t. V, 1845; t. VI, 1860; *Annuaire Statistique de la ville de Paris,* 1880 e ss.

3. Arq. Sena, série DP[2]; cf. para maiores detalhes, ADELINE DAUMARD, *Maisons de Paris et propriétaires parisiens au XIXe siècle, 1809-1880,* Paris, 1965, p. 9.

4. O primeiro livro de registro cobrindo o período de 1809-1854 está conservado nos Arquivos do Departamento do Sena sob a cota DP[18]; os registros seguintes encontram-se ainda nos arquivos do Registro de Heranças e Legados do Departamento do Sena.

** Em fr. *parcelle*: porção de terreno constituindo uma unidade cadastral (cf. *Dic. Robert*).

5. Cf. para a crítica desta fonte, *Maisons de Paris...*, *op. cit.*, p. 58 e ss.

6. Arq. Sena, DP[4], depósito cofre 3032/56/1.

características da habitação e a posição dos habitantes. Em Paris, como aliás em muitas cidades de província, são dadas todas as informações úteis sobre o número e a destinação dos cômodos e das dependências, sobre o número e a qualidade dos ocupantes, adultos e crianças, patrões e domésticos. O montante do aluguel é indicado também se o chefe de família não for proprietário da casa. Porém, os elementos que permitem apreciar o conforto de origem coletiva são falhos: se existe um banheiro, ele é descrito mas sem que se precise se é alimentado por uma torneira de água corrente ou graças ao transporte manual de baldes d'água. Os inventários dos tabeliães não indicam nunca se existem torneiras de água encanada; são pouco precisos em relação aos meios de aquecimento: o valor dos aquecedores é estimado, mas as chaminés, ligadas ao imóvel não são objeto de nenhuma menção. Entretanto, não está aí o seu único inconveniente: salvo exceções, os inventários dos notários só interessam a uma camada bastante estreita da população, sobretudo da população rica ou abastada, mesmo de uma abastança moderada, sendo os meios inferiores representados somente por casos particulares.[7] Às vezes, essa lacuna pode ser preenchida graças ao recurso e fontes de caráter próximo, os inventários lavrados por juízes de paz, principalmente, mas a conservação desses inventários é muitas vezes esporádica e aleatória.

É preciso portanto conceder um lugar especial a monografias de um outro tipo, particulares a Paris, os livros de revisão do cadastro. São cadernetas indicadoras ordenadas por rua, para cada uma das casas de Paris. Como o registro imobiliário, elas mencionam o nome dos proprietários e as transmissões de propriedade. Sobretudo, dão uma descrição precisa do imóvel: superfície no solo, materiais utilizados, número e características dos pavimentos ("quadrados" ou mansardas), número e utilização das portas de entrada, escadas, eventualmente existência de torneiras de água encanada, de aquecimento central, elevador, utilização de pátios, passagens e dependências (estrebarias, garagens, galpões, construções definitivas ou edifícios pequenos ou temporários). Andar por andar, a distribuição de cada um dos apartamentos ou de locais separados é analisada em detalhe: destinação de cada cômodo com sua orientação, para o pátio ou para a rua, o número de janelas, distinção entre cômodos com aquecimento, cômodos sem aqueci-

---

7. No início do século XIX, o número de inventários *post-mortem* lavrados em Paris representava menos de 10% do número total de óbitos. Cf. ADELINE DAUMARD e FRANÇOIS FURET, "Méthodes de l'Histoire sociale. Les Archives notariales et la mécanographie", *Annales* (E.S.C.), 1959, nº 4, pp. 676-693.

mento, simples quartos, para os cômodos que não possuem destinação mais precisa, e elementos de conforto do apartamento que pode ser reconstituído de acordo com o número de dependências, escritórios, quartos de despejo, quartos sem janelas e aposentos de domésticos, de acordo com a presença de banheiros particulares, sem falar do número de chaminés. Uma lacuna entretanto: a distribuição de água nem sempre é claramente indicada. Enfim, esses livros especificam a situação dos locatários ou do ocupante principal de cada habitação: nome, idade, sexo, título ou profissão, montante do aluguel ou do valor locativo, natureza e duração da ocupação dos locais; a distinção entre locais profissionais e locais de moradia pode ser feita graças às indicações relativas ao imposto de indústrias e profissões eventualmente pago pelo interessado. Tais livros constituem portanto uma fonte fundamental, mas possui os seus limites. Primeiro, sua precisão é bastante grande para os meados do século, entre 1845 e 1880; em seguida, as lacunas são freqüentes. Por outro lado, houve inúmeras perdas: foram conservados livros apenas da metade das casas da capital, mais ou menos. Finalmente, uma carência grave liga-se à natureza do documento: são fornecidas informações precisas sobre o principal ocupante de cada habitação, pois, locatário ou proprietário, este interessava a administração das finanças como contribuinte sujeito ao imposto mobiliário e, eventualmente, ao imposto de indústrias e profissões. Porém, nada permite conhecer as pessoas que habitam com o chefe de família, qualquer que seja o seu título.[8]

Enfim, quando as casas antigas eram demolidas após essas expropriações, tão numerosas em Paris no século XIX, o pagamento das indenizações devidas aos locatários que haviam firmado um contrato de locação com o proprietário dava lugar freqüentemente a uma descrição das habitações que não pode ser desprezada na falta de outras fontes.[9] Às vezes, aliás, o relatório dá preciosas indicações sobre os melhoramentos feitos, durante o contrato, pelo locatário que alega isso para obter uma indenização maior.[10] Porém, ainda aí, os dados sobre a composição das famílias quase sempre não existem.

---

8. Cf. *Maisons de Paris* . . . , *op. cit.*, pp. 66-70
9. Arq. Sena, série VO.
10. Cf. a demanda feita por um advogado morador da Rue des Moulins 15, em uma casa expropriada por ocasião da abertura da Avenue de l'Opéra, Arq. Sena, VO[1] 2451.

141

Na realidade, essas diversas monografias se completam. Nenhuma série basta por si mesma. Seria desejável poder fazer pesquisas paralelas em várias séries e elaborar fichas de famílias e de habitações que confrontassem as descrições de apartamentos e os traços que caracterizam os ocupantes, o chefe de família, sua família, seus serviçais e eventualmente seus pensionistas. Infelizmente, as listas nominativas dos recenseamentos da população parisiense não foram conservadas e a lacuna é difícil de preencher. Na melhor das hipóteses, no estado atual de nossos conhecimentos e da documentação disponível, poder-se-ia encarar uma dupla análise: um estudo geral utilizando resultados estatísticos de conjunto, que seriam completados em seguida por pesquisas monográficas de detalhe.

*
* *

Será possível relacionar as condições de habitação com a distribuição dos parisienses sobre o território municipal? Serão os contatos sociais influenciados pelas características do hábitat? Sem propormos certezas absolutas, nossas fontes permitem, sobre esses pontos, nos aproximar da realidade.

Seria necessário, em primeiro lugar, determinar o laço eventual entre a oferta de habitações e o crescimento da população parisiense. Os algarismos de base são difíceis de estabelecer com precisão. A coincidência não é exata entre o número de habitações tributadas com cota imobiliária e o número de casais, no sentido que a *Statistique de la France* dá a essa palavra, isto é, as pessoas consideradas como chefes de família sejam elas isoladas ou não. Os recenseamentos da população distinguem a população recenseada a domicílio e a população recenseada coletivamente, porém, a população recenseada a domicílio compreende adultos, celibatários ou casados, que, gozando de sua independência econômica, possuem as condições de alojamento que não entram nas normas precedentes: uns por morarem gratuitamente com os pais ou devido à sua profissão, outros por serem sublocatários que moram em alojamentos mobiliados. A proporção dessa população independente, mas que mora com terceiros é atualmente impossível de determinar. Uma correlação entre o número de habitações e o de chefes de família, portanto, seria pouco probatória.

Diversas indicações permitem, no entanto, apreciar as tendências gerais da evolução. A atividade da construção é bastante bem conhecida graças às informações quase concordantes fornecidas pela taxação dos materiais de construção quando da passagem pelas barreiras municipais, de um lado, e pelo montante dos impostos recebidos sobre as construções novas, de outro.[11] Se bem que os índices valham para todas as construções e não somente para as casas de uso habitacional, o ritmo da evolução mostra a importância das novas construções, sempre muito mais importantes que as demolições. Fases de alta, entrecortadas por crises, surgem entre 1821 e 1826, 1837 e 1847, com uma depressão pronunciada, mas temporária em 1842, novamente uma alta no início, depois no final do Segundo Império e de 1878 a 1885. Em seguida, começa uma longa estagnação, terminando por uma ligeira retomada de atividade às vésperas da Primeira Guerra Mundial. Porém, o símbolo mais significativo é o que fornece o número de moradias vagas.[12] Periodicamente, os parisienses se queixavam de que não encontravam lugar onde morar. Os ecos desse descontentamento se fizeram quase cotidianos na imprensa quando dos primeiros trabalhos de urbanismo do Segundo Império até 1860 e a extensão dos limites de Paris pela anexação das comunas suburbanas. De fato, durante todo o século XIX, foram constatadas habitações vagas de ano em ano pela administração das contribuições diretas, porém elas se reduziram sensivelmente durante certos períodos, entre 1852 e 1859 principalmente, mas também antes, de 1832 a 1840, e posteriormente, uma vez atenuadas as seqüelas da derrota de 1870 e da Comuna, de 1875 a 1880. Sobretudo, a diminuição da oferta de habitações foi muito rápida e muito acentuada nos primeiros anos do século XX: em 1910, o número de habitações vagas representava apenas um quarto do total de 1899, sendo que todos os bairros foram afetados.

Um resultado provisório portanto ressalta desses algarismos. A considerar pelo número de habitações vagas, parece que no século XIX, os parisienses quase não haviam experimentado dificuldades para se alojar, salvo no começo do Segundo Império, porém a anexação de 1860* trouxe uma solução. Somente no curso dos anos precedentes à Primeira Guerra Mundial é que teve realmente início uma crise de moradia em Paris.

Porém, a oferta de habitação adaptava-se às necessidades e aos recursos dos parisienses? Ainda aí, através de processos indiretos é que se pode tentar dar uma resposta a essa questão crucial.

---

11. *Maisons de Paris . . .*, *op. cit.*, pp. 26-34 e FRANÇOISE MARNATA, *Les loyers des bourgeois de Paris, 1860-1958*, Paris, 1961, pp. 23-25.

12. *Maisons de Paris . . .*, *op. cit.*, pp. 35-38, e *Loyers des bourgeois de Paris*, *op. cit.*, p. 25.

* Em 1860, os limites da cidade de Paris foram estendidos pela anexação das comunas dos subúrbios vizinhos.

A distribuição do conjunto de aluguéis parisienses, segundo seu valor, bem conhecido, pois o valor locativo era a base do imposto lançado a título da taxa pessoal mobiliária, apresenta, durante todo o período, a feição de uma pirâmide de degraus, com a base bastante larga e o topo bastante afilado, que corresponde aproximadamente à pirâmide onde se traduz a distribuição dos bens e das fortunas.[13] Sem entrar nos detalhes da comparação, lembraremos apenas a coincidência das duas porcentagens, que tomam um valor simbólico: a das locações mais baratas, total ou parcialmente isentas do pagamento da taxa mobiliária, a dos parisienses mais pobres, vivendo no limite da indigência, cuja parcela na população parisiense pode ser deduzida do número de inumações feitas às expensas da municipalidade ou da ausência de qualquer declaração de herança.[14] Durante todo o período, chega-se a porcentagens que giram em torno de 70%. Porém, a situação era bastante diferente de acordo com os bairros. Para o início do século XX, a pirâmide dos aluguéis em um distrito ou bairro particular poderia ser reconstituída à custa de longos exames nos arquivos fiscais. O trabalho não foi feito. Porém as provas desses contrastes não faltam. Indiquemos apenas que em 1900, a média dos valores locativos dos locais de habitação para o conjunto de Paris elevava-se a 577 francos; porém, o máximo foi atingido no bairro Champs-Elysées, com um valor médio de cerca de 3.800 francos mais ou menos, ao passo que o valor médio mínimo era de 204 francos no bairro Gare no XIII distrito.[15]

Em toda a população parisiense, o custo do aluguel foi sempre considerado como uma pesada carga. As próprias autoridades públicas eram sensíveis a isso já que, desde 1804, o conselho municipal isentava do pagamento da taxa os parisienses alojados em locais cujos aluguéis eram os mais baixos: essa desigualdade diante do imposto, em benefício dos mais pobres, opõe-se à convicção dominante na época de que os encargos devem ser proporcionais aos rendimentos; ela é, portanto, muito significativa. Acrescentemos que os representantes dos meios abastados deviam consagrar uma parte importante de seu orçamento ao pagamento do aluguel: uma pesquisa de 1912 avalia-a em cerca de um quinto

---

13. ADELINE DAUMARD (dir.), *Les fortunes françaises au XIXe siècle, Enquête sur la répartition et la composition des capitaux privés a Paris, Lyon, Lille, Bordeaux et Toulouse d'après d'enregistrement des sucessions*, Paris, 1973, pp. 132-133 e 194.

14. ADELINE DAUMARD, *La bourgeoisie parisienne de 1815 à 1848*, Paris, 1963, pp. 10-12 e 61. Cf. igualmente *Les fortunes françaises . . . op. cit.*, p. 195.

15. *Livre foncier de Paris*, 1900.

do rendimento das famílias burguesas, ao passo que para a classe operária a despesa representava um sexto ou um oitavo do salário.[16] Finalmente, para habitações de tipo análogo, os aluguéis em Paris eram muito superiores aos aluguéis exigidos nas grandes cidades de província, sem que fosse feita uma compensação por uma diferença proporcional dos salários e dos ganhos. Os estudos de conjunto não existem, mas numerosíssimos testemunhos baseados em casos particulares evocam uma variação que vai do simples ao duplo.

No conjunto, a evolução é nítida: durante todo o século XIX, os aluguéis tendem a subir. Essa subida é irregular, mas a alta é pronunciada de 1810 a 1880 em todos os distritos compreendidos nos limites da cidade anterior à extensão de 1860.[17] Sem dúvida, a tendência ascendente é às vezes afrouxada, baixas temporárias, sempre compensadas e ultrapassadas em seguida, se produzem, porém são reviravoltas temporárias que correspondem às crises econômicas e políticas, e que, salvo exceções, beneficiam pouco os ocupantes, pois, ao mesmo tempo, estes sofrem pela diminuição de seus recursos, salários, lucros ou outros rendimentos de capital. A evolução ulterior parece ir no mesmo sentido, mas os resultados dos cálculos particulares não são perfeitamente convergentes. Um estudo sobre os aluguéis dos burgueses de Paris lembra: "De 1884 a 1906, um período de baixa com algumas flutuações de amplitude muito pequena (do que entre 1860 e 1884). De 1906 a 1913, um período de alta contínua".[18] Porém a comparação com outros índices, os do I.N.S.E.E. e os que foram estabelecidos em 1911 para a *Statistique générale de la France* fazem aparecer somente uma ligeira baixa para alguns anos após 1900, sendo ainda esta baixa pouco sensível para os aluguéis elevados.[19] Especifiquemos que os relatórios feitos ao Conselho Municipal sobre o problema da habitação insistem apenas nas dificuldades causadas pela alta dos aluguéis e que, por outro lado, uma análise dos valores locativos da Avenue de l'Opéra nos permitiu concluir por uma alta contínua e importante de 1880 a 1910.[20]

---

16. *L'amélioration du logement ouvrier. Une enquête sur le logement des familles nombreuses*, Paris, 1912. Cf. igualmente MARGUERITE PERROT, *Le mode de vie des familles bourgeoises*, Paris, 1961, p. 81.

17. *Maisons de Paris... op. cit.*, Caps. IV e V.

18. *Loyers des bourgeois de Paris... op. cit.*, p. 53.

19. Índices citados e comentados, *idem*, pp. 4, 8, 56.

20. ADELINE DAUMARD, "L'avenue de l'Opéra de ses origines à la guerre de 1914", in *Bulletin de la Société de l'Histoire de Paris et de l'Ile de France 1967-1968*, p. 191.

Qualquer que tenha sido a importância da alta, ela foi sentida diversamente conforme os bairros e a natureza das moradias. Segundo as investigações contemporâneas, os aluguéis aumentaram mais nos bairros populares, entre 1900 e 1912. No século XIX, a evolução havia sido um pouco diferente. Por exemplo, a alta dos valores locativos na Rue Mouffetard, ultrapassara nitidamente a que havia conhecido a Rue Saint-Denis: 316% em vez de 224% entre 1810 e 1880. Porém, em ruas elegantes, como a Rue de la Paix ou a Rue de la Chaussée d'Antin, a alta atingira 336% até 357%: ela era portanto da mesma ordem que a da Rue Mouffetard, uma artéria tipicamente popular. Lá, onde o aumento foi muito mais forte, superior a 475%, foi nas ruas consagradas ao grande comércio, como a Rue du Sentier e a Rue des Jeûneurs, que o peso dos aluguéis comerciais prevalecia sobre o aluguel dos locais de habitação e nos bairros renovados pelos trabalhos de urbanização do Segundo Império ou pelas operações anteriores.[21]

Até 1914, o parisiense pode ser comparado a um nômade que se deslocava muito pelos diversos bairros da capital. Geralmente, ele era locatário de sua habitação: poucos proprietários de imóveis em Paris habitavam uma casa que lhes pertencia. Os que constituíam exceção à regra eram, de um lado, pessoas idosas que haviam comprado uma casa como investimento e aí ocupavam um apartamento após terem se aposentado da vida ativa.[22] Esses locatários mudavam freqüentemente: testemunhos múltiplos, a análise dos livros de cadastro o demonstram sem ambigüidade. A instabilidade das pequenas locações era particularmente acentuada, porém, em todos os meios, quaisquer que fossem os seus recursos, os parisienses sentiam a necessidade de mudar de domicílio: os dossiês das falências testemunham-no, tanto quanto as reconstituições das etapas da vida das famílias que podem ser efetuadas graças aos arquivos notariais. Que conseqüências acarretava essa busca de habitações novas? Às vezes, eram benéficas para a higiene: quando o proprietário tinha dificuldades em encontrar um locatário, ele podia decidir em mandar executar os trabalhos de reforma. Porém, no mais das vezes, o resultado era inverso, principalmente para as pequenas locações. Muitas mudanças, nas casas populares, eram feitas às escondidas, sem pagamento do aluguel devido. Para compensar tais perdas, a conservação era nula e a alta dos pequenos aluguéis era proporcionalmente maior que a

21. *Maisons de Paris...*, op. cit., pp. 123 e 216-220.
22. *Idem*, pp. 253-254.

das locações mais importantes: as casas populares tendiam a se tornar pardieiros supervalorizados.

Contrariamente ao que se afirma ainda com demasiada freqüência, a especialização dos bairros de Paris e a segregação social são bastante anteriores aos trabalhos de Haussmann. Sem dúvida, antes do Segundo Império, a distribuição dos apartamentos e das habitações não era idêntica do rés-do-chão à cumeeira e muito freqüentemente a condição dos ocupantes diferia conforme os andares. Mas, em uma mesma casa, a distribuição social reunia pessoas pertencentes a meios próximos. Sem ter o mesmo *status* e a mesma fortuna, os habitantes de uma mesma casa eram suscetíveis de se conhecer, travar relações comerciais, profissionais ou ligações particulares: artesãos e grandes comerciantes, Rue de Saint-Denis, operários e burgueses modestos, Rue Saint-Jacques, empregados ou jovens iniciando-se nas profissões liberais e capitalistas ricos nas ruas elegantes. Seria um contra-senso apresentar a escada dessas antigas casas como um local de encontro para todas as classes sociais.[23] Na maioria das casas novas construídas após 1860, ao contrário, apartamentos semelhantes superpunham-se em todos os andares, exceto sob os sótãos, reservados ao alojamento dos domésticos.[24] Às vezes, pessoas de condição bastante diferente tinham o mesmo endereço: uns alojavam-se na casa construída com a fachada para a rua, outros em construções edificadas nos pátios, e quando a escada era comum ela só servia como escada de serviço na casa principal.[25] Quanto à segregação social dos parisienses por bairro, ela foi largamente encetada sob a Monarquia Censitária. Se, em todo lugar, o povoamento conservava uma larga camada popular, a Paris rica, a Paris aristocrática, a Paris burguesa do oeste já se opunha nitidamente à Paris popular, à Paris artesanal, à Paris pobre do leste.[26] Mas, paralelamente, no século XIX, acentuaram-se os contrastes entre as ruas. Vias habitadas burguesmente ou destinadas ao alojamento de uma população abastada tocavam artérias, paralelas ou perpendiculares, que permaneciam consagradas ao pequeno comércio ou ao artesanato. É o caso, por exemplo, nos bairros Invalides e Gros-Caillou onde a construção tomou um surto importante a partir do Segundo Império, mas essa situação caracterizou, até os dias de hoje, numerosos bairros de Paris transformados por importantes operações imobiliárias.

23. *Idem*, pp. 90-92.
24. *Idem*, p. 206.
25. Era o caso principal da Avenue de l'Opéra antes de 1914.
26. *Bourgeoisie parisienne, op. cit.*, pp. 181-211.

Quais foram as conseqüências demográficas desta localização de moradias através da capital? Principalmente, pode-se dizer que a moradia é um dos fatores importantes da amalgamação da população? No que concerne aos casamentos, um estudo minucioso dos endereços dos cônjuges parece demonstrar que na burguesia os encontros na escada ou no portão de passagem de veículos não tinha nenhuma importância, não só na boa burguesia e na aristocracia burguesa, onde isto é evidente por si, mas também na classe média e na pequena burguesia entre os empregados e os lojistas. Talvez isso fosse diferente nos meios populares, mas só a análise do estado civil, quando subsistem arquivos, permitiria afirmá-lo. Todavia, ao lado desta constatação negativa, o estudo da localização da moradia dos parisienses tem um aspecto positivo. Nos distritos da velha Paris, uma parte do mundo popular e da pequena burguesia comerciante, artesanal ou assalariada habitava ruas situadas em bairros onde residiam gente elegante e instruída. Sem ter verdadeiramente contatos pessoais com os meios superiores, o povo parisiense impregnava-se mais ou menos de uma civilização e de uma cultura superiores. Aí estava talvez um dos fatores da superioridade profissional dos operários parisienses dos ofícios tradicionais, superioridade essa amiúde notada e comentada mas jamais explicada.[27]

Talvez seja possível estabelecer uma relação entre as variações da natalidade, da mortalidade e das condições de habitação, segundo os meios sociais, mas isso implica, em primeiro lugar, que sejam explicitados os critérios da diversidade e das habitações.

Em Paris, dois traços caracterizam os locais de habitação. Em primeiro lugar, os contrastes são consideráveis. Independentemente mesmo das mansões particulares que, mais ou menos importantes, eram bastante numerosas em determinados bairros, nada havia de comum entre os apartamentos luxuosos e confortáveis, segundo as normas da época e os sórdidos alojamentos populares. Precisemos, entretanto, que um estudo das moradias individuais, tende a atenuar um pouco os contrastes, pois os parisienses pior alojados eram os homens sós que viviam em pensões operárias, dormitórios coletivos onde um mesmo leito servia alternadamente a diversas pessoas durante as mesmas vinte e quatro horas. Seria preciso levar em conta também uma população marginal que, exercendo ofícios diversos no interior da

---

27. *Statistique de l'industrie à Paris, résultant de l'enquête faite para la Chambre de Commerce pour les années 1847 et 1848*, Paris, 1851.

cidade, ocupava barracos informes construídos, no final do século XIX, na "zona", ao pé das fortificações. O leque era bastante aberto, mas existiam todos os intermediários entre o casebre e a moradia mais luxuosa. Esse segundo aspecto, em estreita relação com a estrutura social da população, persistiu durante todo o período e foi além, mas, com freqüência, as moradias se desclassificavam em conseqüência da mudança na atividade de um bairro. O exemplo do bairro Marais é clássico: as reminiscências de uma vida aristocrática, com a presença de magistrados e homens de renda abastados bastante numerosos sob a Restauração, desapareceram rapidamente para serem substituídas por uma atividade dominada pelo artesanato. Porém, os bairros antigos não foram os únicos a sofrerem metamorfoses. As ruas Hauteville e Pardis, por exemplo, traçadas no fim do Antigo Regime, começaram a ser construídas rapidamente sob a influência do forte impulso da especulação imobiliária da Restauração. Eram então artérias elegantes habitadas por gente rica, mas, sob Napoleão III, elas se tornaram progressivamente ruas de grande comércio especializado; a Rue de Paradis, por exemplo, na venda de porcelanas e cristais.[28]

Para caracterizar os diversos tipos de moradia, é difícil encontrar critérios precisos, capazes de servir de referência a um estudo demográfico. Em uma centúria, do início do século XIX aos primeiros anos do século XX, as condições de vida mudaram, com os progressos da técnica, com as modificações dos hábitos, o que teve repercussões sobre o arranjo dos apartamentos. O que conservar na complexidade dos dados? A dimensão do espaço habitável? Porém nas casas recém-construídas a superfície dos apartamentos, ainda importante a nossos olhos, tende a reduzir-se. A localização, para a rua, para o pátio? Porém, a maior parte das mansões particulares não dava diretamente para a rua. A salubridade? Mas, diversos fatores interferem: a exposição com a distinção entre moradias escuras, claras ou ensolaradas, a ventilação, os elementos ligados à decoração interior. Chega-se aqui à noção de conforto, mas esta não tem o mesmo sentido conforme a importância ou a ausência de criadagem: os parisienses abastados e ricos sofriam pouco, por exemplo, com a falta de água corrente quando os serviçais, substituindo os carregadores de água, asseguravam as necessidades individuais.

---

28. *Maisons de Paris...*, op. cit., p. 98.

Parece portanto necessário distinguir três tipos principais de moradia, sendo cada uma entre elas, aliás, suscetível de apresentar variáveis internas. Os alojamentos populares ou modestos, primeiramente, podiam ser mais ou menos grandes, porém todos eles tinham cômodos de usos múltiplos. Todavia, surgiam grandes diferenças entre os extremos, desde o quarto sem fogão em que era preciso cozinhar sobre um fogareiro a carvão de madeira, quarto que às vezes não tinha janela e não recebia ar nem luz salvo através de uma bandeira, até a moradia de várias peças normalmente iluminadas e contando com chaminés. Em moradias médias, os cômodos possuíam uma destinação precisa e o mais das vezes um deles era uma sala de visitas, prevista desde a construção e decorada de acordo. Os elementos de conforto e de luxo variaram com o tempo, a água corrente na cozinha, as privadas particulares tendem a se tornar regra na segunda metade do século XIX. Todos os apartamentos comportavam um ou alguns quartos de despejo e possuíam pelo menos um quarto de empregados. Finalmente, as moradias luxuosas possuíam ao mesmo tempo as vantagens da dimensão, do luxo e do conforto. Contavam com grande número de peças e principalmente de peças destinadas à vida social e às recepções. As dependências eram espaçosas e numerosas: nos apartamentos, antecâmara, quartinhos sem janelas ou iluminados ao lado dos aposentos, escritórios, rouparia etc.; vários quartos de serviço nos andares superiores; garagens e estrebarias no pátio para o pessoal da manutenção. Conforto e luxo, enfim, caracterizavam essas moradias: muito espaço era reservado para o vestíbulo comum, para a escada principal completada por um elevador que se tornou um luxo obrigatório nos últimos decênios do século XIX, enquanto que a escada de serviço permitia eliminar os inconvenientes das entregas necessárias à vida cotidiana. O aquecimento central começou a ser instalado em algumas casas novas em 1860 e tornou-se corrente a partir de 1880; o banheiro apareceu bem mais tardiamente. Os apartamentos caracterizavam-se também por todo um luxo de decoração interior que fazia parte da arquitetura da casa.

Afora o tipo de moradia, comportando cada um desses tipos, aliás, múltiplas nuanças, é preciso levar em conta também os hábitos sociais e as condições de ocupação.

A salubridade de uma moradia não dependia somente desses arranjos interiores, mas também da utilização das possibilidades oferecidas. Sob o Segundo Império, contestou-se por vezes o interesse em multiplicar, em algumas casas, as torneiras de água encanada e as privadas devido ao mau emprego de que eram objeto em certas habitações populares. Um relatório do conselho de salubridade do bairro Sainte Geneviève, por exemplo, afirmava que bastava uma torneira de água encanada no pátio, pois, nos andares, existem riscos de entupimento dos canos e de inundação, tendo os locatários o hábito lamentável de deixar as torneiras abertas.[29] Outro exemplo: em matéria de aquecimento, distinguir os cômodos com lareira dos cômodos sem lareira não é plenamente significativo, pois, na falta de recursos suficientes, muitos representantes da pequena e mesmo da média burguesia só aqueciam um aposento. Finalmente, para apreciar a importância do ensolaramento e da ventilação das moradias, seria fácil distinguir entre os apartamentos dando para a rua e os que só tinham janelas dando para o pátio, levando-se em conta também os que tinham vista para um jardim. Mas se trata de uma simplificação por vezes demasiado abusiva. Em muitos apartamentos, que se beneficiavam aliás de um conforto certo, somente os cômodos de recepção dando para a rua eram bastante expostos e suficientemente arejados. Os pátios, sobretudo a partir de meados do século XIX, tendiam a preencher-se com construções adventícias, a tornar-se cada vez mais estreitos em detrimento dos cômodos cujas janelas não davam para a frente. Por isso, poderíamos estender a noção de bairro insalubre mesmo às zonas residenciais.

O acúmulo numa habitação por outro lado não é somente função da relação entre o número de pessoas que compõe a família oficialmente recenseada e o número de quartos ou a superfície do apartamento. Em muitas famílias pertencentes à burguesia, mesmo à pequena burguesia, os apartamentos comportavam amiúde dependências muito pouco utilizadas: a sala de visitas, por exemplo, era reservada muitas vezes às recepções, um dia por semana e, por economia, só era aquecida e habitável durante essas poucas horas. Domésticos e governantas, por outro lado, considerados como membros da família, utilizavam apenas parcialmente o alojamento. Quanto às crianças, com freqüência só utilizavam a moradia de modo intermitente; se, bem pequenas, eram entregues a uma ama-de-leite, mais velhas, colocadas em internatos ou, como é o caso freqüente em Paris, confiadas a externatos que as entregavam aos pais somente para as refeições, à noite e nos feriados. Nas famílias populares e na população lojista, finalmente, é às vezes difícil distinguir entre habitação particular e locais profissionais.

29. *Rapport du Conseil de Salubrité, quartier Sainte-Geneviève,* Paris, 1855.

Muitas mulheres de operários eram costureiras ou lavadeiras a domicílio, entulhando uma habitação exígua com os objetos necessários a seu trabalho. Os lojistas, por outro lado, passavam muitas vezes a parte mais importante de suas vidas privadas nos fundos de loja, sendo que seu alojamento, às vezes sórdido, só servia para dormir. Por isso as taxas que se pode fixar calculando o número de ocupantes por cômodo ou em relação à quantidade de ar são apenas um símbolo dentre outros e só têm significação real em um meio homogêneo.

No estado atual das pesquisas, é difícil avaliar com precisão as relações entre as condições de moradia e as variáveis demográficas, porém pode ser útil lembrar algumas observações resultantes de pesquisas ou de estudos sobre a sociedade parisiense.

Ligada à falta de conforto e de higiene ou à exigüidade dos locais, e insalubridade das moradias influía sem dúvida sobre a mortalidade, sem ser por isso o único fator e nem mesmo o elemento determinante. A insalubridade da moradia estava ligada com efeito à posição social. Segundo uma estimativa de Bertillon, Paris contava, no início do século XX, com 23.000 famílias que, compostas de três a dez pessoas, moravam em dois quartos: 14% das famílias de três pessoas, 17% dos que contavam quatro ou cinco pessoas, 33% das que contavam seis, e 40% das famílias com mais de seis pessoas só tinham um cômodo para duas pessoas ou mais e, sempre de acordo com os cálculos de Bertillon, a população pertencente a essas famílias mal alojadas e reunindo mais de seis pessoas atingia o efetivo de 142.848 indivíduos. Essas moradias superpovoadas eram quase todas ocupadas por pessoas que dispunham de parcos recursos. A pobreza era o primeiro fator de insalubridade com suas conseqüências: pardieiros, alcoolismo, tuberculose, e outras doenças da miséria.[30] Mas, a profissão exercia igualmente influência sobre a habitação. Era uma tradição, em Paris, que os lojistas estivessem, com recursos iguais ou superiores, menos bem alojados que os empregados: estes, logo que se casavam, consagravam uma parte bem maior de seu orçamento a seu apartamento, ao passo que os lojistas tinham uma escolha mais limitada devido às obrigações de sua condição, que os forçava a morar na parte de cima de sua loja em locais geralmente exíguos. Era uma necessidade, não uma escolha, pois quando se aposentavam dos negócios, se dispunham de meios, procuravam geralmente um aparatmento mais espaçoso e mais confortável,

30. *Société de Statistique de Paris. Notes sur Paris à l'occasion du cinquantenaire de la Société*, Paris, 1909.

mesmo que sua família estivesse reduzida após a criação dos filhos.[31] Nos meios modestos, a dimensão da família era muitas vezes uma causa suplementar de dificuldade. Repetidas vezes denunciou-se no Parlamento e no Conselho Municipal as condições deploráveis em que moravam as famílias populares carregadas de filhos: no início do século XX, as portas se fechavam diante de pais de família numerosa, sendo que os zeladores e proprietários preferiam os solteiros ou os casais sem filhos. Uma pesquisa, feita em 1912, concluiu que muito freqüentemente esses operários eram obrigados a morar, com sua mulher e seus filhos, em pensões ou hotéis de má fama, com todas as conseqüências que isso acarretava para a saúde e a moralidade dos filhos.[32]

É talvez mais aleatório ainda tentar avaliar o grau de promiscuidade que caracterizava as habitações dos parisienses. Sem dúvida, em casos extremos, para os alojamentos sórdidos e superpovoados bem como para as moradias luxuosas, não há nenhuma ambigüidade. Porém, como apreciar realmente os casos intermediários? Mesmo em moradias bastante grandes e em meios relativamente abastados, era uma necessidade, quando não havia empregado que dormisse no emprego, nem luz, nem aquecimento nos quartos, manter durante muito tempo as camas dos filhos no quarto dos pais para garantir a vigilância. Durante o dia, a questão do aquecimento ou antes a necessidade, por economia, de limitar as fontes de calor ainda era determinante. Em muitas famílias era obrigatório viver em comum no único cômodo aquecido no inverno, a sala de jantar na maioria das vezes. Os hábitos hibernais prolongavam-se na estação mais amena, pois os quartos quase só serviam para dormir: somente nos meios ricos é que o mobiliário comportava poltronas, uma mesa ou uma escrivaninha que permitia trabalhar, ler e escrever, na verdade até de receber íntimos. Trata-se não mais de promiscuidade, mas da mistura forçada de indivíduos de uma mesma família cujas idades e ocupações nem sempre se harmonizavam. Muitos estudos assinalaram que no século XIX e no século XX também a ascensão social era particularmente excepcional e difícil nos meios populares urbanos. As condições de habitação e as dificuldades por que passavam as crianças e os jovens que teriam necessidade de se isolar

---

31. *Bourgeoisie parisienne* ..., op. cit., pp. 130 e ss.
32. *Une enquête sur le logement ouvrier* ..., op. cit.

para estudar são provavelmente um fator não desprezível desta situação.

*
* *

No século XIX, até 1914, uma grande parte da população parisiense tinha uma vida dura. O conforto, mesmo elementar, permaneceu por muito tempo excepcional e, durante muito tempo somente os meios ricos podiam beneficiar-se dele, seja graças ao arranjo dos apartamentos luxuosos nas casas construídas no último terço do século XIX, seja porque o serviço doméstico atenuava as insuficiências da técnica.

A segregação social por casa, por rua, por bairro, tinha conseqüências importantes sobre os contatos sociais e, conseqüentemente, sobre a formação da população. As conseqüências das condições de moradia sobre os movimentos naturais da população são mais difíceis de determinar. Os dados estatísticos de conjunto, mesmo apurados até um suporte geográfico muito estreito, quase não permitem adiantar mais do que constatações doravante banais como a afirmação da desigualdade social diante da morte: a moradia, no caso, parecia menos determinante que a miséria ou a profissão. Para ir mais longe, seria necessário multiplicar análises monográficas que se empenham em reconstituir a evolução da condição social tanto quanto o destino propriamente demográfico dos indivíduos e das famílias: isso pode e deve ser, para o futuro, um dos pontos de encontro entre historiadores e demógrafos.

8. AS BASES DA SOCIEDADE BURGUESA NA FRANÇA NO SÉCULO XIX*

Ao ponto a que chegaram as pesquisas sobre a sociedade francesa, parece-me que duas orientações se oferecem daqui para a frente aos historiadores nesse campo: ou reconstituir os aspectos mais diversos de um grupo social valendo-se de todas as hipóteses de trabalho sugeridas tanto pelos testemunhos contemporâneos quanto pelas pesquisas das ciências sociais ou econômicas atuais; ou então partir de trabalhos já publicados e procurar destacar as bases sobre as quais repousam a organização social e as relações sociais na sociedade estudada. É este estudo das bases da sociedade burguesa na França na primeira metade do século XIX que gostaria de tentar esboçar ligeira-

---

* Extraído de "Ordres et classes, colloque d'Histoire Sociale, Saint-Cloud, 24-25 de maio de 1967", Paris, Mouton, 1973.

mente neste trabalho — com a nuança de que, no entanto, me aterei essencialmente a um aspecto da questão: a análise das bases psicológicas e mentais.

O tema de nosso debate impunha-me quase o plano a seguir: analisarei primeiramente as sobrevivências do passado e a persistência da noção de classe em certos domínios, mostrando, depois, os aspectos modernos de um meio social mais orientado para o futuro do que ligado ao passado.

1.

Em certos aspectos, os usos e as tradições permitem vincular a sociedade burguesa do século XIX à sociedade francesa do Antigo Regime. Pode-se notar primeiramente a sobrevivência de práticas que eram gerais na França antes da Revolução. Citarei em primeiro lugar a regulamentação de certas profissões comerciais que, no início do século XIX, subsiste esporadicamente apesar do princípio de liberdade de empresa: por exemplo, em Paris, o número de açougueiros era limitado, o número de padeiros *idem*. Porém, isso permanece uma exceção e a melhor prova é o fracasso, em 1817, de um movimento favorável à restauração das corporações. Todavia, até o final do reinado de Luís Filipe, a preocupação de organizar a vida econômica, ao mesmo tempo para limitar os efeitos da concorrência e na esperança de garantir a ordem social e política, não cessa de obsecar os espíritos: "A indústria", escreve por exemplo o *Journal des Débats*, em 1839, "deve ter as suas instituições, seus quadros orgânicos, não temos a pretensão de dizer quais; a ordem tem esse preço".[1]

É infinitamente mais importante evocar as modalidades da transmissão dos cargos de oficial ministerial. Depois de ter encarado uma liberdade total, após diversos sistemas mais ou menos restritivos, a lei de 1816 autorizou os oficiais ministeriais ou seus herdeiros a apresentar o seu sucessor à aprovação do rei mediante pagamento. A lei, neste ponto, nada mais fazia senão ratificar o costume, porém os contemporâneos, neste início da Restauração, apresentaram a adoção como uma ressurreição da venalidade dos cargos. Uma campanha violenta desencadeou-se a este respeito; foi retomada após a Revolução de 1830, mas não deu certo.

---

1. 18 de abril de 1839.

Uma outra prática, de muito maior alcance, marca de modo mais nítido ainda as sobrevivências dos usos do Antigo Regime: a hereditariedade e a venalidade de determinadas funções na alta administração subsistiam ainda. O nepotismo parecia normal em certos meios. Sob a Restauração, principalmente, estabeleceu-se uma verdadeira transmissão dos cargos públicos de pai para filho ou para genro. Assim é, por exemplo, que quando da aplicação da lei de 1816 sobre a acumulação de funções, pode-se citar (o que fez a imprensa) alguns altos funcionários que casaram sua filha oferecendo a seu futuro genro um dos postos que deviam abandonar em razão da lei. Tais usos permaneceram constantes na magistratura, até 1848: era perfeitamente admitido que o pai se demitisse condicionalmente em favor de seu filho. Houve até casos extremos, como o da família Portalis que afirmava que o nascimento em uma família de magistrados ilustres constituía um direito somente dela. Assim, por exemplo, o Conde Portalis solicitou para seu filho um lugar de conselheiro da corte real de Paris nestes termos: "Se outros possuem mais títulos que ele, a eqüidade quer talvez que meus serviços lhes sejam contados e peço positivamente que eles lhe sejam imputados". Mais tarde, o filho de Portalis teve uma promoção surpreendentemente rápida que causou escândalo.

Quanto à venalidade dos cargos, ela não havia desaparecido totalmente de fato, senão de direito: as demissões mediante pagamento eram freqüentes na magistratura e também em determinadas funções financeiras. Poderíamos citar inúmeros exemplos. Lembremos apenas o escândalo que eclodiu no início de 1848 quando, após a apresentação de um projeto de lei para a proibição desse procedimento, houve um protesto geral contra Guizot. Rémusat tratou longamente do assunto em suas *Memórias*; ele lembra que questões desse tipo dependem evidentemente em certa medida dos comprometimentos inevitáveis ligados às condições da vida política, mas assinala igualmente que elas são aceitas, mesmo por pessoas muito honestas, com tanto maior boa vontade quanto esses processos parecem normais a homens formados ainda pelas tradições do Antigo Regime.[2]

Ao lado desses fatos precisos, mas limitados, alguns aspectos da mentalidade coletiva da burguesia francesa só podem ser explicados pela importância das práticas hauridas no passado. Tocqueville chamou a atenção para esse fato escre-

2. T. IV, pp. 177 e ss.

vendo para caracterizar a sociedade européia (mas a sua descrição aplicar-se-ia muito bem à França): "O traço da posição social não foi inteiramente apagado... a riqueza e o nascimento conservam privilégios incertos que são tão difíceis de ignorar quanto de definir".

Em primeiro lugar é preciso lembrar, e aqui vou de encontro com a afirmação de A.-J. Tudesq, o prestígio que despertava a nobreza no meio da burguesia. Esse prestígio permanece real e importante, como prova principalmente, não só a aceitação dos títulos concedidos por Napoleão I, mas também o fato de que muitos burgueses ricos acrescentavam um nome de propriedade rural a seu patronímico. Esse prestígio todavia permanece limitado, pelo menos nas grandes cidades e especialmente em Paris. O símbolo mais probatório é o casamento. Sem dúvida, as filhas dos grandes burgueses ricos casavam-se com fidalgos, ao passo que o contrário era raro, mas, com pouquíssimas exceções, pelo menos de acordo com o que pude examinar, esses casamentos só se concluíam a nível de fortuna comparável; não mais se trata, especialmente após 1830, do fato de que os dotes das filhas da grande burguesia de Paris servem para fertilizar as terras de nobres sem dinheiro.

De interpretação mais delicada é a atração dos bens imobiliários sobre os burgueses ricos, como aliás sobre todos os representantes da classe média e suas conseqüências. Sublinhou-se amiúde a importância das aplicações imobiliárias rurais nas fortunas burguesas, o que se explica em parte por razões políticas no tempo da Monarquia Censitária e, também, em determinadas épocas, ao menos, pela rentabilidade dos imóveis. Mas, além disso, proprietários de bens rurais, os burgueses eram levados às vezes a adotar um comportamento que ligava a vida de alguns deles às velhas tradições senhoriais. Mencionarei apenas como lembrança uma anedota, a reação ingênua de Scribe* que, em sua correspondência, explica que após ter comprado uma grande propriedade nos arredores de Paris em Seine-et-Marne, estava feliz por levar com sua mulher "a vida de senhor e dama castelães, mantendo mesa e casa abertas". É um pouco pueril. É mais importante observar que as cláusulas dos contratos de arrendamento ou de meagem agrícola estabelecem, em determinados casos e em determinadas regiões, relações particulares entre proprietários burgueses de um lado e meeiros agrícolas ou arrendatários de outro. A obrigação de fornecer

---

* Eugène Scribe (1791-1861). Dramaturgo francês popularíssimo no século XIX.

pequenas prestações em gêneros alimentícios ao ritmo das estações (cesto de ovos, de frutas, casais de aves etc.), independentemente do montante dos aluguéis ou dos frutos da exploração que cabiam ao dono em caso de meagem agrícola, e até a obrigação de levar ao domicílio do proprietário forragem, palha ou lenha em datas fixas, verdadeiras corvéias, eram raras em Paris. Porém, em certas regiões, como o Maciço Central* por exemplo, tais usos eram ainda correntes no início do século XX: quando sua residência era próxima a suas terras, os proprietários de terras, tanto burgueses quanto nobres, eram verdadeiros "senhores" para os camponeses que exploravam as suas terras e, no plano moral como no plano material, verdadeiras relações de dependência se estabeleciam.

Portanto, encontramos na sociedade burguesa do século XIX sobrevivências nítidas do passado, mas elas são limitadas a certos meios e mais acentuadas em determinadas regiões.

2.

No entanto, a sociedade burguesa da primeira metade do século XIX, se aclara sobremaneira se destacarmos os aspectos modernos de um comportamento coletivo que implica noções diferentes do espírito do Antigo Regime.

Como pelo passado, a organização social está baseada na crença da existência de uma hierarquia social, mas uma hierarquia alicerçada em novas bases. Em princípio, a sociedade burguesa afirma a igualdade dos homens, afirmação particularmente freqüente após a vitória da burguesia em 1830. Referimo-nos essencialmente à obra civil da Revolução Francesa que, segundo uma fórmula que resume muito bem o pensamento dos homens do tempo, a fórmula de Mignet em um relatório à Academia de Ciências Morais em 1844, "tornou iguais perante a lei os homens que o cristianismo tornara iguais perante Deus". De fato, o princípio está longe de ser perfeitamente aplicado. A desigualdade dos cidadãos no plano político é bem conhecida, e Michel Chevalier vê nisso até um dos símbolos da sociedade burguesa quando afirma, em suas *Lettres sur l'Amérique du Nord*, que o sufrágio universal é a condenação da supremacia da burguesia. É preciso lembrar também a inferioridade da posição legal dos operários com relação aos patrões (artigo 1.781 do Código Civil, projeto de lei apresentado em 1847 para tornar obrigatória a

---

* Maciço Central: região agrícola montanhosa no centro da França.

159

carteira de trabalho, o que será retomado depois, e o problema das coalizões). Essa contradição aparente explica-se pela convicção, solidamente ancorada nos meios burgueses, de que existe uma diferença de grau entre os cidadãos de uma mesma nação. Somente uma minoria é capaz de exercer plenamente a sua qualidade de cidadão, sendo a maior parte da população assimilada à situação de menores parcialmente incapazes. Isso se justifica pela convicção de que só as classes esclarecidas, as que, na prática ou em princípio, têm tempo de lazer para refletir, estão aptas a exercer responsabilidades no Estado.

Mas é difícil depreender os critérios suscetíveis de caracterizar essa superioridade social. A análise das estruturas e das relações sociais comparada aos testemunhos dos contemporâneos e das condições legais permite concluir que, nesta época, diferentes elementos interferiam: fortuna e rendimentos, profissão e qualidade, cultura e gênero de vida, famílias e relações sociais. Porém, a importância desses diversos fatores era sem cessar objeto de contestação. Tomemos somente um exemplo, o da vida política. No final da Monarquia de Julho, colocou-se a questão da ampliação do direito de sufrágio, que assumiu uma importância particular em Paris: sentia-se a necessidade de integrar à nação responsável e adulta não somente os "capacitados", mas também os pequenos censitários que já exerciam um esboço de responsabilidade política nos quadros da guarda nacional; um outro fator que não a riqueza, que não a capacidade intelectual entrava portanto em linha de conta. Do mesmo modo, embora o prestígio dos notáveis fosse muito importante (basta lembrar o testemunho de Rémusat e sua angústia quando, em fevereiro de 1848, teve medo de ver a sua posição e a dos filhos posta em questão), em certos lugares — por exemplo, na Bacia Parisiense — os eleitores recusaram-se inúmeras vezes a votar em favor de representantes de famílias antigas, como os Broglie, os Barante.

Sem dúvida, seria necessário introduzir nuanças para levar em consideração as diferenças segundo regiões e épocas, mas permanece esse fato essencial: a burguesia, em todos os níveis, tinha consciência da necessidade e da existência de uma hierarquia social. Se divergências inúmeras vinham à luz na interpretação desta hierarquia, cujas bases pareciam muito complexas, isso se explica pelo individualismo dos contemporâneos, que é um dos fundamentos essenciais da mentalidade burguesa da época. O papel da família permanece considerável, mas sob uma nova forma que traduz precisamente um aspecto deste individualismo. Mantém-se a hereditariedade — pois a burguesia recusa as fortunas vitalícias que limitam as empresas — mas com duas ressalvas que dão à herança um lugar muito diferente daquele que ocupava sob o Antigo Regime: a partilha igual das heranças entre os filhos tornou-se um costume a tal ponto geral, ela aparece como uma prática a tal ponto necessária que até a nobreza é contaminada, para empregar uma palavra que traduz o pensamento dos nobres da Restauração; por outro lado, se o dote é de uso corrente, para os rapazes tanto quanto para as moças, a fortuna dos pais só caberá aos filhos o mais tarde possível. Os burgueses, pelo menos em Paris e em outras grandes cidades, preferem deixar a quase totalidade de seus bens à mulher ou ao marido, seja sob forma de usufruto, sem detrimento dos descendentes diretos ou dos colaterais. Aí está um ponto essencial que, a meu ver, exprime uma nova concepção da família: os laços afetivos e as relações individuais substituem a defesa da linhagem que caracterizava o pensamento do Antigo Regime.

A desconfiança com respeito a superioridades sociais provindas do nascimento é um segundo aspecto desse individualismo. Ela se manifestou, por exemplo, na rejeição da hereditariedade do pariato; um estado de espírito análogo já se exprimira no início da Restauração pela fórmula de um orador que, quando de uma discussão na Câmara, comparara os nobres do Império aos descendentes da velha aristocracia e os definira como sendo "os iguais de seus antepassados". Isso talvez inspirou Balzac que, apesar do seu esnobismo escrevia em dois de seus romances: "Em nossos dias, não há mais nobreza, não há mais que uma aristocracia".

O individualismo explica também a importância concedida ao trabalho em toda a porção mais ativa, mais avançada da alta burguesia. Em Paris, principalmente, os burgueses da época da Monarquia de Julho, em especial nas camadas superiores, desprezavam a ociosidade adquirida por direito hereditário e permaneciam à testa de seus negócios o mais tempo possível, incitados pela preocupação de estender ao máximo os seus empreendimentos. Porém, se trata aí de um trabalho sancionado pelo sucesso, um trabalho que permite um êxito e uma ascensão social contínuos.

Um ponto crucial é o lugar reservado à noção de mobilidade social, uma das bases da mentalidade burguesa desta época. A mobilidade social era apresentada como um dos traços característicos e ao mesmo tempo, como uma das justificativas da sociedade burguesa, o que era parcialmente verdadeiro desde que se faça a grave ressalva de que a condição reservada às classes populares permitiu tão-somente a uma ínfima porção destas beneficiar-se da referida mobilidade. Por certo, o desejo e mesmo a possibilidade de determinadas ascensões sociais existiu, na França, em todos os tempos, mas no século XIX houve algo de novo. Doravante, a ascensão social não mais implica para a burguesia um repúdio a seus usos e regras de vida, mas é a consagração das ambições que lhes são próprias em um nível superior. Implica, portanto, o abandono da crença de caráter quase mágico das superioridades alicerçadas na hereditariedade e é por esta via que se trata de uma manifestação do individualismo burguês.

O gosto pela ação e pelas responsabilidades se me afigura, enfim, como um terceiro fundamento da sociedade burguesa. Numerosos contemporâneos afligiram-se com a estreiteza das concepções da burguesia, seu egoísmo, todo orientado para a satisfação de interesses privados; é nomeadamente um dos temas que encontramos com freqüência na pena de Tocqueville ou, mais tarde, de Prévôt-Paradol. De fato, uma análise mais aprofundada me conduziu a rever essa afirmação. Cumpre sublinhar em primeiro lugar o desejo constante que teve a burguesia de controlar a ação governamental, traço permanente do espírito burguês. Sem dúvida, inúmeras divergências podem ser levantadas até 1848 a respeito do fundamento do direito de sufrágio e de sua extensão; porém, salvo exceções individuais, os burgueses eram unânimes em eliminar o sufrágio universal como contrário à razão, e em exigir garantias de competência, o que, de fato, significava afastar os que não estavam integrados na sociedade burguesa. É necessário lembrar, em seguida, a participação da burguesia nos negócios locais, nos conselhos municipais, nos conselhos gerais, na guarda nacional e nas associações filantrópicas ou até nos agrupamentos religiosos, com a diferença de que uma participação ativa caracterizava sobretudo as camadas médias da "boa burguesia", as notabilidades locais. A alta burguesia tendia a se desviar disso, a menos que visse aí um trampolim para uma carreira política.

O gosto pela ação e pelas responsabilidades traduz-se, com efeito, ao nível das elites, no desejo de tomar em mãos a orientação dos negócios do país. O lugar dos grandes capitalistas na vida política foi amiúde salientado. Sem dúvida, isso favoreceu os interesses, mas também traduz a sua adesão profunda ao sistema do liberalismo que, só ele, lhes parecia racional e que devia, a seu ver, impor-se progressivamente ao mundo civilizado. Pelo menos é isso o que decorre da análise das reações da burguesia quando da crise de 1840.[3] Em todos os graus, os burgueses

3. Cf. A. DAUMARD, *La bourgeoisie parisienne de 1815 à 1848*, Paris, 1963, p. 640.

desta época, aqueles que pelo menos constituíam a elite desta sociedade, agiam com a convicção de que sozinhos eram capazes de dirigir os negócios do país e orientar o futuro dos franceses. Um imperialismo mais ou menos consciente os caracterizava, baseado na crença da superioridade de sua razão e de suas concepções.

Em conclusão, diremos que apesar das sobrevivências do passado, a sociedade burguesa do século XIX não é certamente uma sociedade de ordens fundada em uma classificação jurídica dos indivíduos. É uma sociedade de classe? A fórmula pode ser adiantada se entendermos por isso que exista uma hierarquia que tendia cada vez mais a ser coroada por uma aristocracia burguesa. Ela exprime mal, pelo contrário, a realidade se seu emprego implica que essa hierarquia se caracterizava e se explicava essencialmente por critérios de ordem econômica. Todavia, mesmo se falarmos de sociedades de classes no sentido amplo, como faziam os contemporâneos, seria insuficiente empregar esta fórmula para caracterizar a sociedade burguesa. A hierarquia social não era uma simples superposição; ela se complicava, no próprio seio dos meios burgueses, pela existência de hierarquias paralelas, operavam-se superposições em todos os níveis. Por isso, sou tentada por nova fórmula que poderia talvez servir de orientação de pesquisa a trabalhos ulteriores: a sociedade burguesa provavelmente era na França do século XIX uma sociedade de elites, elites estas que, em todos os níveis, tanto nos mais baixos quanto nos mais elevados, desempenhavam um papel determinante na vida social.

9. A EVOLUÇÃO DAS ESTRUTURAS SOCIAIS NA FRANÇA NA ÉPOCA DA INDUSTRIALIZAÇÃO (1815-1914)

Apesar dos traços permanentes que são mais do que sobrevivências, a sociedade francesa de 1914 não é a de 1815. Na mesma época, a economia francesa conhecia uma profunda transformação. Ainda aí, a mutação não é nem brutal nem total; porém, um papel motor é representado pelo desenvolvimento das indústrias, acompanhado por um progresso econômico real e uma renovação comercial e financeira. A comparação entre essas duas evoluções impõe-se tanto mais que os contemporâneos atribuíam à industrialização e suas seqüelas a origem de modificações que provocaram uma reviravolta das estruturas e das relações sociais, responsável por uma inquietação geradora de crise, e mesmo de tendências revolucionárias.[1]

1. Este estudo é o texto de uma comunicação apresentada no Colóquio Internacional do CNRS, celebrado em Lyon, em outubro de

Não se tratará, nesta breve comunicação, de estudar todos os aspectos da evolução das estruturas sociais na França no século XIX, nem mesmo de evocar todos os problemas que ela coloca. Esclareçamos, em primeiro lugar, que nos limitaremos ao estudo das sociedades urbanas, mais precisamente a dos grandes centros, cuja evolução é atualmente melhor conhecida e tanto mais significativa devido à massa e à diversidade de sua população e de sua integração mais ou menos acentuada na economia moderna. Nesses limites, o problema pode ser circunscrito abordando-se a questão sob três ângulos. Constata-se, durante o século XIX, uma agravação ou uma melhoria da condição material dos franceses? É o problema do pauperismo e da pauperização tão freqüentemente ligado ao desenvolvimento da industrialização. Depois, tema corolário do precedente, será preciso examinar a evolução das diferenças sociais durante o período, sem desprezar o teor e a importância das classes intermediárias. O terceiro ponto, enfim, resume e sintetiza os dois outros: os franceses dos diversos meios, entre as massas e entre as elites, aceitavam os fundamentos da civilização francesa do século XIX, mesmo se alguns dentre eles exigiam reformas, às vezes violentamente, até através de uma ação revolucionária? Em uma palavra, a transformação das estruturas econômicas e suas incidências sociais resultaram elas na constituição de uma sociedade cuja massa era formada por desarraigados sem vínculos ou, apesar dos choques inevitáveis e normais nos regimes liberais que a França sonheceu no século XIX, em breves intervalos, subsistia um equilíbrio, herança das estruturas institucionais e mentais provindas do período revolucionário e imperial? Pergunta difícil, insuficientemente conhecida, mas fundamental, que está no pano de fundo dos temas que iremos abordar: influência da industrialização sobre a evolução das posições individuais, incidência sobre as fortunas e os bens, evolução do conteúdo e da condição das diversas categorias sociais.

1. *A Industrialização, Fator de Dinamismo Social*

A criação de novas empresas, o aumento do número e da variedade dos empregos oferecidos aos trabalhadores manuais e intelectuais, a multiplicação das possibilidades de aplicação propostas aos poupadores e aos capitalistas são elementos de dinamismo social. Porém, se a industrialização desempenhou, neste aspecto, um papel motor, foi, em ligação com seus coro-

---

1970 sobre o tema: *L'industrialisation en Europe au XIXe siècle. Cartographie et typologie.*

lários, um progresso econômico do qual o desenvolvimento da grande indústria foi apenas um aspecto, as formas modernas tomadas pelo capitalismo financeiro e comercial cujas repercussões foram sentidas muito rapidamente nos meios sociais mais diversos.

O desenvolvimento dos grandes negócios acarretou a criação das grandes empresas industriais ou comerciais caracterizadas pela importância de seu capital e pelo número elevado de seus empregados ou operários. Quaisquer que fossem sua dimensão e sua estrutura financeira essas empresas eram quase sempre, até 1914, dominadas e dirigidas por uma personalidade de primeiro plano, verdadeiro chefe, senhor das decisões, responsável pela gestão e realmente proprietário do negócio, ele ou sua família, seja diretamente, seja através de uma participação largamente majoritária no capital social. Esse progresso, todavia, era acompanhado pela manutenção e até pelo desenvolvimento das pequenas empresas. Do fim da Restauração até os anos que precederam a Primeira Guerra Mundial, o número de patrões quase dobrou,[2] para uma população que cresceu só um pouco mais do quinto de seu efetivo entre 1831 e 1911. Porém, o papel econômico das pequenas empresas diminuiu: o montante dos direitos do imposto a indústrias e profissões pagos pelo comércio comum (comércio a varejo e artesanato) quase dobrou de 1845 a 1906-1910; na mesma época, o montante dos direitos multiplicara-se por quatro para a indústria, por oito para o grande comércio e os bancos.[3] Essa progressão acarretava uma concorrência, provocando dificuldades para os artesãos e os pequenos comerciantes.

2. O número de cotas de alvarás de indústria e profissões era cerca de 1.150.000 no final da Restauração (média dos anos 1827-1830: 1.148.000), era da ordem de 1.400.000 no final da Monarquia de Julho (1.511.000, em 1844, depois 1.353.000 em 1845 e 1846, após a aplicação da lei de 25 de abril de 1844, e 1.444.000 em 1847) para atingir cerca de 1.750.000 no final do Segundo Império (média dos anos 1866-1869: 1.753.500), mais de dois milhões entre 1890 e 1900 (2.006.000 em 1890, 2.138.000 em 1900, com um crescimento contínuo entre as duas datas) e ultrapassou 2.300.000 às vésperas da Primeira Guerra Mundial (média dos anos 1910-1913: 3.359.750). Cf. *Annuaire statistique de la France, Résumé rétrospectif*, 1951, p. 317.

3. O montante dos direitos pagos pelo comércio comum (comércio varejista e artesanato inscritos no Quadro A) passa de quase 26 milhões em 1845, para 45 milhões e meio em 1869-1871, depois para cerca de 55 milhões por volta de 1900, para baixar para 50, 52 milhões entre 1906 e 1910. Na mesma época, o montante dos direitos pagos pela indústria (Quadro C) eleva-se de menos de 7 milhões em 1845 para um valor compreendido entre 23 e 25 milhões em fim de período, com um crescimento contínua entre as duas épocas. Os alvarás do grande comércio e

As transformações econômicas tiveram importantes repercussões sociais. Em um primeiro período, ao lado dos representantes de antigas famílias há muito implantadas no setor industrial, como os Wendel, por exemplo, os recém-chegados foram inúmeros, alguns se colocando em todos os primeiros planos da atividade nacional, tal como um certo Cail, antigo operário, ou os Schneider, antigos funcionários de banco.[4] Esses dois exemplos, escolhidos entre muitos outros, salientam que era possível uma dupla promoção, mesmo a nível dos maiores negócios e no setor de metalurgia que, no Antigo Regime, era mais nobre do que as outras atividades econômicas: a dos trabalhadores manuais sem capital, a dos jovens burgueses instruídos e sem fortuna.

Por outro lado, esses êxitos individuais aos quais correspondem promoções semalhantes em outros ramos da indústria, do banco ou do comércio, são importantes, pois não se limitam a casos isolados.

Se há muito existiam verdadeiras dinastias entre certos industriais do ramo têxtil, em Mulhouse, por exemplo,[5] em outros lugares o surto da produção acarretou importantes mutações sociais. Na região de Rouen, a atividade dos "fabricantes" e a tecedura a domicílio praticada por artesãos ainda semi-rurais exigiam somente um capital bem pequeno no início do desenvolvimento da indústria algodoeira, começada antes de 1789. A transferência do campo para a cidade, do artesanato à fábrica foi o maior meio de ascensão social: a metade da burguesia de Rouen saiu daí. Em uma segunda etapa, os que foram bem-

---

de bancos (Quadro B) conhcem também uma progressão quase regular: da ordem de 2 milhões, em 1845, o seu montante compreende 15 a 17 milhões de 1907 a 1910 (*ibid.*).

4. A história de Jean-François Cail, antigo companheiro da Corporação dos Construtores, simboliza a ascensão de um operário, excepcionalmente dotado, é verdade, de gênio inventivo e prático ao mesmo tempo, que soube impor-se a seu patrão e transformar em alguns anos uma pequena oficina que fabricava aparelhos de destilação para a indústria açucareira em um grande negócio de construção mecânica, cujo progresso foi interrompido a partir de 1844, data em que a casa matriz de Paris introduziu seu primeiro lote de oito locomotivas. Os Schneider, por sua vez, são adventícios de origem burguesa, simples funcionários de banco, sem nome e sem fortuna, mas que além de inteligentes e capazes, tiveram a oportunidade de serem notados pelos Seillière, o que lhes permitiu colocar-se na direção das forjas de Creusot às quais souberam dar vida nova.

5. RAYMOND OBERLÉ, "L'évolution des fortunes à Mulhouse et le financement de l'industrialisation au XVIIIe siècle", *Comité des Travaux historiques et scientifiques, Bulletin de la Section d'Histoire moderne et contemporaine*, fasc. 8, 1971, pp. 83-173.

sucedidos e puderam acumular algum capital, transformaram-se em pequenos industriais utilizando o motor hidráulico. A grande época situa-se no tempo da Restauração, prolongando-se até, aproximadamente, meados do século.[6]

Grande cidade artesanal, Paris, com sua periferia, foi também no século XIX um centro motor do desenvolvimento industrial da França, em razão de seu papel financeiro e comercial, e também devido à invenção ou exploração de numerosas técnicas novas ao nível dos produtos mais elaborados. Por isso, é particularmente útil estudar os antecedentes do patronato parisiense, lojistas e artesãos, banqueiros, negociantes, industriais pertencentes à burguesia parisiense, mas cujas empresas, para alguns, tinham uma extensão nacional. Muitos lojistas eram de origem popular, migrantes rurais muitas vezes, e a maioria não havia recebido nenhuma herança de seus pais ou de sua família. A proporção, que atinge quase a metade da pequena e da média empresa considerada globalmente, elevava-se a 60% para as que se baseavam em trabalho artesanal. Os fatores de êxito eram complexos, mas o trabalho, o perfeito conhecimento de um mister ou de uma técnica, o casamento, enfim, que implicava a contribuição, através da esposa, de capitais, de relações ou de competência, figuravam entre os mais freqüentes. Nas grandes empresas, já de caráter industrial, a proporção dos adventícios era menor, mas não desprezível: cerca de 10% dos patrões provinham de meios populares, diaristas, pequenos cultivadores, artesãos rurais sem fortuna; quase 20% haviam aberto o seu estabelecimento sem possuir nenhuma fortuna própria, outros haviam recebido apenas heranças ínfimas comparadas com o montante atingido por sua fortuna final. Uns eram antigos operários, artesãos altamente qualificados, que, após ter conseguido abrir seu próprio negócio, emprestando de terceiros o capital necessário, haviam dado uma extensão considerável a seus negócios graças às relações que o acaso lhes proporcionara, mas também, muitas vezes, sabendo explorar processos novos, inventados por sua dedicação ou adotados com entusiasmo e fé no futuro.[7] Um exemplo típico, nesse aspecto, é a transformação de uma oficina de bijuteria primeiramente em uma pequena fábrica familial, mas gozando de uma certa notoriedade na praça de Paris, depois, após a compra das patentes de

6. Informações gentilmente fornecidas pelo Sr. Chaline, autor de uma tese sobre a burguesia de Rouen no século XIX.

7. Sobre a importância, as características e os fatores de ascensão social em Paris, cf. A. DAUMARD, *La bourgeoisie parisienne de 1815 à 1848*, 2ª parte, Caps. II e III, *passim*.

Ruolz e de Elkington, em 1845, numa casa especializada em prateação e douração de peças de ourivesaria e de bijuteria, constituída sob forma de sociedade por ações largamente difundidas entre o público, desde 1849.[8] Entretanto, a maioria dos adventícios chegados às primeiras fileiras dos grandes negócios pertenciam à média burguesia sem dinheiro, filhos de famílias modestas ou bem postas, todos sem fortuna, mas ricos de valor e de confiança que encontram um exutório, no século XIX, graças ao progresso econômico.

Sem dúvida, os malogros eram numerosos ao lado dos êxitos. Muitas carreiras aventurosas, temporariamente felizes, terminavam em liquidações e falências que mostram o caráter precário de muitas ascensões sociais. Mesmo os que dispunham de capitais importantes e de reservas sólidas não estavam a salvo de todo perigo: um estudo minucioso das falências declaradas durante os anos que cercam a crise de 1830, em Paris, mostra que muitas grandes casas desmoronaram então, inclusive entre as que gozavam da reputação de serem as mais bem assentadas e as mais sólidas.[9] Por outro lado, se a renovação do meio patronal, em todos os níveis, através da ascensão de homens de condição inferior, aparecia com evidência, inversamente, a importância da capilaridade social é modesta se examinarmos não o meio de chegada, a burguesia de empresa, mas o meio de partida e, em primeiro lugar, as classes populares.

Com o desenvolvimento do grande capitalismo industrial e financeiro, encetado somente antes de 1848, ocorreu uma evolução. Numerosas possibilidades de ascensão social para os representantes dos meios populares sempre nas pequenas empresas tradicionais existiam primeiro, favorecidas pelo desenvolvimento das cidades[10] e mesmo com o surto das grandes indústrias que utilizando modestos subcontratantes,[11] depois nos ramos novos, como por exemplo o automobilístico, no início do século XX, onde a tecnicidade do prático e do operário sem formação teórica tinha uma parte por vezes decisiva. Mas, doravante, esses êxitos eram ou bastante modestos ou demasiado excepcionais para terem uma incidência sobre as estruturas da sociedade. O fato novo é que as posições adquiridas tomavam cada vez mais importância: após 1860, por exemplo, na burguesia

8. *Idem*, pp. 471-474.

9. *Idem*, pp. 434-435.

10. LOUIS CHEVALIER, *La formation de la population parisienne au XIXe siècle*, pp. 225 e ss.

11. Caso, por exemplo, dos artesãos de Belleville.

têxtil de Rouen, somente sobreviviam os grandes industriais, pouco numerosos e formando um meio fechado onde a ascensão social era apenas uma lembrança.[12] Em Paris, do mesmo modo, os efeitos da crise que cercou a Revolução de 1848 contrastam brutalmente com os que são contemporâneos à crise de 1830: se os sofrimentos eram grandes em todos os ramos da indústria e do comércio, quase todas as casas de primeiro plano resistiram e as falências só atingiram as pequenas empresas ou aquelas cujo capital social e capital de giro baseavam-se em um enorme déficit a descoberto.[13] Mais tarde, o estudo das heranças deixadas pelos industriais e negociantes ricos, falecidos em Paris em 1910 e 1911, mostra que aqueles que não possuíam nenhuma fortuna de origem familial eram mais raros que em 1847.[14] Desde meados do século XIX, uma aristocracia de negócios tendia a se constituir; aristocracia essa que, com algumas exceções, se recrutava pelo nascimento e se fechava cada vez mais. A industrialização acarretara de fato uma ampliação do meio patronal e provocara parcialmente a sua renovação, mas com a diferença de que quanto mais o século avançava, mais as posições adquiridas tendiam a se eternizar especialmente no alto patronato.

*
* *

Em relação à população total, era reduzido o número dos que podiam realizar o sonho de instalar-se por conta própria ou, em um nível superior, de dirigir uma grande empresa. Porém o desenvolvimento da industrialização e do capitalismo teve igualmente repercussões diretas no nível de emprego e na condição dos assalariados. Apesar da preponderância da população rural até 1911 e além,[15] é preciso assinalar o crescimento da população urbana durante o século e principalmente o aumento do número de assalariados nos novos setores de atividade: enquanto que, de 1876 a 1911, o número de domésticos, inclusive rurais, diminuiu, o total de operários aumentou ligeiramente, 17%, e o de empregados aumentou muito, 142%[16] o

12. Conforme as informações cedidas pelo Sr. Chaline.

13. A. DAUMARD, *op. cit.*, p. 439.

14. Os documentos empregados não permitem reconstituir as origens familiais.

15. A proporção da população rural, que era de 75,6% do total da população, em 1846, ainda era preponderante no início do século XX: 55,8% em 1911, 53,6% em 1921.

16. Os recenseamentos da população ativa fornecem os seguintes números: 7.653.000 operários e 772.000 empregados em 1876, 8.933.000 operários e 1.869.000 empregados em 1911.

que mostra o lugar crescente tomado pelo setor terciário e também pelos assalariados das grandes empresas, tais como as ferrovias, por exemplo.

A mão-de-obra popular domina entre esses assalariados, mas a evolução das condições de emprego funciona de modo diferente conforme os grupos. A categoria dos trabalhadores manuais, nas cidades, tende a ser desclassificada, desconsiderada na medida em que decresce a proporção de oficiais artesãos ou de operários verdadeiramente qualificados: com o desenvolvimento do maquinismo, fábricas e manufaturas podem utilizar uma mão-de-obra formada rapidamente, sem um verdadeiro aprendizado e, paralelamente, de modo a fazer face às necessidades crescentes das grandes cidades, cumpre recorrer a uma massa de trabalhadores desqualificados vindos do campo para executar as tarefas mais simples, mais desprezadas, mais mal pagas. Assim multiplicava-se um proletariado pouco remunerado, já que não possuía qualificação, e pouco suscetível a mudar de condição por falta de competência, de possibilidades e muitas vezes até de imaginação.

Inversamente, desde o final do século XIX, as condições novas da economia acarretam o desenvolvimento de um pessoal assalariado relativamente mais favorecido do que no passado no plano material. Os ordenados mensais concedidos à maioria dos empregados da rede ferroviária, a segurança do emprego, as aposentadorias a que tinham direito, modificaram profundamente a condição dos operários que se beneficiaram com isso, já que haviam adquirido assim certas garantias para o futuro. Vantagens análogas, senão idênticas, eram previstas para muitos assalariados do Estado, operários e agentes subalternos cujo número aumentou mormente com o progresso das comunicações postais. Assim se constituía uma mão-de-obra que se beneficiava de uma certa segurança, o que limitava o caráter precário que caracterizava a condição popular. Melhoria no plano material e moral, sem dúvida, mas não obrigatoriamente fator de equilíbrio e de paz social.

Paralelamente, se desenvolveu um pessoal assalariado burguês que forneceu novos mercados de trabalho aos jovens diplomados, instruídos ou simplesmente amoldados às práticas elementares da sociedade burguesa. Dois tipos de empregos estão diretamente ligados à industrialização e a seus corolários. No nível inferior, o grupo dos funcionários de escritório e de comércio ampliou-se e, progressivamente, diversificou-se: no início do século XX, aqueles que se podem comparar aos quadros médios da época atual começavam a ser numerosos nas grandes cidades. No nível superior, multiplicaram-se os empregos oferecidos pelas grandes empresas e homens de grande competência encarregados de funções de responsabilidade. Doravante, portanto, as profissões liberais, com a eventualidade que seu exercício implica para os jovens sem fortuna, não eram mais a única saída oferecida aos "capacitados". Diplomados ou não, os jovens instruídos podiam viver de seu trabalho. Era isso um fator de mutação social? Seria necessário conhecer com precisão os antecedentes dos interessados para responder a esta pergunta, mas parece evidente que o progresso desse estrato assalariado burguês permitiu a realização de ambições individuais, oferecendo novas possibilidades de trabalho e de êxito.[17] O desenvolvimento da industrialização carregava em germe a criação de novas categorias de burgueses que podiam promover sua carreira sem possuir capital de partida.

O desejo de ascensão social e a procura de fortuna existiram em todas as épocas, mas um fato novo surgiu na França no século XIX em estreita ligação com o progresso econômico. Passara o tempo em que as pessoas de boa sociedade podiam deixar a intendentes o cuidado de gerir seus bens; de ora em diante cada um devia se preocupar com sua posição material e esforçar-se por melhorá-la ou, ao menos, conservá-la através de um esforço permanente. Está aí apenas o aspecto elementar de uma evolução mais profunda. Progressivamente, o trabalho lucrativo readquiriu apreço, mas com a condição de que implicasse independência e responsabilidade. A promoção dos empresários, dos mais modestos aos mais importantes, é o símbolo deste ideal burguês de eficiência e de êxito.

Os efeitos da capilaridade social são limitados pela tendência à manutenção das posições adquiridas e sobretudo pela reduzida proporção que os adventícios representam em relação à massa do povo. Todavia, a industrialização é um fator importante de dinamismo social. Inúmeras carreiras individuais testemunham esse fato, muitas categorias sociais, principalmente

17. Um estudo a ser feito a este respeito foi apenas iniciado. Ele pode basear-se na pesquisa de antecedentes familiais de jovens diplomados (cf., por exemplo, A DAUMARD, "Les élèves de l'École Polytechnique de 1815 à 1848", *Revue d'Histoire moderne*, jul. 1958, pp. 226-234) de dirigentes assalariados (cf., para a época contemporânea, NICOLE DELEFORTIE-SOUBEYROUX, *Les dirigeants de l'industrie française*, 1961), ou sobre a análise do enriquecimento dos quadros superiores ou médios; a este respeito, uma amostragem útil é fornecida pelas declarações de herança que permitem comparar o montante dos bens vindos por herança ou doação ao da fortuna deixada por ocasião do falecimento (cf. a pesquisa sobre as fortunas no século XIX, citada na nota 18).

nas grandes cidades, renovam-se, o recrutamento dos meios burgueses se alarga e, apesar de algumas reticências, esses êxitos têm um valor preciso para a opinião pública. Porém, resta apreciar em que medida tais mudanças afetam a situação social de conjunto.

2. *Hierarquia das Fortunas e dos Bens*

Teoricamente, seria preciso levar em conta ao mesmo tempo o capital possuído a título privado, fortuna ou bem mínimo, e a renda disponível, qualquer que seja a sua origem, salários, emolumentos ou ordenados, lucro ou remuneração de capitais poupados ou investidos. Mas, na verdade, as rendas e principalmente as rendas reais e completas dos indivíduos e das famílias são ainda mais difíceis de se conhecer do que os bens na sociedade liberal. Na impossibilidade de estudar os recursos de que dispunham as diversas categorias sociais, utilizaremos portanto os dados sobre os bens para tentar reconstituir a evolução da hierarquia econômica no seio da sociedade francesa do século XIX.[18]

O período conheceu um enriquecimento dos franceses e a progressão das fortunas privadas. Entre os símbolos que permitem chegar a esta conclusão, o mais eloqüente é o que fornece a progressão dos bens transmitidos por herança. Tudo se disse sobre as insuficiências desse dado, porém seu interesse é evidente, sobretudo quando os resultados fiscais brutos são corrigidos através de uma análise detalhada das declarações. O estudo das heranças apresenta principalmente uma dupla vantagem: diz respeito à totalidadade dos franceses (pois o levantamento de todos os falecimentos é encaminhado à administração das Finanças) não fosse pela constatação negativa de uma indigência que desarma o fisco; permite por outro lado examinar a evolução das fortunas e dos bens privados por níveis e categorias, o que é indispensável para uma análise social.[19]

18. Muitas tentativas para estudar as fortunas privadas foram feitas desde o final do século XIX. A bibliografia sobre o assunto é demasiado longa e demasiado conhecida na França. Especifiquemos apenas que, além das fontes e trabalhos impressos, empregamos os resultados de uma pesquisa coletiva nos Arquivos de Registro de Heranças e Legados: cf. *Les fortunes françaises au XIXe siècle*, sob a orientação de A. DAUMARD.

19. A. DAUMARD, "L'impôt sur les successions et l'étude de la fortune privée au XIXe siècle (an VII-1914)", *Comité des Travaux historiques et scientifiques, Bulletin de la Section d'Histoire moderne et contemporaine*, 1965, pp. 31-69.

Para um longo período e para o conjunto da França, o único documento atualmente utilizável é a anuidade sucessorial, ou seja, o montante dos bens tributáveis declarados após a abertura das heranças.[20] O Quadro 1 mostra que a progressão é acentuada, de importância comparável, quer se trate do montante total dos bens ou da média em relação ao número de falecimentos (muito mais elevado que o total de heranças já que numerosos defuntos que, aqui, abrangem mesmo as crianças, não deixavam herança tributável) e que ela permanece elevada quando o cálculo é feito com respeito ao número total da população, a fim de eliminar a eventual incidência de um envelhecimento da população.

Como mostra o Quadro 2, esta evolução de conjunto é confirmada e matizada por estudos locais mais precisos que tentaram reconstituir a partir de heranças o montante real dos bens e das fortunas, mas só levaram em consideração o número de defuntos adultos.[21] Nessas cinco grandes cidades, o valor médio dos bens possuídos pelos adultos, por ocasião do falecimento, cresce sensivelmente, seja o cálculo feito levando-se em conta apenas aqueles que deixavam uma herança tributável, ou em relação a todos os falecimentos de adultos. Embora as bases de cálculo sejam diferentes, levanta-se um resultado idêntico ao precedente, valendo para toda a França: um enriquecimento manifesto, mas com nuanças. A progressão é comparável em Paris e em Bordeaux, muito mais fraca em Toulouse, muito mais forte em Lille. Certamente é preciso ver nessas duas últimas cidades o reflexo de dois tipos de evolução econômica de sentido contrário: à estagnação da capital provincial do Midi, sonolenta em suas atividades tradicionais e ainda parcialmente rural, se opõe ao crescimento da metrópole industrial do Norte. Os próprios ritmos são diferentes: em Lille, a progressão acelerou-se durante o Segundo Império, mas se prolonga até 1908; em Toulouse, a proximidade do último quarto do século XIX marca um patamar. Em Paris, se o crescimento médio permanece na norma, o montante total das fortunas reconstituídas e sua evolução apresentam-se sem medida comum com a progressão nacional: de cerca de 144 milhões, em 1820, passa a 301 milhões em

---

20. Publicado graças aos cuidados do Ministério das Finanças, desde 1826 e reproduzido no *Annuaire statistique de la France*, 1951, pp. 238-239.

21. Um dos objetivos desse estudo social das fortunas é, com efeito, apreciar a proporção dos franceses que nada possuíam: isso implica obrigatoriamente a eliminação dos óbitos de crianças e das heranças, pouco numerosas, abertas em seu nome.

Quadro 1. *Evolução da anuidade sucessorial no século XIX*

Períodos	Valor médio anual do conjunto de heranças		Valor médio das heranças por defunto		Valor médio das heranças em relação à população	
	Montante (em milhões de francos)	Índice	Montante (em francos)	Índice	Montante (em francos)	Índice
1826-1835	1 432	25	1 713	22	44	32
1861-1870	2 796	48	3 145	40	74	54
1904-1913	5 822	100	7 795	100	137	100

Progressão dos valores médios:

De 1826-1835 a 1861-1870	52%	82%	69%
De 1861-1870 a 1904-1913	108 –	150 –	85 –
De 1826-1835 a 1904-1913	300 –	354 –	212 –

Base 100: 1904-1913.

Quadro 2. *Valor médio dos bens possuídos pelos defuntos adultos em cinco grandes cidades do início do século XIX ao início do século XX*

Valor	Início XIX		Metade XIX		3º quarto do XIX				Início XX	
	Valor	Índice	Valor	Índice	Valor	Índice	Valor	Índice	Valor	Índice
Paris:	*1820*		*1847*						*1911*	
Total dos óbitos	11 317	21	18 619	35					53 462	100
Só heranças	34 600	18	66 018	34					191 666	100
Bordeaux:	*1824*								*1911*	
Total dos óbitos	4 917	21							28 680	100
Só heranças	23 826	25							96 321	100
Lille:	*1821*				*1857*		*1873*		*1908*	
Total dos óbitos	3 639	8			11 137	25	23 953	54	44 570	100
Só heranças	14 398	10			36 000	25	100 102	70	142 330	100
Toulouse:	*1826*		*1846*				*1869*		*1911*	
Total dos óbitos	4 283	46	5 596	60			9 500	101	9 368	100
Só heranças	7 465	32	10 409	44			22 566	96	23 410	100
Lyon:			*1845*				*1869*		*1911*	
Só heranças			13 808	24			41 796	72	57 685	100

N.B.: *Valor:* em francos.
Índice: base 100 = início do século XX.

1847 e para 1.920 milhões em 1911, ou seja, em índices, 8,16 e 100 (a base 100, em 1911, correspondendo à base 100 para o período de 1904-1913, escolhida no plano nacional), o que representa uma progressão de 1.300% de 1820 a 1911. Paris é ao mesmo tempo um lugar de concentração de riquezas e um símbolo da evolução da condição comum dos franceses.

As fortunas privadas aumentaram, portanto, especialmente sob a influência de progressão econômica e industrial dos grandes centros e o enriquecimento fez sentir-se em toda parte, com ressalva da evolução do custo de vida.

*
* *

Como esse enriquecimento se repartia entre os franceses? O Quadro 2 compara a evolução da média dos bens possuídos pelos defuntos adultos (inclusive os que morriam demasiado desprovidos de bens para que fosse necessária uma declaração) com os progressos da fortuna média dos que deixavam uma herança. Logo a abastança, bastante relativa aliás em muitos casos, progride mais depressa: é o caso de Paris, e principalmente de Toulouse; a tendência é inversa em Bordeaux e mais ainda em Lille. Mas essas diferenças, muito pouco marcadas, mostram apenas que se coloca um problema.

Um fato muito mais significativo é a permanência da porcentagem de adultos que, por ocasião de seu falecimento, nada possuíam ou pelo menos nada que levasse o fisco a fazer valer os seus direitos. Se as diferenças são importantes de uma cidade a outra, uma relativa estabilidade aparece no curso do período: 68 a 72% de pobres, assim definidos, em Paris; 69 a 76% em Lille; o leque é um pouco mais aberto em Bordeaux, com proporções que passam de 80% em 1824, para 70% no fim do período, e principalmente em Toulouse onde a variação vai de 43% em 1826, a 60% em 1911. Os pobres, verdadeiros indigentes na maioria, sob a Restauração, eram também miseráveis no início do século XX? Provavelmente não, pois as pequenas heranças, compreendendo apenas um modesto mobiliário, eram cada vez mais dispensadas da necessidade de efetuar declaração pela tolerância da administração. Mas isso nada muda no fato fundamental: estabilidade ou diminuição muito ligeira da proporção dos franceses que, nas grandes cidades com evolução econômica mais vançada, nada possuíam.

Do mesmo modo, as diferenças entre as posições de fortunas extremas permaneceram da mesma ordem como resulta da análise de casos particulares. Em Paris, por exemplo, onde a extrema miséria coexistia com as maiores fortunas da França, o Duque de Crillon deixou em 1820 uma herança que, aumentada com os bens pertencentes à sua mulher, era da ordem de 10 milhões no máximo. As mais ínfimas declarações estimavam em 10 francos o valor dos móveis e das roupas, o que pode ser considerado como o mínimo possuído pelos parisienses mais pobres. Em 1911, esse mesmo mínimo é elevado para 100 francos[22] ao passo que a maior fortuna, a de um banqueiro, eleva-se a 89 milhões, que podem ser arredondados para 100 milhões, já que o defunto era viúvo e os seus filhos, já criados, haviam recebido sua parte da fortuna materna. Portanto, nos dois casos, a diferença é a mesma: 10 francos para 10 milhões de francos, 100 francos para 100 milhões de francos. Um raciocínio baseado não em casos isolados, mas na comparação do valor médio dos bens por categoria, dá resultados análogos. Sob a Restauração, entre a mais pobre, a dos trabalhadores desqualificados, e a mais rica, a dos altos funcionários em Paris, a diferença é de 1 para 10.000.[23] Às vésperas de 1914, a diferença entre os mais ricos e os mais pobres permanece a mesma em Lille; em Paris, é de 1 para 7.000,[24] mas as fortunas dos capitalistas parisienses mais importantes são provavelmente muito subestimadas em razão da dissimulação dos inúmeros valores mobiliários, principalmente de alguns investimentos no exterior. Todavia, em Lille, como em Paris, se os trabalhadores desqualificados são sempre os mais desfavorecidos, são os homens de negócios que, em média, possuem as maiores fortunas.

Nada portanto que permita concluir por uma pauperização. O estudo das fortunas e dos bens sublinha a permanência das diferenças entre os extremos, com talvez uma ligeira melhoria da condição material dos mais pobres.

A análise da concentração dos capitais faz ressaltar a mesma estabilidade. Em Paris, por exemplo, 30% do valor das fortunas reconstituídas de acordo com as heranças eram pos-

---

22. Uma outra fonte confirma esta avaliação: o juizado de paz, encarregado das heranças jacentes, estimava no mesmo valor, de 100 a 150 francos, o montante dos móveis e das roupas, constituindo a totalidade de um haver, na maior parte do tempo não declarado junto ao Registro de Heranças e Legados (Arquivos do Juizado de Paz de Belleville; informação gentilmente cedida pelo Sr. JACQUEMET que prepara uma tese sobre *Belleville au XIXe siècle*).

23. Com as médias de 24 e 250.000 francos.

24. Com as médias de 200 e 1.450.000 francos em Paris, 246 e 2.600.000 francos em Lille.

suídos por 0,1% dos defuntos, em 1820, por 0,4% em 1911. Inversamente, 35% dos defuntos só possuíam 0,2% deste valor total em 1820 e, em 1911, as porcentagens são, respectivamente, de 42 e de 0,3. Permanência portanto, aqui ainda, que não é específica da capital: ela é confirmada por uma evolução comparável em Bordeaux e em Toulouse.

Porém, entre ricos e pobres, coloca-se a abastança, modesta ou grande. Não é possível abordar aqui os difíceis problemas de limite que apresena uma tal análise. Por causa do enriquecimento e da valorização dos capitais, seria preciso levar em conta um deslizamento para o alto, mas uma avaliação rigorosa seria um contra-senso para apreciar o estado de uma sociedade convencida da estabilidade monetária. Por outro lado, a abastança pode ser compreendida em sentidos diferentes se a apreciarmos com respeito ao conjunto das fortunas francesas ou levando-se em conta condições locais. Digamos apenas que esta análise da distribuição dos bens baseia-se na pesquisa da freqüência do número de casos representados em cada nível.

Para o conjunto da França, o levantamento das heranças segundo seu valor, no início do século XX, aponta uma distribuição em pirâmide com uma inclinação quase regularmente decrescente que mostra a importância e o peso das fortunas médias (cf. o Quadro 3): 18% das heranças compreendidas entre 10.000 e um milhão de francos concentravam 62% do valor total. Esta imagem todavia está deformada, pois o número e o valor das heranças não coincidem nem com o dos defuntos adultos nem com o dos bens que as famílias realmente possuíam, famílias essas que são a célula social de base. Ela dissimula também importantes disparidades regionais: de 47 inventários de heranças superiores a 5 milhões, 35, ou seja, três quartos, haviam sido abertos no Departamento do Sena e três somente das 18 mais importantes (compreendidas entre 10 e 50 milhões) eram provinciais.[25] Finalmente, não existe nenhuma estatística desse gênero para o século XIX, o que impede qualquer comparação cronológica. É preciso portanto ainda aqui reportar-se aos estudos locais.

Nas grandes cidades que já citamos, o peso das fortunas médias, às vésperas de 1914, parece bastante diferente. Os bens compreendidos entre 10.000 e um milhão de francos represen-

---

25. O *Bulletin de Statistique et de Législation comparée* fornece, por Departamento, indicações sobre o número e o montante das heranças classificadas em função de sua importância, a partir de 1902, com uma lacuna para os anos de 1906 e 1908.

tavam uma porcentagem muito mais elevada do número total das fortunas, mas um valor relativo bem menor: 43% das fortunas parisienses, mas apenas 32% do valor dos bens; 52% em Bordeaux para 51% dos bens; 29% em Toulouse para 83% dos bens. Em Lille, 45% do número de fortunas, em Lyon 36%, situavam-se em uma posição média. Essa distribuição explica-se pela enorme importância das grandes fortunas em número e em valor, mas também pela posição mais reduzida dos níveis inferiores. Porém, as avaliações locais e a avaliação nacional repousam em bases diferentes, ativo líquido das heranças no primeiro caso, reconstituição da fortuna real dos defuntos no outro, o que limita o valor da comparação.

O essencial portanto é a estrutura da pirâmide dos bens e sua evolução. Nas cinco cidades, ela mantém uma aparência idêntica, do início do século XIX ao começo do século XX. Apresenta-se como uma pirâmide em degraus: sua base é desmesuradamente larga, sobretudo se acrescentarmos aos patrimônios mínimos, reconstituídos a partir das pequenas heranças, o número de pessoas desprovidas de bens; o topo se adelgaça em forma de uma fina agulha e seus degraus intermediários se retraem lenta e irregularmente. Entre a extrema pobreza e a enorme riqueza não há patamar nitidamente assinalado. A passagem se faz insensivelmente existindo todas as posições intermediárias, mas pode-se constatar rupturas de inclinações. Se, em Paris, por exemplo, escolheram-se como limites 10.000 e 500.000 francos para o início do século, essas fortunas médias representam cerca de um terço das heranças, na primeira metade do século XIX, ou seja, 9 a 11% da totalidade dos defuntos adultos; 40% das heranças e 15% dos defuntos em 1911, ou, para levar em consideração o enriquecimento, um terço das sucessões e 12,5% dos óbitos, fixando-se os limites das fortunas entre 20.000 e um milhão de francos. Com cesuras adaptadas à distribuição local do número de fortunas e de bens conforme o nível, porcentagens próximas surgem em outros lugares, o que permite avaliar a classe média, nas grandes cidades, em 10 ou 15% mais ou menos da população. Com o tempo, a evolução do número relativo dos citadinos com essa posição da fortuna é pouco sensível, mas o que evolui é a parte que detinham da fortuna total. Somente um exemplo: em Paris, um terço das heranças que implicava uma posição média, assim como acabamos de defini-la, representava 66% do montante das fortunas em 1820, 46% em 1847, 31% em 1911. Portanto, verifica-se a constância do número de fortunas médias, mas a diminuição de sua importância econômica, pelo menos em capital e sem prejulgar a evolução dos recursos.

A valorização das fortunas privadas, o enriquecimento geral ou, pelo menos, a melhoria das condições de vida, nos mais baixos níveis, caracterizam o século XIX prolongado até 1914. Mas, em compensação, a distribuição dos bens e a hierarquia econômica permanecem quase constantes. Será isto suficiente para falar de continuidade social?

3. *A Hierarquia das Condições*

Na permanência das diferenças econômicas, dissimula-se uma evolução lenta, mas profunda das condições. No seio das grandes categorias entre as quais se reparte a população francesa, qualidades e profissões evoluem e essa mudança é acompanhada por uma transformação progressiva das mentalidades coletivas.

As elites tradicionais conservaram por muito tempo sua preeminência. O papel da nobreza na sociedade é significativo nesse aspecto. Nos últimos dias do Diretório, a riqueza dos nobres de Toulouse permanecia largamente preponderante na região.[26] A fortuna da nobreza era igualmente muito importante em Paris sob a Restauração. Entre os eleitores do Departamento do Sena (cujo censo ultrapassava 1.100 francos), contavam-se apenas com cerca de 5% de representantes das velhas famílias do Antigo Regime, e 10% de nobres no total, se acrescentarmos a nobreza imperial.[27] Mas, ainda que um quinto apenas dos eleitores dos Departamentos pagassem mais de 3.000 francos de impostos diretos, a proporção se eleva a mais de um terço dos eleitores nobres, símbolo do lugar eminente que ocupavam na propriedade imobiliária pelo menos. A análise direta das fortunas confirma esta riqueza: de quinze fortunas superiores a um milhão, reconstituídas de acordo com as heranças declaradas em Paris em 1820, um terço pertencia a nobres, porém esse terço representava quase dois terços do capital total. Quanto à composição desses patrimônios nobres, ela era inteiramente parecida com a das fortunas burguesas de importância comparável: grandes propriedades rurais, imóveis parisienses, créditos diver-

---

26. J. SENTOU, *Fortunes et groupes socieaux à Toulouse sous la Révolution (1789-1799)*, pp. 140 e *passim*.

27. Análise feita a partir da lista dos eleitores do Departamento do Sena para 1820, eleitores que, em virtude da lei de 1820, tinham o privilégio de votar duas vezes porque eram os que pagavam mais impostos no Departamento.

181

sos, fundos públicos e enfim ações das grandes companhias então existentes, em primeiro lugar o Banco de França. Os prejuízos trazidos pela Revolução às fortunas nobres tiveram conseqüências limitadas, aliás atenuadas pela lei de indenização aos emigrados,* votada em 1825. Sem dúvida, no campo como nas grandes cidades, havia nobres necessitados e outros, muito mais numerosos, que desfrutavam apenas de rendas médias. Mas isso já era verdadeiro no Antigo Regime e o que conta é a força capitalista das grandes fortunas nobiliárias, força que se perpetuou durante todo o século XIX, com um duplo caráter: nível elevado de patrimônios e, apesar da importância dos bens fundiários, ampla participação nas aplicações em valores mobiliários mais sólidos e mais remuneradores.

Paralelamente a influência dos nobres na sociedade foi grande durante muito tempo. Mais aparente sob a Restauração, ela persistiu bem depois da zanga dos legitimistas, ligados a uma dinastia posta de lado pela maioria dos franceses. Papel político atestado bem menos pela presença dos representantes de algumas grandes famílias no pessoal político do século XIX, do que pela influência dos antigos notáveis, quando das eleições locais, pouco sensível, é verdade, nas regiões atingidas pela modernização industrial ou agrícola. Papel na alta administração, mais marcado antes de 1830, ainda essencial até 1914, pelo menos em certos quadros, a diplomacia, a magistratura, as grandes corporações, aí onde, na falta de recrutamento por concurso, as tradições e laços familiais concorriam com os apoios políticos. Papel econômico através da mediação das sociedades agrícolas, influentes em algumas regiões, como também pela participação nos conselhos de administração de grandes sociedades anônimas. Papel de enquadramento tanto nos meios tradicionais do campo quanto na capital, que fez da nobreza uma das elites do século XIX.[28]

Mas progressivamente esta influência se atenuou. Pouco a pouco, apesar do peso das tradições e das relações, nas funções públicas e privadas, os nomes tenderam a ser substituídos pelas habilidades: um grande nome favorecia os inícios e o desenrolar

---

emmigrés: partidários do Antigo Regime refugiados no exterior durante a Revolução (cf. *Robert*). (N. da T.).

28. Cf. A.-J. TUDESQ, *Les grands notables en France (1840-1849)*, pp. 121-124 e *passim*, e G. DUPEUX, *Aspects de l'histoire sociale et politique du Loir-et-Cher (1848-1914)*, principalmente pp. 135-151, 575-577 e *passim*.

das carreiras, mas não bastava mais para assegurar o êxito total destas. "Não há mais nobreza, há apenas uma aristocracia", esta fórmula de Balzac,[29] um pouco avançada para seu tempo, impôs-se progressivamente à medida que as novas elites concorriam com as antigas famílias e que, inversamente, as velhas famílias repudiavam o que constituía suas bases: se elas recusavam com demasiada freqüência o serviço do país por fidelidade a um ideal dinástico após 1830 ou por submissão às diretivas da hierarquia católica em 1905, em compensação aderiram à filosofia burguesa ao separarem-se, salvo exceções individuais, do sacerdócio ou da vida monástica e ao adotarem a concepção individualista da família, já que os nobres mais aferrados ao passado recusavam-se a utilizar as disposições do Código Civil que permitiam favorecer o primogênito por testamento, a fim de limitar os efeitos da partilha legal das heranças. Paralelamente, a importância relativa das fortunas nobres tendeu a diminuir: entre as fortunas parisienses superiores a um milhão, reconstituídas conforme as heranças declaradas em 1911, as que pertenciam a nobres podiam ser elevadas, mas não representavam mais que 10% do conjunto.

Desde há muito tempo que as maiores fortunas estavam nas mãos dos homens de negócio. Esta preponderância, surgida em Paris desde o final da Monarquia de Julho, acentuou-se até 1914, produzindo-se uma evolução análoga nas grandes cidades de província. Sobretudo, e é aí que se produz a ruptura com as tradições aristocráticas de antigamente, esses grandes capitalistas eram empresários e como tais permaneciam durante toda a vida. Idosos, conservavam a direção de suas empresas o maior tempo possível. Geriam sua fortuna com uma certa audácia, reservando um lugar a uma especulação ponderada, ao lado das aplicações tradicionais consideradas como certas: ações, comanditas, investimentos diretos em empresas representavam, por exemplo, cerca de 40% do capital dos antigos negociantes ou industriais, cuja fortuna ultrapassasse um milhão, conforme as declarações de herança feitas em Paris em 1911, e 70% para os que ainda estavam em atividade na data do falecimento. A fortuna, herdada ou adquirida, não era mais apenas uma fonte de renda destinada a assegurar a vida da família e de sua descendência, ela se tornou um capital que era preciso conservar e estender: substituiu-se a noção de usufruto pela de necessidade de um esforço contínuo.

---

29. Repetida duas vezes em *Le Cabinet des Antiques* e em *Ursule Mirouet*.

Constituíra-se, portanto, uma nova aristocracia da fortuna. Independentemente de sua riqueza, ela possuía muitos outros traços de uma aristocracia. Influência local, amiúde sob a forma de um paternalismo empresarial, influência nacional, nos domínios políticos e econômicos sobretudo. Recrutamento cada vez mais hereditário e formação de dinastias unidas por laços de casamento. Orgulho de seu *status* e de seu papel, confiança no futuro, manifestada principalmente pela dimensão relativamente grande das famílias. Nova, esta aristocracia o é, portanto, devido às origens de sua fortuna e de sua força e, sobretudo, apesar do lugar que a tradição e a continuidade familial ocupam nela, devido a suas atividades e a sua necessidade de êxito. Aristocracia de dinheiro, de nascimento (mais ou menos antigo) e de responsabilidades, a nova classe superior tende cada vez mais a se tornar igualmente uma aristocracia de negócios. Aí se colocam talvez os limites de sua influência, em uma sociedade ainda imbuída, mesmo em seus meios mais avançados, da imagem de uma nobreza desinteressada e devotada aos interesses gerais mais do que a seus interesses particulares: faltou talvez à grande burguesia de negócios, para ser uma verdadeira aristocracia de poder, apoiar-se nos meios inferiores reconhecendo sua superioridade social.

*
* *

Já foi dito tudo sobre a miséria material e moral dos trabalhadores manuais na metade do século XIX, novos bárbaros ameaçando a sociedade. Ainda que a miséria das camadas populares tomadas em seu conjunto nada tenha de muito novo, e que muitas nuanças hajam existido entre a condição das numerosas categorias reagrupadas nesse vocábulo, seria essencial saber se uma mudança ocorreu de 1815 a 1914.

Comparar as tendências da evolução do salário e do lucro dá resultados que os autores interpretam de modo contrário.[30] Esses índices também, economicamente válidos, são pouco significativos do ponto de vista social, já que a condição dos

---

30. Cf. M. LÉVY-LEBOYER, "L'héritage de Simiand: prix, profits et termes d'échange au XIXe siècle", *Revue historique*, jan. de 1970, pp. 92 e 95.

indivíduos depende dos recursos reais de que dispõem nos diferentes períodos de sua vida. Na falta de poder reconstituir a renda dos trabalhadores manuais, examinemos aqui ainda a evolução de seus bens conforme o montante das heranças referido ao número total de defuntos adultos. A progressão é sensível: em Paris, por exemplo, este valor passa de 24 francos, em 1820, a 200 francos, em 1911, para a mão-de-obra desqualificada, e de 69 francos a 914 para os operários qualificados, ou seja, em índice uma progressão de 12 a 100 no primeiro caso, de 7 a 100 no segundo. Progressão que incide sobre pequenos valores, mas que ultrapassa a progressão do conjunto das fortunas (ver Quadro 3) e que corresponde a uma mudança na estrutura dos bens possuídos: enquanto que os objetos de primeira necessidade representavam 45% dos bens totais em 1820, eles não constituem mais do que 6% em 1911, formando o restante uma modesta poupança. Com ritmos particulares, produz-se uma evolução comparável nas outras cidades de referência. Essas médias levam em conta a enorme massa de trabalhadores manuais falecidos sem deixar herança tributável: 80 a 90% para as diversas categorias e na maioria das cidades, exceto em Paris, em 1911, onde, para os operários qualificados, a proporção é apenas de 54%. A progressão do valor médio dos bens sugere portanto a hipótese de que a condição operária melhorara ligeiramente nas cidades durante o século XIX.

Melhoria muito relativa, muito limitada e que não resolveu a questão fundamental da segurança ou, mais exatamente, da sobrevivência dos fracos, doentes, desempregados, operários idosos, mulheres sozinhas, sendo que estas últimas eram bastante numerosas entre os defuntos sem profissão e que não deixavam herança alguma. Os trabalhadores manuais não desprezavam a poupança e alguns dentre eles conseguiam conservar uma parte de seus ganhos para constituir uma reserva, na verdade um capital raramente aplicado em imóveis, na periferia das cidades, mais freqüentemente em créditos, às vezes nas caixas econômicas ou de previdência e até, no início do século XX, empregado na compra de obrigações francesas e estrangeiras junto aos grandes bancos de depósito, nos quais um certo número de operários parisienses possuía conta corrente. Porém, esses são casos raríssimos que dizem respeito apenas a algumas centenas de defuntos. A poupança era uma necessidade vital, mas só podia ser excepcional. Nos meios populares, a segurança era o quinhão dos mais jovens, dos mais dotados, dos mais saudáveis, dos mais felizes. Os outros eram compelidos à miséria, recolhidos pelos asilos no fim de suas vidas, se não tinham filhos para garantir sua subsistência.

Quadro 3. *Distribuição das heranças declaradas na França em 1913*

Valor do ativo líquido (em francos)	Número de casos (%)		Somas (%)	
De 1 a 500	26,8	⎫	0,4	⎫
De 501 a 2 000	26,4	⎬ 82,2	2,1	⎬ 12,1
De 2 001 a 10 000	29,0	⎭	9,6	⎭
De 10 001 a 50 000	13,3	⎫	18,1	⎫
De 50 001 a 100 000	2,2	⎪	9,5	⎪
De 100 001 a 250 000	1,4	⎬ 17,6	13,7	⎬ 61,7
De 250 001 a 500 000	0,5	⎪	10,5	⎪
De 500 001 a 1 milhão	0,2	⎭	9,9	⎭
De 1 a 2 milhões	0,1	⎫	10,0	⎫
De 2 a 5 milhões	0,06	⎬ 0,2	6,7	⎬ 26,2
De 5 a 10 milhões	0,008	⎪	3,5	⎪
De 10 a 50 milhões	0,004	⎭	6,0	⎭
Montante total:				
Do número de casos	360 539			
Do valor declarado			5 531 522 698 francos	

Fonte: *Bulletin de statistique et de législation comparée*, 1915, t. I, pp. 292-299.

A esta incerteza em relação ao futuro acrescentavam-se as dificuldades das condições morais que agravaram ainda a evolução econômica. Nos meios populares, a condição salarial do trabalhador manual não era assumida de coração aberto. O ideal operário, mesmo sem qualificação, era instalar-se por conta própria para ser o seu próprio mestre e tornar-se patrão, renegando a sua posição inicial. Numerosas foram as tentativas, raros os êxitos, sendo que as possibilidades se restringiam ainda mais com o desenvolvimento das grandes empresas. A promoção social através do acesso a empregos assalariados superiores e melhor considerados não era muito freqüente. Numa sociedade inteiramente orientada para a exaltação do êxito individual, era um dos dramas do mundo operário não ter nenhuma perspectiva de futuro melhor, para si mesmo ou seus filhos. A comparação entre a profissão dos pais e a dos filhos ressalta esta estabilidade na condição das gerações sucessivas, salvo exceções individuais. Este é apenas um dos aspectos da inadaptação dos meios populares à nova sociedade. Individualista e liberal, repugna-lhe a noção de segurança coletiva e sobretudo, o que é mais grave ainda, ela parece restabelecer, de fato senão de direito, os privilégios que condena: a hostilidade das massas populares para com o capitalismo industrial é menos uma revolta dos pobres contra os ricos, dos inferiores contra os superiores, do que a convicção de que a superioridade de uns sobre os outros não é fundada, já que o trabalho e o esforço conduzem normalmente uns para o êxito, outros para a miséria.

*
* *

Entre as classes populares e os meios superiores, as classes intermediárias são difíceis de definir, pois elementos diversos concorrem para situar seus representantes na sociedade: nível de recursos e de fortuna, mas também *status* ligado ao prestígio dos títulos universitários, à natureza das ocupações, ao grau de independência e às responsabilidades que elas implicam, às possibilidades de futuro que oferecem, enfim, grau de cultura e gênero de vida, sem desprezar os antecedentes familiais e as relações sociais. O peso das tradições é grande nesses meios que constituem o cadinho da burguesia francesa. Mas é uma tradição em constante gestação que assimila mais ou menos rapidamente as tendências do mundo moderno, se bem que as estruturas do século XIX manifestem ao mesmo tempo uma notável permanência e capacidades de evolução que fazem a originalidade e a força das classes médias, explicando assim suas dificuldades.

Enquanto que a estrutura de conjunto da sociedade se apresenta sob a forma de uma pirâmide com base muito larga e topo muito afinado, nos níveis intermediários ela evoca mais a imagem de um pião invertido: uma condição média largamente preponderante, mas bastante diversificada, é dominada por um pequeno número de elementos superiores e repousa sobre uma base inferior bastante larga.[31] Uma segunda característica decorre da precedente: todas as condições se superpõem e transições insensíveis separam umas das outras. Por suas bases

---

31. Segundo as declarações de herança feitas em 1911, as fortunas dos lojistas parisienses, por exemplo, distribuem-se do seguinte modo: 69% dos casos situam-se nos quatro níveis compreendidos entre 2.000 e 50.000 francos ou 88% se acrescentarmos a estes os níveis superiores, até 250.000 francos; em compensação, somente 9% agrupam-se nos níveis mais baixos e apenas 3% envolvem as fortunas relativamente elevadas, de 250.000 a 2 milhões de francos.

inferiores, a classe média tende a se confundir com as camadas populares, enquanto que, na outra extremidade, ela penetra nos meios superiores onde são estreitos os contatos entre a aristocracia financeira e determinados representantes da alta burguesia rica e influente.[32]

Nos meios intermediários, finalmente, e apesar dos fracassos individuais que podem ser numerosos, as carreiras e o *cursus* das gerações sucessivas são normalmente orientados para o êxito.

Êxito que toma, aliás, formas diversas conforme os temperamentos e conforme as categorias sociais, mas que proporciona uma certa segurança e implica uma fé no futuro e nos fundamentos básicos da sociedade. O caso dos homens de renda é significativo. Viver de rendas surgia como ideal reiterado por inúmeros testemunhos contemporâneos. De fato, ao menos nas grandes cidades, a maioria dos que vivem de renda e dos proprietários são ou mulheres sós ou homens de certa idade que anteriormente exerceram uma profissão. O êxito passa portanto por uma atividade criadora de bens ou de serviços e é sua recompensa. É sob este aspecto que, tão diferente quanto foi a classe média da aristocracia financeira, a burguesia conservou durante muito tempo uma certa homogeneidade: seus membros respeitavam os mesmos valores, apoiavam-se no mesmo sistema de referência.

No início do século XX, no entanto, a evolução econômica provocou algumas mudanças. Entre 1815 e 1914, a valorização das fortunas privadas, consideradas globalmente, foi quase geral, mas o que interessava a maioria dos franceses era a evolução de sua renda. Ora, as taxas de juro dos capitais aplicados em imóveis ou em valores mobiliários tendiam a diminuir em fim de período, malgrado um reascenso desses últimos em 1905. Sem dúvida, os efeitos desta variação dependiam da natureza das aplicações e seria necessário levar em conta, principalmente o grande espaço ocupado pelas obrigações estrangeiras de alto rendimento, em todos os meios. Mas o importante, é que então nasce uma inquietude. A poupança mobiliária assumira uma grande extensão, atingira novas camadas, tanto mais numerosas quanto a alta dos imóveis urbanos, nas grandes cidades, impedia esta forma tradicional de aplicação a muitos possuidores de pequenas e médias fortunas. Ora, a poupança começa a parecer

---

32. Contatos que se exprimem principalmente pelos casamentos e pela escolha da profissão dos filhos (A. DAUMARD, *La bourgeoisie parisienne*..., pp. 405 e *passim*).

menos segura e menos rentável para quem quer que ignore a "arbitrariedade" dos valores e deseje garantir o futuro por meio de aplicações definitivas ou a longo prazo.

Uma crise muito mais grave atingira os pequenos comerciantes e artesãos submetidos à concorrência das grandes empresas. Crise geral que deu origem a movimentos de "defesa das classes médias" e a inquéritos oficiais. Às vésperas de 1914, testemunhas diversas reconhecem a realidade da crise, a necessidade de proteger uma categoria indispensável ao equilíbrio social e apresentando alguma utilidade no plano econômico, mas assinalam que, com exceção de empresas marginais, estava em curso uma adaptação que permitia a sobrevivência dessas empresas.[33] Nossas próprias pesquisas confirmam esta interpretação. Pequenos comerciantes e artesãos figuram entre os menos favorecidos pelo enriquecimento geral. Em Paris, por exemplo, o índice de sua fortuna passa de 68, em 1820, a 100 em 1911. Porém, em compensação, a média de seus bens situa-se em um nível relativamente elevado: 35.600 francos em 1911, enquanto que a média geral era de 53.500 francos e que a dos operários qualificados era de 900 francos. Em 1820, as médias correspondentes eram respectivamente de 24.200 francos, 11.300 francos e 70 francos. Houve, portanto, uma regressão da posição relativa dos pequenos empresários na sociedade burguesa, mas não uma diminuição absoluta.

A progressão importante do número de funcionários e de assalariados que se beneficiam de grandes remunerações é o terceiro fator de evolução das classes médias. Os quadros superiores pertencem sem ambigüidade à boa burguesia por suas rendas, seu gênero de vida, seu papel e suas capacidades, às vezes também por sua fortuna, a juglar ao menos pela importância que revelam as heranças de alguns deles em Paris em 1911. Em compensação, é muito mais difícil situar os simples empregados. A franja inferior está bastante próxima dos meios populares, mas muitos empregados distinguem-se do povo pelo seu nível de instrução, suas maneiras, seu próprio estilo de vida. Todavia, estão mal integrados ao resto da pequena burguesia que sente ciúme de sua remuneração fixa e deseja ter o mesmo. Constituem um meio híbrido cujo lugar na sociedade está mal fixado, germe de fraqueza para a classe média.

33 Cf. principalmente VICTOR BRANTS, *La petite industrie contemporaine,* 1902; E. MARTIN SAINT-LÉON, *Le petit commerce français. Sa lutte pour la vie,* 1911 e o *Rapport fait au nom de la Commission du Commerce et de l'Industrie, chargée de procéder à une enquê-*

Materialmente, nada permite concluir pela agravação das diferenças sociais de 1815 a 1914 e, menos ainda, pela pauperização das massas. Porém, sem dúvida, o que aumentou foi o sentimento de frustração que se desenvolve primeiramente nos meios populares das cidades e, pouco a pouco, nos meios da pequena e média burguesia. A industrialização e o desenvolvimento da grande empresa são um dos fatores, sem dúvida, mas também o individualismo: a maioria dos franceses da época refere-se à imagem de uma sociedade ideal fundada no princípio de igualdade dos homens de aptidões iguais. É ao menos o motor de seu comportamento individual e familial, se isso não explica sempre o sentido de suas escolhas políticas. Por isso, a sociedade francesa do século XIX conheceu crises, mas ela não é uma sociedade em crise. Às vésperas de 1914, suas estruturas surgem ao mesmo tempo como bastante diferenciadas e bastante flexíveis. Uma nova classe superior foi constituída, sem suplantar as antigas elites. Mais geralmente, se existem numerosos níveis sociais, não existe propriamente falando uma barreira entre eles. As posições conquistadas tendem a se manter, mas sempre, em todos os graus, os limites são franqueáveis. Todavia, somente os mais dotados, os mais felizes têm possibilidades de êxito. Essas estruturas são duras para os deserdados, mas não trazem em si o germe revolucionário: é uma sociedade viril, feita pelos fortes, para os fortes.

---

te sur la situation du commerce en France et notamment sur la condition du petit commerce, por M. LANDRY, anexo às atas da sessão da Câmara dos Deputados de 26 de janeiro de 1914.

10. DIFERENÇAS DE RENDAS, DIFERENÇAS DE FORTUNAS: ALGUMAS REFLEXÕES DE MÉTODO

Há muito tempo, economistas e jornalistas tentaram avaliar as diferenças de fortunas, as rendas, apreciar a sua evolução no tempo e comparar a situação nos países vizinhos. Basta citar o título significativo de uma obra de Leroy Beaulieu, reeditada diversas vezes no final do século XIX: *Essai sur la répartition des richesses et sur la tendance à une moindre inégalité des contidions*.[1] A questão não podia deixar os historiadores indiferentes, além disso seria necessário desenvolver um método para apoiar-se em fatos precisos e concretos. Em 1974, em seu estudo sobre as fortunas de Lyon, Pierre Léon trouxe uma resposta: "do estudo do enriquecimento ao mesmo tempo global

1. 3ª edição em 1888.

e diferencial, à consideração das médias de fortuna e de suas diferenças, e à análise da concentração dos haveres, ressaltam paralelismos e reúnem-se todas as condições para assegurar, em escala secular, uma crescente preponderância dos 'soberbos' sobre os humildes".[2] Esta constatação, a agravação das diferenças de fortuna em Lyon de 1815 a 1914, é o ponto de partida de minha reflexão, pois, utilizando fontes idênticas elaboradas durante uma pesquisa coletiva que só pudera usar parcialmente os dados de Lyon, concluí, ao contrário, pela permanência das diferenças sociais durante o mesmo período.[3] Como se explica essa contradição aparente? E em primeiro lugar qual é o valor dos métodos utilizados pelos historiadores?

O conhecimento das rendas e de sua disparidade é igualmente uma das preocupações essenciais dos economistas e estatísticos atuais que se interessam também, em menor medida, pelos patrimônios. No dia 21 de maio de 1976, o Conselho Nacional de Estatística decidiu criar um grupo de trabalho chamado "Altas e Baixas Rendas", que manteve suas sessões de 26 de maio a 31 de outubro de 1976, sob a presidência de Raymond Barre.[4] No relatório desse grupo de trabalho, numerosos problemas de método são evocados, bem como as dificuldades com as quais nos chocamos, para conhecer, estatisticamente, as rendas e os patrimônios, abordados aqui, na medida em que, para as altas rendas, o rendimento do patrimônio é um dado indispensável para se conhecer.[5]

É muito interessante confrontar os métodos dos estatísticos e os dos historiadores e, principalmente, pesquisar qual influência podem ter os processos de cálculo dos desvios sobre as conclusões. Porém, antes, é necessário apresentar os documentos que permitem analisar as fortunas e os bens privados de um lado, as rendas de outro, já que a qualidade das fontes pesa bastante sobre os resultados da pesquisa.

---

2. PIERRE LÉON, *Géographie de la fortune et structures sociales à Lyon au XIXe siècle (1815-1914)*, Lyon, 1974, P.U.L., p. 409.

3. ADELINE DAUMARD (dir.), *Les fortunes françaises au XIXe siècle. Enquête sur la répartition et la composition des capitaux privés à Paris, Lyon, Lille, Bordeaux et Toulouse d'après l'enregistrement des déclarations de succession*, Paris, 1973; ver também A. DAUMARD, "L'évolution des structures sociales en France à l'époque de l'industrialisation (1815-1914)", *Colloque du C.N.R.S., L'industrialisation en Europe au XIXe siècle* (Lyon, 1970), Paris, 1972, p. 322.

4. *Programme statistique 1976-1980. Rapport annuel au Conseil National de la Statistique*, junho de 1976.

5. *Idem*, p. 249.

1. As Fontes

Análises e conclusões dependem de fontes, ou antes da existência destas, da interpretação que o utilizador faz delas depois. Muito freqüentemente, na verdade, os documentos não podem ser utilizados em estado bruto — é preciso que eles passem por uma "preparação" antes de interrogá-los.[6] Porém a questão coloca-se diferentemente para as fortunas e para as rendas.

Apesar da atenção particular que, há vários anos, é dedicada às rendas, não se desprezou completamente o estudo dos bens privados e o I.N.S.E.E. realizou três pesquisas por amostragem sobre o patrimônio das famílias. As duas primeiras entrevistaram 3.000 famílias: em 1967, 2.300 respostas eram exploráveis; essas 2.300 famílias foram interrogadas de novo em 1969 e as 2.000 respostas retidas permitiram estudar as variações de patrimônio entre as duas pesquisas. Essa amostragem visava dar apenas uma imagem parcial, a das famílias cujo cabeça era assalariado ou inativo, ou seja 12 milhões de famílias, representando 80% da população e percebendo 75% da massa de rendimentos, rendimentos esses conhecidos pelo fisco pelo menos, com toda a margem que isso representa em relação à realidade. A terceira pesquisa, em 1973, dizia respeito ao conjunto das famílias, inclusive aquelas cujo cabeça exercia uma profissão independente como chefe de empresa ou de ramo de produção e como membro de profissões liberais. A amostragem foi elaborada sorteando-se 7.500 moradias ao acaso; entre estas só puderam ser mantidas as 6.200 que eram a residência principal de uma família na data do levantamento e 5.500 famílias aceitaram responder ao questionário.[7]

Essas pesquisas baseiam-se, portanto, no testemunho dos interessados, porém as respostas estão estreitamente ligadas à natureza das perguntas colocadas. O questionário de 1973, por exemplo, indagava não o montante exato dos diversos tipos de bens poupados (como foi feito em 1967 e 1969), mas o seu valor por segmento. Para calcular o patrimônio médio por família, foi preciso proceder a um ajustamento, baseado em distribuições "teóricas" inspiradas nos resultados obtidos na

---

6. Cf. A. DAUMARD, "L'histoire de la société française contemporaine: sources et méthodes", *Revue d'histoire économique et sociale*, 1974, nº 1, p. 12.

7. PHILIPPE L'HARDY e ALAIN TURC, "Patrimoine des ménages: permanences et transformations", *Économie et statistique*, nº 76.

pesquisa de 1967, o que acarreta uma margem de erro "que parece ser da ordem de 10%".[8] Mais grave ainda é a definição restritiva do patrimônio, conservada pelos responsáveis pelas pesquisas. Trata-se do "patrimônio doméstico", o que elimina, em princípio, os capitais investidos na empresa das famílias cujo cabeça exerce uma profissão independente. Por outro lado, para simplificar a pesquisa, não se interrogou os casais sobre o valor de seus móveis e de seu equipamento doméstico, nem sobre o montante do numerário, do ouro e das divisas que podiam possuir; no que concerne aos imóveis, finalmente, conservou-se apenas o valor das habitações ocupadas por seu proprietário, descartando residências secundárias e outros imóveis, sob pretexto de que esta fração era estatisticamente pequena.[9]

Os objetivos do I.N.S.E.E. explicam essa escolha. De um lado, pareceu inútil colocar determinadas questões que teriam acarretado respostas muito distantes da realidade, por exemplo no que diz respeito ao dinheiro líquido, ouro etc. De outro, o estudo dos patrimônios destinava-se sobretudo a fornecer um conhecimento melhor sobre a poupança e sobre o comportamento dos poupadores.[10] Porém, o método seguido torna difícil a utilização dos resultados para analisar a distribuição dos bens e para avaliar as diferenças de fortuna. Na realidade, o "patrimônio doméstico" diferencia-se sensivelmente da fortuna privada das famílias que investiam diretamente uma parte, às vezes considerável, de seus bens no campo que exploravam ou nas suas empresas. Além disso, a eliminação de alguns postos, tais como os bens fungíveis ou o numerário, por mais justificada que seja, se se considerar a eficácia prática da pesquisa, proíbe qualquer comparação com as famílias cuja poupança foi inteiramente aplicada em bens de consumo durável.

Muitas fontes permitem que os historiadores arrolem dados numerosos, precisos, senão sempre completos, sobre as fortunas e os bens privados: minutas notariais, contratos de casamento, inventários e partilhas entre herdeiros, declarações feitas junto ao Registro de Heranças e Legados quando da abertura das heranças, mas também balanços elaborados no momento das falências; a esses documentos, suscetíveis de serem trata-

---

8. *Ibid.*
9. *Ibid.*
10. Bastante significativos neste sentido são os títulos das obras publicadas nas coleções do I.N.S.E.E. e citados no artigo de l'Hardy e Turc.

dos estatisticamente, cumpre juntar os testemunhos diversos e muitas vezes significativos sobre casos particulares, dispersos em múltiplos arquivos.[11]

As declarações de herança feitas junto ao Registro de Heranças e Legados possuem um interesse particular. Cobrem um período muito longo, pois o imposto cobrado por ocasião da transmissão dos bens por falecimento foi percebido regularmente desde o início do século XIX até os dias de hoje. Em princípio, todos os bens possuídos pelo defunto devem ser objeto de uma declaração; melhor ainda, se a morte atinge uma pessoa casada sob o regime de comunhão de bens legal ou contratual (de longe o caso mais freqüente desde a promulgação do Código Civil), é o conjunto de bens pertencentes ao casal que se conhece direta ou indiretamente. Todavia, uma lei de agosto de 1956 isentou do pagamento de direitos as sucessões cujo ativo líquido (deduzidas as dívidas) for inferior a um milhão de francos (10.000 francos novos), o que rompe a continuidade da documentação. Finalmente, as declarações dão indicações precisas sobre o defunto, seu cônjuge e seus herdeiros, o que permite classificar os patrimônios segundo os meios sociais e, eventualmente, a idade, o sexo, o estado civil, o domicílio do detentor. A partir das heranças, se o defunto morreu estando casado, pode-se reconstituir a fortuna das famílias, na maioria dos casos e, além do mais, graças aos levantamentos dos falecimentos dos adultos mortos sem deixar herança (levantamento fixado pelo fisco para fins de controle) tem-se uma visão completa da população: é possível, portanto, estabelecer médias e distribuições de conjunto. Inversamente, deve-se entretanto sublinhar as inconveniências desta documentação. Ela apresenta lacunas, ligadas principalmente às isenções legais e às fraudes na declaração dos bens, mas não parece que a distorção em relação à realidade seja mais grave do que nas pesquisas diretas por questionário junto aos interessados. Sobretudo pode-se acusá-la de privilegiar as pessoas idosas, já que se trata de declarações *post-mortem*. A deformação é grave se admitirmos uma idéia comumente aceita segundo a qual um indivíduo vê seu patrimônio aumentar até cerca de cinqüenta anos ao passo que em seguida tem início uma diminuição. Porém, esta idéia corresponde à realidade? Nada é menos certo, pelo menos no que diz respeito às cidades,

---

11. Para o estudo desses diversos tipos de fontes reportamo-nos a uma obra já antiga: ADELINE DAUMARD, *La bourgeoisie parisienne de 1815 à 1848*, Paris, 1963.

se julgarmos isso pelas inúmeras pesquisas que foram feitas no período de 1815-1914: é mais a viuvez, do que a idade, que está na origem da diminuição da maioria das fortunas individuais, apesar das precauções freqüentemente tomadas pelos esposos para reservar o máximo dos bens da comunhão ao cônjuge sobrevivente. O Registro das Heranças fornece portanto uma imagem imperfeita, mas essencial, ao conhecimento dos patrimônios privados, com a ressalva de que um controle através de fontes anexas ou complementares é sempre desejável: o leque das fortunas é muito aberto e compreende, até 1956, haveres bastante modestos que fazem mergulhar na pobreza, sendo declarados bens de todas as espécies, ao passo que os efeitos da fraude fiscal, certamente importante em numerosos casos e jamais desprezível, são em parte atenuados pelos controles da administração.[12]

O estudo das rendas detém de preferência a atenção dos economistas contemporâneos. Porém a noção de renda é equívoca. Uma definição lata, tal como Jean Lecaillon dá, ou seja, a renda "é o conjunto de recursos de qualquer origem, dedução feita das perdas e despesas incorridas para adquiri-los"[13] permanece teórica. As rendas reais dos indivíduos ou dos casais são na realidade difíceis de apreciar. O que deduzir? As despesas de manutenção, de amortização de capital, as contribuições para o seguro social e outros organismos de previdência, os impostos? É isso que parece decorrer da definição de J. Lecaillon. Mas por que pensar na amortização das máquinas e nada deduzir para levar em conta as despesas necessárias à alimentação dos homens? Aliás, cada vez que há autoconsumo, entre os pequenos agricultores, ou "autofornecimento" entre alguns comerciantes do setor da alimentação, por exemplo, esta dedução é de fato praticada, já que o valor dos produtos assim consumido não é considerado como renda. Inversamente o que acrescentar? Hoje geralmente toma-se em consideração as "transferências" e também as rendas fictícias que evitam despesas, tal como o valor locativo da moradia cujo interessado é o proprietário. Pode-se admitir talvez que certas prestações sociais fornecem uma renda virtual, mesmo para aqueles que não lucram com ela, por exemplo, porque pagam, sem contrapartida, contribuições para caixas diferentes (caso, por exemplo, dos assalariados que, se recebem os direitos autorais sobre

---

12. Cf. A. DAUMARD, *Les fortunes françaises...*, op. cit.
13. JEAN LECAILLON, *L'inégalité des revenus*, Paris, 1970, p. 21.

as suas obras, são obrigados a pagar uma contribuição destinada a financiar a segurança social dos autores). Mas seria lógico, então, levar em conta, entre as "rendas" que não ocasionam despesa todas as "economias" que representam, por exemplo, a bricolagem familial, os trabalhos de costura da dona-de-casa: isso está longe de ser desprezível, principalmente em determinados meios, freqüentemente ligados à burguesia, que tem assim um nível de vida superior ao de seus recursos. Seria necessário, enfim, reservar um lugar às rendas não-declaradas, difíceis de se conhecer diretamente mas importantes em certos grupos: as gorjetas que representavam, talvez, um papel bem maior antes de 1939 do que agora e os recursos dos "bicos" que inúmeros assalariados praticam e não só os que exercem ofícios manuais.[14]

Como aliás definir a renda total de uma família? Em sua pesquisa de 1970, o I.N.S.E.E. acrescentou as rendas de todas as pessoas que coabitam a mesma moradia, ocupada a título de residência principal: membros da família, inclusive os colaterais e os ascendentes, assim como os estranhos, assalariados alojados e sublocatários. A incidência estatística, no conjunto, era pequena: o número de pessoas que não possuía laços de parentesco com o chefe de família representava 1,3% da população com mais de 20 anos.[15] Porém, para determinadas categorias particulares, por exemplo para as pessoas idosas que alojavam pensionistas permanentemente, o erro podia ser importante. De fato, a nosso ver, a distinção que se impõe é a seguinte: é normal considerar como um todo a renda do marido e da mulher, pois na maioria dos casos, eles fazem todos os gastos em comum e têm igualmente encargos comuns ligados, por exemplo, ao regime matrimonial de comunhão de bens, de longe o mais difundido, ou ainda à obrigação de anualmente fazer ao fisco uma declaração de renda única; se os pais dispõem de uma pode-se eventualmente acrescentar as rendas dos filhos. O resto, pelo contrário, deve ser excluído, pois, salvo exceção, o amálgama não corresponde a nenhuma realidade concreta.

14. Uma tentativa foi feita pelo I.N.S.E.E. a fim de distribuir por aproximação o montante do trabalho "bico" entre as categorias sócio-profissionais. Cf. H. ROSE, J.C. PIERRE, M.E. MARTIN, *Les ressources des ménages por catégories socio-professionelles en 1970*, Paris, I.N.S.E.E., 1975.

15. GASTON BANDERIES e PIERRE GHIGLIAZZA, *Les revenus des ménages en 1970*, Paris, I.N.S.E.E., 1974, p. 8.

Três possibilidades abriam-se ao I.N.S.E.E. para estabelecer as bases de seus estudos sobre as rendas: pesquisa direta junto a uma "amostra representativa" da população, utilização, por sondagem, das declarações de rendas feitas, em vista do pagamento do imposto, reconstituição das contas das famílias a partir dos dados da contabilidade nacional. As duas primeiras possibilidades reduzem-se a uma única, pois o interrogatório direto dos interessados provoca seja a recusa de resposta, seja, no melhor dos casos, a repetição das informações fornecidas pela declaração destinada à administração dos impostos. Mas é evidente que a margem é considerável em razão da importância da dissimulação das rendas de origem diversa que escapam ao controle do fisco.[16] Quanto à utilização dos dados da Contabilidade Nacional, ela é bastante aleatória. As informações sobre o valor da produção permitem constatar que a massa das rendas é superior ao que resulta das declarações fiscais para os benefícios industriais e comerciais, para os benefícios não-comerciais, para os benefícios agrícolas e globalmente um coeficiente de correção pode ser calculado. Porém é impossível ir mais longe: "não possuímos nenhum elemento que permita julgar em que medidas as avaliações para baixo variam ou não de acordo com as diversas características dos declarantes tais como: profissão precisa, sujeição ao regime de empreitada ou ao do regime real etc. (...) e principalmente, já que se trata de distribuição de rendas, de acordo com o nível desta renda".[17]

A experiência dos historiadores pode fornecer uma outra orientação de pesquisas? Deve-se primeiro lembrar um fato de evidência: as estatísticas fiscais sobre a renda total dos indivíduos (a renda declarada pelo menos) são inutilizáveis. No século XIX e no início do século XX, o imposto sobre a totalidade da renda não existia. Para o século XX, os historiadores que, como fazem outros pesquisadores, desejariam ter acesso às declarações de rendas, para utilizá-las de modo exclusivamente estatístico, chocam-se com a recusa da administração fiscal. Deve-se portanto utilizar desvios para tentar determinar, a partir de símbolos, senão o montante exato das rendas, pelo menos uma escala aproximativa de sua distribuição. Pode-se pensar antes nos signos exteriores da riqueza, utilizados aliás até os dias de hoje para fins de controle pelos serviços dos

---

16. JEAN BÈGUE, "Les enquêtes sur les revenus fiscaux des ménages", *Matériaux pour une histoire du sustème statistique depuis la dernière guerre mondiale*, Paris, I.N.S.E.E., 1976, t. I, p. 213 e ss.

17. *Rapport annuel au Conseil National de la Statistique*, 1976, p. 262.

Impostos, mas que não são determinantes: em certos limites a escolha de despesas exprime com freqüência a posição social, o *status*, tanto quanto o montante dos recursos e depende também dos temperamentos individuais. O valor do aluguel da residência principal apresenta, em certos aspectos, os mesmos inconvenientes e pode-se demonstrar, por exemplo, que no século XIX "os funcionários do Estado e os representantes das profissões liberais viviam em moradias mais espaçosas e melhor concebidas" que os lojistas;[18] isso permanece verdadeiro muito depois de 1914. Todavia, o montante do aluguel (ou o valor locativo atribuído à moradia) é, ao contrário dos outros signos exteriores de riqueza, um elemento que interessa a grande maioria das famílias que reúnem cada vez menos freqüentemente diversas gerações. Com a ressalva de multiplicar as pesquisas preliminares para apreciar, mesmo aproximativamente, o que representa em média o custo da moradia nas despesas familiais, segundo os meios e nas diversas regiões, o aluguel da residência principal é um dado importante que não se poderia desprezar.

Desse modo, o estudo da renda que cada casal dispõe só permite fornecer avaliações bastante aproximativas para o século XIX, sendo que as informações mais precisas arroladas para o século XX permanecem muito aproximativas. Para aproximar a realidade mais de perto, seria necessário confrontar os dados múltiplos dando indicações parciais. Porém, os valores locativos são, a longo prazo, a única fonte de conjunto disponível; sua distribuição por nível fornece uma primeira indicação sobre a das rendas. Os fatores de erro são inúmeros, sem dúvida, mas ao custo de um longo trabalho, poderiam ser feitas correções que seriam indubitavelmente menos aleatórias do que as correções calculadas para atenuar a incidência da fraude fiscal sobre as declarações de renda.

2. *Questões de Método, Análise de Resultados*

Em matéria de apreciação das diferenças, os resultados são, em larga medida, função do método empregado, primeiro na escolha da amostra e depois no modo de cálculo.

As pesquisas sobre as rendas feitas pelo I.N.S.E.E. concluem a partir de uma "amostragem representativa" da popu-

---

18. A. DAUMARD, in *Histoire économique et sociale de la France*, sob a direção de F. BRAUDEL e E. LABROUSSE, t. III, vol. 2, Paris, 1976, p. 917.

lação escolhida ao acaso. Esse procedimento é mais significativo que a prática mais corrente dos historiadores que, preocupados em destacar os resultados estatísticos de conjunto, preferem com freqüência a amostragem ponderada à sondagem aleatória? Velho problema que não se poderia tratar aqui em seu conjunto, mas sobre o qual alguns fatos precisos, arrolados a partir dessas pesquisas do I.N.S.E.E. dão o que pensar. A pesquisa entre as rendas de 1970, por exemplo, versa sobre 45.000 moradias sorteadas a partir do conjunto de moradias existente em 1968 (algarismo fornecido pelo recenseamento de 1968), acrescentando-se-lhe as que foram construídas de 1968 a 1970. Isso significa admitir que as condições de alojamento são um bom critério para determinar a composição de uma amostra representativa da distribuição das rendas, mesmo se, antes de proceder ao sorteio, "estratificou-se essa base de sondagem por categoria sócio-profissional do chefe de família e por número de pessoas da família no recenseamento, bem como por categoria de comuna e região de programa".[19] Ademais, vários arranjos foram introduzidos no processo do sorteio aleatório de uma amostra representativa, por exemplo, na pesquisa em curso que se propõe estudar as altas e as baixas rendas, pois "a visão de conjunto da distribuição das rendas permanece medíocre (...); isso vale particularmente para as duas extremidades da distribuição, baixas e altas rendas, muito provavelmente as menos bem conhecidas".[20] Estão aí muitas razões para reforçar a posição dos historiadores que, principalmente na história social, preferem utilizar critérios racionais mais do que proceder a escolhas ao acaso.

É preciso definir a população da qual versa a pesquisa. A esse respeito, duas opções são possíveis: ou analisar uma população estreitamente delimitada ou escolher uma definição mais ampla. No primeiro caso, para os estudos sobre as fortunas, conservou-se unicamente as famílias que possuem um patrimônio, ou seja, na verdade, segundo os critérios das pesquisas do I.N.S.E.E., as que têm bens que constituem uma poupança; do mesmo modo, as pesquisas sobre as rendas separam praticamente certo número de indivíduos ou famílias que possuem as rendas mais baixas, sem serem propriamente falando indigentes. Pelo contrário, pode-se tentar reconstituir aproximativamente o valor dos bens privados levando-se em conta mesmo haveres mínimos possuídos pelas famílias mais desfavorecidas e

19. *Les revenus des ménages en 1970, op. cit.*, p. 8.
20. *Ibid.*

constituídas, principalmente pela avaliação dada aos "alguns trapos" deixados pelos defuntos pertencentes aos meios populares mais pobres: é esse método, que se liga à segunda opção, que foi conservado pela pesquisa sobre as fortunas privadas de 1815 a 1914. É evidente que, independentemente até da margem de erro inerente a cada processo de cálculo, a escolha do método pesa sobre as diferenças que serão tanto maiores quanto mais numerosas e diversificadas forem as categorias extremas.

Em último lugar enfim, quem quer que se dedique a comparar o valor das rendas ou dos bens e sua distribuição deverá levar em conta uma observação muito importante inserida no relatório do Conselho Nacional de Estatística: "a dispersão constatada em um ano dado corre o risco de ser falaciosa: ela confunde, na verdade, a dispersão estrutural entre família (ou indivíduo), e a dispersão temporal que faz com que uma família possa ter rendas bem variáveis de um ano para outro (...) fenômeno (que) parece, sei, de acordo com estudos em curso, de uma importância muito maior do que a que geralmente se espera".[21] Daí vem a necessidade de acompanhar uma mesma família durante diversos anos para se ter uma idéia mais exata da realidade. Pode-se, evidentemente, pensar que, se a população de referência é bastante numerosa, produzem-se compensações estatísticas entre as famílias no seio dos diversos grupos e meios, mas é evidente que em período de crise econômica ou, inversamente, de prosperidade excepcional e efêmera, as diferenças, agravadas ou reduzidas, podem exprimir apenas uma situação excepcional que não dá uma idéia exata das estruturas profundas. Nosso estudos sobre as fortunas privadas desde 1815 não escaparam a esta dificuldade. O valor dos patrimônios sofreu os efeitos das variações do movimento da Bolsa, da evolução da renda imobiliária, das crises econômicas e políticas que, periodicamente, ritmam a vida da sociedade francesa desde 1815, ao passo que, durante os mesmos anos, o valor dos bens possuídos pelas camadas mais desfavorecidas não varia sensivelmente. Para apreciar a distribuição dos bens, eliminamos os anos de crise e escolhemos "anos normais", porém, é evidente que se pudéssemos ter acompanhado os patrimônios médios e importantes durante diversos anos, uns prósperos, outros catastróficos, enquanto a condição do maior número (estimada de acordo com os bens possuídos e não de acordo com as rendas) permanecia estacionária, isso teria modificado sensivelmente, se não a distribuição dos bens, pelo menos a importância das diferenças entre os extremos.

21. *Idem*, p. 239.

Cumpre ainda precisar como são calculadas as diferenças. É possível basear as comparações em patamares exclusivamente econômicos: esquematicamente isso significa apreciar a distribuição de ricos e de pobres. Essas comparações podem também ter por objeto a distinção entre "posições sociais", definidas com mais freqüência a partir das categorias sócio-profissionais.

Os critérios econômicos permitem calcular "indicadores de dispersão". É inútil lembrar aqui os diversos processos de cálculo empregados mais correntemente pelos estatísticos: eles são bastante conhecidos. Porém é necessário assinalar que o alcance das conclusões que podem ser depreendidas implica que as referências que estão na base do cálculo sejam plenamente significativas. Ora, definir uma distribuição referindo-se ao valor da mediana ou do intervalo interquartil, por exemplo, não produz forçosamente um cálculo exato da situação real dos casos extremos. É uma das razões que levou o Conselho Nacional de Estatística a criar um grupo de trabalho para estudar especialmente as altas e as baixas rendas. Em seu primeiro relatório, a equipe constituída salientou que era impossível definir *a priori* o que se pode entender por alta ou por baixa renda: "fixar patamares (...) só teria sentido na hipótese – justamente não realizada – de um bom conhecimento da distribuição das rendas". Sem fixar princípios exatos, decidiu-se estudar as famílias situadas abaixo da escala de rendas até completar 20% do conjunto, e as que, inversamente, apresentavam as rendas mais elevadas, na proporção de 5% da totalidade das famílias: são as "mais ricas" e as "mais pobres", porém unicamente por comparação e sem que, nesta etapa da pesquisa, isso permita depreender nem o número dos que são verdadeiramente ricos ou pobres, nem o conteúdo do que são realmente a riqueza e a pobreza.[22] Economistas e estatísticos tarimbados, habituados a manejar as técnicas refinadas de cálculo, recorrem aqui, portanto, ao menos na fase exploratória, aos métodos empíricos que historiadores da sociedade empregam normalmente.

Pode-se, em segundo lugar, estudar as disparidades e comparar as diversas categorias de famílias, reagrupadas em função de critérios variados, segundo a importância de suas rendas, sua fortuna, ou igualmente conforme a composição dos bens, dos recursos etc. Se não é quase possível aqui calcular os indicadores de dispersão, já que os dados não são homogêneos, pode-se no entanto quantificar os resultados. Por exemplo, Pierre Léon pôde concluir que, às vésperas da Primeira Guerra Mundial, na

---

22. *Idem*, p. 236.

cidade de Lyon, os industriais, categoria mais favorecida pela fortuna, eram 12 vezes mais ricos que a totalidade dos habitantes de Lyon e 124 vezes mais ricos que os operários das indústrias de seda, conforme se pôde deduzir das declarações de herança.[23] Porém, a importância das diferenças depende em larga medida do teor das categorias de referência. Para tomar um exemplo nos trabalhos da estatística contemporânea, a pesquisa sobre as rendas das famílias em 1970 sublinha a importância da diferença que separa os agricultores e as outras categorias sócio-profissionais. Ora, certos agrupamentos levam em conta uma hierarquia das atividades que influi diretamente sobre o montante das rendas: assim são distinguidos empregados, encarregados médios, encarregados superiores, ou, para as subcategorias, pequenos e grandes comerciantes, artesãos e industriais etc.; pelo contrário, todos exploram a agricultura e se misturam, qualquer que seja a dimensão de sua exploração. Nada impede pensar que uma classificação mais homogênea teria levado a matizar sensivelmente as conclusões.[24]

A interpretação exige portanto que uma atenção particular seja dedicada ao caráter dos dados utilizados e às hipóteses de trabalho sobre as quais repousam a classificação e a utilização dos documentos de base. A título de exemplo analisaremos alguns resultados dos estudos dos historiadores relativos ao século XIX prolongado até 1914.

Retomemos a questão da evolução das diferenças da fortuna de 1815 a 1914 e sobre a diversidade de interpretação que separa as conclusões de Pierre Léon e as minhas. Lembremos que nossos estudos versaram sobre o mesmo período, apoiaram-se nos mesmos tipos de fontes e utilizaram o mesmo método, com a preocupação, principalmente de partir das declarações de herança para reconstituir a totalidade dos bens das famílias e das pessoas sós.

Não se pode achar explicação no contraste que apresenta a importância numérica das respectivas amostragens: 4.559 heranças exploradas para 1846, 10.018 para 1911, em Paris, e somente 1.220 para 1845 e 1.840 para 1911 em Lyon. Porém a pesquisa coletiva sobre as fortunas estendia-se igualmente sobre três outras grandes cidades da França, onde as amostragens eram bem menores (910 heranças em Lille, por exemplo, no início do século XX), o que não teve incidência sobre os resultados.

23. P. LEÓN, *op. cit.*, p. 398.
24. *Les revenus des ménages en 1970*, pp. 28 e ss.

Apesar da convergência dos métodos, cada uma das pesquisas adotara, entretanto, técnicas particulares, ligadas essencialmente às condições locais. Em que medida essas diferenças pesaram sobre os resultados? Em Lyon, o regime dotal persistiu por muito tempo, em concorrência com a comunhão de bens legal ou contratual: 29,5% do número de heranças, 30% do seu valor em 1845 e ainda, respectivamente, 5% e 13% em 1911. Ora, essas heranças "dotais" não entraram no cômputo do conjunto já que, nesse caso, o valor dos bens declarados não permitia conhecer o patrimônio total das famílias. Porém, a porcentagem das famílias casadas sob o regime dotal era particularmente elevada aos níveis superiores: 1 a 2% dos casais unidos pelo regime de comunhão de bens possuíam fortunas superiores a 500.000 francos; a porcentagem atinge 7 a 8% nos casos de dotalidade. Como os cálculos de conjunto não levam em conta as heranças dotais, a parte dos mais ricos é antes subestimada. Por outro lado, para caracterizar a posição dos mais desprovidos, Pierre Léon só levou em consideração as heranças que foram objeto de uma declaração. Ora, tanto em Lyon como em todas as grandes cidades, os habitantes que morriam sem deixar herança eram numerosos. Para ter um símbolo dos contrastes reais entre as duas extremidades da escala social, calculei, ao contrário, o valor médio dos bens das categorias mais desfavorecidas, dividindo o montante total dos bens declarados pelo número total de defuntos adultos da dita categoria. Por exemplo, em Paris, o valor médio dos bens dos trabalhadores braçais elvava-se, em 1911, a 3.300 francos, levando-se em conta unicamente aqueles que deixavam uma herança, e 200 francos, se compararmos o montante dos bens declarados ao número total de trabalhadores sem qualificação falecidos durante o ano de referência. É evidente que se P. Léon empregasse esse modo de cálculo, o montante dos bens dos grupos mais pobres teria sido ainda menor. O método utilizado em Lyon tende portanto a diminuir o valor médio das fortunas das pessoas mais abastadas e a aumentar o dos grupos mais desprovidos; não são portanto os processos de cálculo que estão na origem da divergência de nossas conclusões.

Uma reflexão mais profunda fornece a explicação. Um ponto é certo: em Lyon, as diferenças se agravam no século XIX, dos anos 1815-1820 a 1914, entre os mais pobres e os mais ricos. Mas quem são os mais pobres e os mais ricos? São os trabalhadores manuais do comércio, do artesanato, da indústria de um lado, os negociantes e os industriais de outro. A agravação das diferenças entre essas categorias observa-se em toda a parte, em todas as grandes cidades dotadas de uma forte atividade econômica. Em compensação, no conjunto da França — e nas cidades que, como Paris, tinham atividades mais diversificadas que as de Lyon —, a diferença se manteve entre as categorias mais pobres, que eram os trabalhadores sem qualificação por volta de 1820 como por volta de 1910, e os grupos mais ricos. Porém estes grupos mais ricos eram, no início do século XIX, ricos proprietários imobiliários que viviam essencialmente de suas rendas, mesmo se exercessem altas funções públicas bem remuneradas, ao passo que, um século mais tarde, eram homens de negócio, banqueiros ou industriais. Os resultados obtidos, em Lyon, por Pierre Léon e os resultados que uma pesquisa mais ampla me permitiu obter não são contraditórios, são complementares. Lá onde a riqueza investida na produção ou no comércio, como em Lyon, já dominava no início do século XIX, as diferenças agravam-se. Aliás, o surto do grande capitalismo financeiro e industrial não acentuou os contrastes entre ricos e pobres, acarretou somente uma transferência: meios tradicionais ainda possuem, antes de 1914, grossos cabedais, mas a grande riqueza é o apanágio dos meios dos negócios.

Pode-se objetar que, calcular diferenças de fortuna tomando como referência, na base, os que não possuem nada, não tem grande sentido (ainda que não haja nenhuma reserva, mesmo mínima, foi um critério importante de diferenciação social em uma época onde pouquíssimos franceses se beneficiavam de um sistema de aposentadoria ou de garantias em caso de interrupção de trabalho), mas pode-se esboçar uma comparação entre diferenças de bens e diferenças de rendas?

Para o começo do século XX, as únicas fontes estatísticas que tratam do conjunto da população são a distribuição dos valores locativos dos aluguéis de moradia e o das heranças segundo o seu valor, por Departamento. A primeira, com um sistema de ponderação para levar em conta a diversidade das condições locais, foi utilizada como referência quando das discussões que precederam a criação do imposto geral sobre a renda.[25] A segunda permite encontrar as grandes tendências da distribuição dos bens ou das fortunas.

---

25. *Annales de la Chambre des deputés.* Documentos parlamentares, principalmente 1904, anexo nº 737. Ver também COLSON, *Cours d'économie politique*, t. II, p. 306 e t. III, p. 417.

Quadro 4. Distribuição dos aluguéis, distribuição das fortunas por volta de 1910 em Paris

Aluguéis		Bens e fortunas	
categoria	número em %	categoria	número em %
1 – 299 francos	41,8	0	71,8
300 – 499 francos	33,0	1 – 49.999 francos	20,9
500 – 6.999 francos	24,5	50.000 – 999.999 francos	6,2
7.000 francos e mais	0,7	1 milhão e mais	1,1
Total	100		100

Fontes: – valores locativos em Paris em 1911: *Bulletin de statistique et de législation comparés*, 1913.
– bens: A. DAUMARD, *Les fortunes françaises au XIXe siècle* (op. cit.).

Utilizemos a título de exemplo o caso de Paris por volta de 1910. Os aluguéis de um lado, tomados como símbolo aproximativo das rendas, as fortunas e os bens, reconstituídos a partir das heranças, de outro, foram agrupados em quatro categorias. O patamar inferior, para os aluguéis, é imposto pelas estatísticas oficiais que, aliás, distinguem no total 23 classes, indo até aos valores locativos superiores a 20.000 francos. Quanto aos bens, o primeiro grupo corresponde às numerosas heranças de adultos que não deram lugar a nenhuma declaração, o que, então, recobre tanto a indigência absoluta quanto a ausência de qualquer reserva da parte de famílias que de outro modo desfrutavam às vezes de uma modesta abastança em sua vida de cada dia. Com uma margem bastante larga de incerteza, a distribuição reproduzida no Quadro 4 permite, apesar das incertezas inerentes à fonte, estabelecer correspondências que salientam os contrastes entre distribuição dos bens e distribuição das rendas.[26]

Contudo, conforme o processo utilizado para apreciar as diferenças, chega-se a resultados bastante diferentes. Pode-se primeiramente basear o cálculo nos dados do quadro. O valor médio dos aluguéis mais baixos, inferiores a 300 francos, era de 165 francos; o dos aluguéis mais elevados, superiores a

---

26. Cf. ADELINE DAUMARD, "La société bourgeoise" in *Histoire économique et sociale de la France, op. cit.*, t. IV, vol. 1, 1979, p. 420.

7.000 francos, era cerca de 12.000 francos, ou seja uma diferença de 1 a 78. O valor médio dos bens compreendidos entre 1 e 50.000 francos elevava-se para 8.800 francos, o das fortunas superiores a 1 milhão, para 2.640.000 francos, ou seja uma diferença de 1 a 300. Porém, se o montante dos bens mais modestos é calculado em relação ao conjunto de defuntos adultos mais pobres, os que deixavam uma pequena herança tributável e os que nada haviam deixado de declarado após o falecimento, ainda que, na maioria, tivessem possuído algum bem, nem que fosse a mobília, a média é da ordem de 1.950 francos. Neste caso, a diferença entre os mais pobres e os mais ricos é da ordem de 1 a 1.350. Se, por outro lado, leva-se em consideração a posição social, outras correções parecem necessárias. Entre o montante daquilo que possuía os meios populares mais desfavorecidos e a fortuna média dos meios de negócios, neste caso os meios colocados na gradação dos patrimônios, a diferença era cerca de 1 a 10.000. Qual era a dos aluguéis? Muitos testemunhos permitem pensar que escolher o valor de 100 francos para o primeiro grupo constitui uma média provável. Quanto ao nível superior, pode-se observar que 1.275 moradias tinham um valor locativo superior a 15.000 francos e que o valor médio fixava-se por volta de 23.000 francos. Aqui, a diferença entre os aluguéis, símbolos das baixas e das altas rendas, se estabelece de 1 a 230.[27]

*
* *

O contraste entre diferenças de renda e diferenças de fortuna é algo bastante conhecido: é inútil insistir. Igualmente, é uma evidência que todos os cálculos desse tipo dependem pesadamente dos dados que formam a sua base, de um lado os valores, de outro os sistemas de classificação. Mas seria bom, talvez, lembrar que toda pesquisa sobre as diferenças entre as rendas ou entre as fortunas só tem um valor relativo e que os resultados só são transportáveis com muita precaução, quando se tenta comparar épocas ou meios diversos, regiões ou países diferentes, ou mesmo pesquisas independentes umas das outras. Algumas conclusões, exploradas às vezes demasiado rapidamente para fins que não são exclusivamente científicos, deveriam por-

---

27. Todos estes cálculos baseiam-se, no que concerne aos valores locativos, nos dados fornecidos pelo *Bulletin de Statistique et de Législation comparée*, 1913, vol. 1, p. 570; no que concerne aos bens, em ADELINE DAUMARD, *Les fortunes françaises...*, *op. cit.*, pp. 188 e ss.

tanto ser matizadas. Seria desejável também, como o encetam, parece, os recentes estudos patrocinados pelo Conselho Nacional de Estatística, que as análises sobre a sociedade atual se inspirassem em processos ajustados, nesses últimos anos, pelos historiadores, o que significa corrigir o rigor dos processos de cálculo pela consideração das incertezas da realidade.

11. RIQUEZA E ABASTANÇA NA FRANÇA DESDE O INÍCIO DO SÉCULO XIX*

A supressão dos privilégios jurídicos vinculados ao nascimento, ao desenvolvimento de um espírito individualista, mesmo nos meios mais tradicionais, enfim, as imperfeições da assistência pública e privada que não preenchem plenamente o papel representado pela Igreja antes de 1789 estão na origem da importância que os franceses atribuíram à riqueza no século XIX. Por falta de melhor critério, esboçamos uma hierarquia baseada na fortuna: é o próprio princípio do sistema censitário. Por outro lado, possuir um patrimônio tornou-se uma necessidade vital para aqueles que corriam o risco de ver-se totalmente

* Publicado sob o título "Wealth and Affluence in France since the Beginning of the Nineteenth Century" in W.D. RUBINSTEIN (dir.), *Wealth and the Wealthy in the Modern World*, Londres, Croom Helm, 1980.

209

desprovidos se não pudessem ganhar a vida. Quando o capitalismo industrial e financeiro floresceu, principalmente a partir de 1840, muitas fortunas novas, modestas ou importantes se constituíram, afluíram trabalhadores sem outro recurso que não seu salário em direção às cidades e o "dinheiro", para retomar o título de um romance célebre, ganhou um lugar cada vez mais importante na vida social. No século XX, as condições se modificaram. O número de assalariados com empregos bem remunerados e bem respeitados aumentou. Progressivamente, foi implantado um sistema de seguro social e aposentadoria. Finalmente, o desaparecimento do franco-ouro e das flutuações monetárias revolucionaram as condições da poupança. Hoje, é sem dúvida menos necessário que outrora a posse de uma fortuna, porém a riqueza tomou talvez tanto mais importância quanto se fez mais difícil constituir um patrimônio com modestas economias.

Não se pode entretanto assimilar, *a priori*, fortuna e hierarquia social. Estudar as fortunas privadas é primeiramente tentar avaliar o enriquecimento ligado ao crescimento econômico e as conseqüências das crises econômicas e políticas que marcaram a história da França desde o início do século XIX; é apreciar a distribuição dos bens, os contrastes regionais, as diferenças entre os meios sociais e a concentração da riqueza. É, enfim, confrontar condição de fortuna e condição social: a comparação se impõe a quem quer que se interrogue sobre a natureza dos fundamentos da sociedade francesa contemporânea.

Até 1914, poupadores e capitalistas baseavam todos a gestão de sua fortuna em uma confiança total no franco-ouro. Impõe-se portanto um corte após a Primeira Guerra Mundial que marca a entrada em uma nova era. Porém, antes de descrever a riqueza e a abastança, uma análise dos dados e uma exposição dos métodos permitirão precisar a noção mesma de fortuna privada.

1.

Antes de enumerar os ricos, seria necessário definir a riqueza. No século XIX, uma consideração particular envolve a propriedade imobiliária. Ainda em 1870, o governo desejando conhecer a "fortuna avaliada em renda anual" dos conselheiros-gerais, em geral só recebia informações sobre as propriedades rurais e as casas.[1] Igualmente, o sistema censitário, até 1848, privilegiava a propriedade fundiária. Porém, mais do que uma vontade deliberada, é uma solução de comodidade em relação ao sistema de tributação direta. Em compensação, os direitos de herança constituem um imposto sobre a fortuna definida no sentido mais lato. De acordo com as disposições de uma lei de 1799 que continuou aplicável durante todo o século XIX e, com algumas modificações, até 1956, todos os bens pertencentes a uma herança são submetidos a uma taxa, salvo duas exceções: os imóveis situados no exterior, pois estes pagam impostos no local, os fundos públicos franceses até 1850, medida de circunstância tomada para atrair para as novas instituições os investidores em fundos do Estado arruinados durante a Revolução. Na segunda metade do século XIX, novas leis foram votadas para adaptar a antiga lei às condições do capitalismo moderno, porém esses textos preenchiam lacunas, não destacavam novos princípios.[2]

O imposto sobre a fortuna privada, cobrado por ocasião da transmissão das heranças, dizia respeito à totalidade dos bens com valor venal. Entre esses bens, uns só possuem um valor de uso, às vezes estimado muito por baixo nas declarações de herança do século XIX que mencionam as roupas e utensílios de primeira necessidade. Outros são passíveis de trazer um rendimento, porém a este interesse material, acrescenta-se o prestígio que depende das formas de investimento e dos meios de influência ligados à propriedade fundiária, aos investimentos industriais e comerciais em empresas privadas ou à posse de capitais mobiliários, créditos sobre particulares ou valores financeiros, especialmente os rendimentos de fundos do Estado ou as ações das sociedades anônimas.

Novas preocupações aparecem nas pesquisas contemporâneas sobre os patrimônios. Algumas pesquisas só tratam do "patrimônio doméstico", com exceção dos capitais investidos em empreendimentos individuais: elas têm por objeto principalmente o estudo das famílias como consumidores ou poupadores. A maioria das pesquisas não leva em consideração nem o dinheiro líquido, nem o ouro entesourado, nem as jóias e objetos de coleção, não por princípio, mas em razão da freqüência das dissimulações. Igualmente, por razões práticas, devido às dificul-

---

1. Cf. L. GIRAUD, A. PROST, R. GOSSEZ, *Les conseillers généraux en 1870*, Paris, 1967, pp. 22 e ss.

2. Cf. A. DAUMARD (org.), *Les fortunes françaises au XIXe siècle*, Paris, 1973, Cap. I.

dades de avaliação, são eliminados os bens fungíveis, móveis, automóveis etc. Às vezes, pelo contrário, a noção de patrimônio se amplia: se se toma em consideração os direitos sociais, por exemplo, é evidente que a diferença entre as fortunas é modificada. Finalmente, as avaliações da riqueza privada não podem afastar a delicada questão das dívidas: uma vez deduzido o passivo, algumas fortunas podem ser nulas ou negativas, porém não é dado a todo mundo obter crédito. Na realidade, ativo bruto e ativo líquido têm, tanto um quanto outro, a sua significação, mas na prática, o historiador nem sempre tem a escolha; ele utiliza aquilo que a documentação existente lhe oferece.

Se tentarmos confrontar posição de fortuna e posição social, novas questões se colocam.

É preciso no patrimônio total distinguir o que cabe à herança? Um certo prestígio se liga aos bens de família: sobrevivência do espírito do antigo regime antes de 1914 principalmente, suspeita às vezes que envolve, em nossos dias, a constituição demasiado rápida de algumas fortunas. Inversamente, sempre se opôs à herança os bens "adquiridos com o trabalho e com a poupança", frutos dessas duas virtudes cardeais da burguesia do século XIX, o esforço coroado de sucesso, a força moral que assegura o futuro sacrificando uma parte dos prazeres do presente.[3] Ainda nos dias de hoje, esse primeiro patrimônio, sobretudo se é modesto, encontra numerosos defensores, porém com nuanças: quase unânime sobre a propriedade da moradia familial, a opinião é mais dividida face aos investimentos e às aplicações na Bolsa, como se fosse legítimo privilegiar os bens de usufruto em detrimento do capital produtivo.

Sob a influência do Código Civil, a maioria dos franceses casados vive sob regimes de comunhão de bens que, com variantes, têm um traço em comum: cada cônjuge guarda a propriedade de suas heranças, mas o marido, com raras exceções, administra a totalidade da fortuna e dispõe dos bens de sua mulher, contanto que os interesses da esposa sejam preservados quando da dissolução do casamento.[4] É portanto o conjunto desses bens, bens do marido, bens da mulher e bens adquiridos durante o casamento, que permite avaliar a fortuna real do casal e seu lugar na hierarquia das riquezas. Deve-se ir mais longe? Muitas pesquisas recentes sobre os patrimônios consideram que o casal

3. *Idem*, pp. 24-27.

4. Não se trata de uma comunhão reduzida às aquisições. Até uma reforma bastante recente, o Código Civil só considerava como bens próprios os imóveis possuídos por cada cônjuge. Era necessário um contrato de casamento lavrado perante um tabelião para que as heranças mobiliárias não caíssem na comunhão.

é constituído pelo conjunto das pessoas que habitam a mesma moradia. Isso leva a aumentar a importância da fortuna quando, aos bens do esposo, acrescentam-se os dos filhos adultos, pais etc. Se se quiser comparar o montante dos patrimônios com, por exemplo, as capacidades de consumo, isso pode se justificar. Porém, o "cabeça" de um casal assim aberto, não dispõe dos bens nem mesmo dos rendimentos dos que vivem sob o mesmo teto. Aliás, se os recursos acumulados do marido e da mulher são tomados em consideração para o cálculo do imposto sobre a renda, as outras pessoas alojadas pelo cabeça do casal são consideradas como contribuintes separados. O amálgama feito por algumas dessas pesquisas contemporâneas corre o risco de deformar a hierarquia das fortunas suscetíveis de caracterizar os diversos meios sociais.

Enfim, colocam-se difíceis problemas de classificação. Os diversos tipos de bens serão reagrupados diferentemente conforme queiramos enfatizar a parte das fortunas privadas no desenvolvimento econômico ou no papel social da riqueza. A escolha das variáveis que permite analisar a distribuição dos bens é mais determinante ainda. Se se estuda a localização geográfica das fortunas isso responde às hipóteses relativas à desigualdade do desenvolvimento econômico das diferentes regiões e ao efeito da urbanização sobre os patrimônios. Se procurarmos os contrastes ligados à idade e ao sexo, o reagrupamento aparentemente fácil é às vezes artificial em razão dos casamentos entre pessoas de idade e às vezes de profissão pouco comparáveis. O ofício ou a profissão e, eventualmente, a qualificação são os critérios escolhidos com maior freqüência. Para ser utilizável, a fim de permitir comparações entre regiões ou períodos distantes, esta classificação exige muitas simplificações e os reagrupamento pesam bastante, às vezes, sobre as conclusões.

Algumas das dificuldades que acabamos de lembrar são, na prática, mais teóricas que reais. Quem quer que deseje estudar as fortunas privadas há dois séculos depende de fato das fontes; em certa medida, as escolhas e o método se impõem pelo teor dos documentos.

Tentou-se, às vezes, avaliar a fortuna privada partindo de estimativas de conjunto da riqueza nacional e de estatísticas oficiais mais ou menos completas, tais como as que são, hoje em dia, apresentadas pela Contabilidade Nacional.[5] Mas, para

---

5. F. DIVISIA, R. DUPIN, R. ROY, *A la recherche du franc perdu*, t. III, *La fortune de la France*, Paris, 1956. Para estudar a evolução, esta obra refere-se principalmente a C. COLSON, *Cours d'économie politique*, t. III, Paris, 1927, pp. 361 e ss.

certos bens, o valor dos dados é pouco seguro e o cálculo do que provém da fortuna privada dos franceses comporta uma forte margem de apreciação pessoal. Isso quer dizer que as comparações no tempo são bastante aleatórias.

Desde o fim do século XIX, empregou-se o montante da "anuidade sucessorial" para conhecer as variações da riqueza privada.[6] Desde 1826, de fato, o Ministério das Finanças públicas, todos os anos, o valor dos bens transmitidos por herança: multiplicando este valor por um coeficiente correspondente ao intervalo médio que separa duas gerações, estima-se aproximativamente o montante da fortuna privada total, já que, em princípio, todas as heranças estão submetidas ao imposto. Na realidade, existem dois fatores de erro. Não se conhece nem a totalidade dos bens, nem o valor exato em razão das fraudes, dissimulações e isenções legais; de resto, uma parte das fortunas privadas é transmitida, antes do falecimento, por doações entre vivos. Em segundo lugar, é difícil calcular com precisão o coeficiente que permite apreciar a fortuna dos vivos a partir do montante das heranças. Tentou-se reduzir a margem de erro levando-se em consideração a mortalidade por faixa etária para se ter uma melhor imagem da população, e reavaliando as diversas categorias de bens de acordo com os dados estatísticos diretos para reduzir os efeitos da fraude. Porém, esses cálculos baseados em simples estimativas são mais precisos que rigorosos.[7] As estatísticas sucessoriais permanecem entretanto uma fonte fundamental. No século XX, até o seu desaparecimento em 1964, elas são cada vez mais detalhadas e permitem principalmente conhecer a composição das heranças e sua distribuição por Departamento, de acordo com sua importância. Se a estimativa da fortuna privada global sobre essas bases permanece muito aproximativa, a análise dos dados indica as tendências da evolução das fortunas privadas na França, desde que se leve em conta as mudanças da legislação relativa aos direitos de herança.[8]

Para se relacionar riqueza e meio social, é preciso recorrer às fontes monográficas. No século XIX os contratos de casa-

6. COLSON, *op. cit.*, p. 374. Ver igualmente A. DE FOVILLE, *La France économique. Statistique raisonnée et comparée*, Paris, 1889, p. 516.

7. P. CORNUT, *Répartition de la fortune privée en France par département et nature des biens au cours de la première moitié du XXe siècle*, Paris, 1963, pp. 21-29 e 45-53.

8. Ver, para a apresentação dos documentos, A. DAUMARD, "Les statistiques successoriales en France aux XIXe et XXe siècles", *Pour une histoire de la statistique*, t. I, Paris, I.N.S.E.E., 1977, pp. 381-392.

mento e os inventários *post-mortem* lavrados pelos tabeliães, muito explícitos na maioria das vezes, dizem respeito a apenas uma pequena parte da população.[9] As declarações de herança têm a vantagem de serem mais condensadas e apresentarem uma base muito mais ampla; além do mais, até os defuntos que não possuem qualquer bem tributável são recenseados para fins de controle. A pesquisa direta nessas declarações traz muito mais do que as estatísticas publicadas pela administração: dispomos de informações precisas sobre a situação do defunto, de seu cônjuge e dos herdeiros; quando a morte atingiu uma pessoa casada, é possível, na maioria dos casos, reconstituir a fortuna dos casais; finalmente, a composição dos bens é bastante detalhada. Porém, qualquer estudo sobre as fortunas fundado nas heranças corre o risco de deformar a realidade dando demasiada importância às pessoas idosas. Enfim, a necessidade de longo tempo e as dificuldades das pesquisas nos arquivos do Registro de Heranças e Legados (administração em que são feitas as declarações de herança) obrigaram os pesquisadores a limitar o exame a alguns anos e a alguns lugares característicos. Entretanto, todas estas investigações históricas repousam, para cada período e para cada lugar, em centenas e até, nas grandes cidades, em milhares de casos.[10] Quanto mais nos aproximamos do período atual, mais difícil o acesso às declarações de herança, protegidas pelo cuidado de não violar o segredo da vida privada.

As pesquisas mais recentes sobre os patrimônios são na maioria baseadas em questionários elaborados pelo pesquisador. A que estudou a riqueza dos franceses em 1975, por exemplo, agrupa as respostas de cerca de 3.000 famílias escolhidas de modo a fornecer uma "amostra representativa" do conjunto da

---

9. A primeira utilização quantitativa desses arquivos notariais foi feita por A. DAUMARD, *La bourgeoisie parisienne de 1815 à 1848*, Paris, 1963.

10. Entre as obras que estudaram os capitais a partir dessa documentação, citemos nomeadamente, A. DAUMARD, *Les fortunes françaises... op. cit.* P. LÉON, *Géographie de la fortune et structures sociales à Lyon au XIXe siècle (1815-1914)*, Centro de História Econômica e Social da Região Lionesa, 1974; F.P. CODACCIONI, *De l'inégalité sociale dans une grande ville industrielle. Le drame de Lille de 1850 à 1914*, Lille, Éditions Universitaires, 1976 e G. DESERT, "Structures sociales dans les villes bas-normandes au XIXe siècle", in *Conjoncture économique, structures sociales, hommage à Ernest Labrousse*, 1974, pp. 491-513. Ver igualmente as páginas consagradas aos bens e às fortunas por A. DAUMARD in *Histoire économique et sociale de la France*, Paris, P.U.F., t. III, vol. 2, 1976, e t. IV, vol. I, 1979, vol. 2, 1980, vol. 3, 1981.

população do país.[11] Em relação ao uso das declarações de herança, a vantagem é evidente: todas as categorias etárias, todas as regiões, em sua diversidade, todas as condições sociais puderam ser levadas em consideração, na medida em que as estatísticas existentes sobre a distribuição das famílias segundo a profissão, a idade, o sexo e o domicílio podem pretender fornecer uma imagem exata da sociedade atual.[12] Porém, o método apresenta inconvenientes. Em uma amostra que não pode utilizar senão 2.800 respostas, os meios superiores e as categorias mais ricas correm o risco de serem reduzidas a efetivos pouco representativos, tanto mais que as recusas em responder aos pesquisadores são particularmente numerosas nas classes altas. Inversamente, os componentes retidos para caracterizar os patrimônios levam a subestimar particularmente os bens dos casais modestos. Excluiu-se os bens de consumo durável, móveis, eletrodomésticos, automóvel: ora, a aquisição destes drena uma parte da poupança popular. Deixou-se de lado os imóveis situados fora da França: ora, os trabalhadores imigrados aos quais se reservou um lugar na amostragem, os portugueses, por exemplo, utilizam com freqüência suas primeiras economias para comprar um terreno ou construir uma casa em seu país. Em compensação, ao contrário do que se podia esperar, as pesquisas diretas, que não têm incidência fiscal, comportam aproximativamente porcentagem idêntica de dissimulação ou de subestimação que as declarações de herança, sobretudo no que concerne aos bens menos visíveis, tais como os ativos financeiros e os valores mobiliários.[13]

A partir de dados tão heterogêneos, as comparações a longo prazo são difíceis. A depreciação do franco desde o abandono do franco-ouro é uma primeira razão para se fazer um corte em 1914. Existem aí também razões de método. Para o século XIX, prolongado até 1914, o historiador pode interrogar os documentos, construindo suas próprias hipóteses de

---

11. A. BABEAU, D. STRAUSS-KAHN, *La richesse des Français*, Paris, 1977.

12. A estatística oficial chama *mènage* (casal ou família) ao conjunto de pessoas que ocupam uma moradia separada. Esse casal pode, portanto, ser composto por uma ou várias pessoas e seu chefe pode ser um homem ou uma mulher. É nesse sentido que a pesquisa dirigida por A. Babeau empregou o termo. As pesquisas sobre o século XIX (até 1914), pelo contrário, estudaram as fortunas das pessoas sós e a dos pares casados, "casais" no sentido tradicional do termo.

13. Testemunho do Sr. MALINVAUD, diretor do I.N.S.E.E., Colóquio de Paris, julho de 1978.

trabalho. Para o século XX, ao contrário, ele só pode comentar estatísticas oficiais ou resultados já elaborados que respondem a preocupações que nem sempre são as suas.

A França que entra na Primeira Guerra Mundial difere sob muitos aspectos da que sai da Revolução e do Império em 1815. A noção de riqueza, de abastança, de pobreza, a composição das fortunas e a natureza da popuança mudaram; porém antes de mostrar as características e a amplitude desta evolução, é preciso insistir nas permanências que caracterizam essa centena de anos.

Até 1914, o peso dos pobres na sociedade francesa é considerável. Nas cidades mais importantes e mais ativas, um fato acontece regularmente de ano em ano desde o início da Restauração: em Paris, em Lyon, em Bordeaux, em Lille, em Rouen, por exemplo, 70 a 80% dos adultos morriam sem nada deixar após o seu falecimento, proporção mínima, pois se é necessário levar em conta as dissimulações, inversamente, as declarações de herança, que se restringem a avaliar o preço de um colchão de palha ou de utensílios grosseiros, reagrupam muitos miseráveis. Sem dúvida, estes pobres não eram todos indigentes propriamente falando, pois podiam subsistir graças a seu salário, porém eram ao menos "indigentes virtuais" já que não possuíam nenhuma reserva: toda interrupção de trabalho os reduzia à miséria. Esta posição não era somente a das pessoas de idade mais atingidas que outras pela morte. Analisando as condições de acomodação dos parisienses, numerosos relatórios administrativos anteriores a 1848 estimam de fato que "a parte realmente não-indigente da população ocupa apenas um quarto do número das locações.[14] Nos burgos, no campo, a proporção dos óbitos que não acarretam declaração de herança é muito pequena, da ordem de 30 a 40%. Porém, quanto mais a aglomeração cresce em importância, mais a proporção se eleva. Duas Franças se opõem. Na França rural, a mais tradicional, existe muita pobreza, mas a indigência absoluta é mais rara. Isso influencia mesmo as condições de vida de certas metrópoles provinciais que permaneceram durante muito tempo bastante próximas da vida rural, como Toulouse, onde a proporção dos pobres é bem menor do que em outras grandes cidades. Na França urbanizada, pelo contrário, lá onde se concentra o essencial das atividades e das riquezas, no século XIX, a pobreza é particularmente importante, mas ela é tão elevada nos anos 1820-1830 quanto no início do século XX. O crescimento econômico,

14. A. DAUMARD, *Bourgeoisie parisienne...*, op. cit., p. 8.

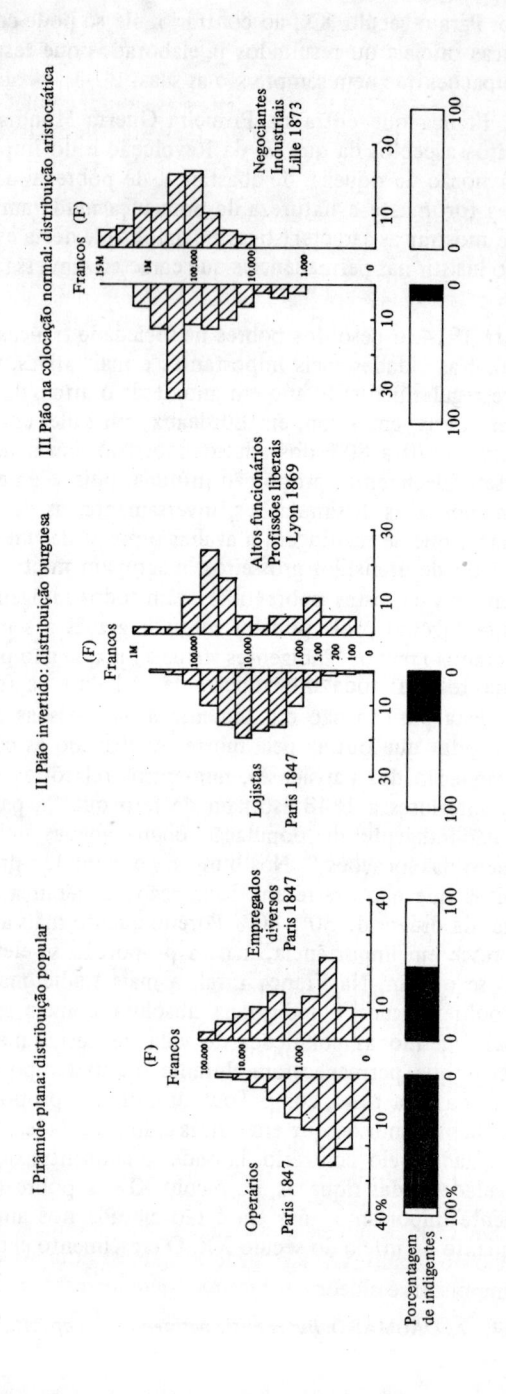

Gráfico 1. *Tipos de distribuição de bens conforme os meios sociais*

I Pirâmide plana: distribuição popular

II Pião invertido: distribuição burguesa

III Pião na colocação normal: distribuição aristocrática

Fonte: A. DAUMARD, in *Histoire économique et sociale de la France* Paris, P.U.F., vol. III, p. 888.

o desenvolvimento do capitalismo financeiro e industrial, que tomaram vulto na França, por volta de 1840, puderam estender a miséria a cidades em que se apagavam as seqüelas da vida rural, não a agravaram lá onde ela existia nas grandes cidades mais ativas: a miséria não está ligada diretamente à industrialização, ela caracteriza a vida urbana.

A fortuna permaneceu bastante concentrada de 1815 a 1914. Entre 1902 e 1913, de acordo com as estatísticas sucessoriais e para o conjunto da França, 0,2% somente das heranças tributadas (deixadas por cerca de 0,1% dos franceses adultos falecidos durante o período) ultrapassavam um milhão de francos; o seu montante representava cerca de 30% dos bens transmitidos. As pequenas heranças eram infinitamente mais numerosas, porém menos de 4% dos possuidores (apenas 3% dos defuntos) deixavam mais de 50.000 francos a seus herdeiros que recolhiam assim mais de 70% dos bens transmitidos por óbito. Esta situação não era nova, como salienta a pesquisa sobre as fortunas dos habitantes das grandes cidades. Na extremidade inferior da escala, por volta de 1820, 30% dos defuntos possuíam apenas 0,1% da massa dos bens em Paris, 0,5% em Bordeaux, 1% em Toulouse; as proporções eram idênticas em 1911. Na outra extremidade, 30% do montante das fortunas estavam nas mãos, sob a Restauração, de 1% dos parisienses, 1% dos habitantes de Bordeaux, 2,5% dos de Toulouse; em 1911, de 0,4% dos habitantes de Paris, 1% dos de Toulouse e 2,5% dos habitantes de Bordeaux. As concordâncias importam mais do que as diferenças: a maior parte da riqueza estava nas mãos de um pequeno número de pessoas. Isso caracteriza todo o período, até 1914, porém a concentração da fortuna acentuou-se ligeiramente durante o século.

Da pobreza à abastança, desta à riqueza, todas as nuanças existiam. Contrastes muito acentuados separavam a base do topo, mas, sobre um pedestal desmesuradamente largo, onde se situam todos aqueles que nada possuíam, os patrimônios classificados segundo a sua importância formam degraus irregularmente decrescentes. Esquematicamente, coexistem três grandes tipos de distribuição de bens até 1914. A antiga distribuição lembra uma pirâmide de degraus irregulares com uma base bastante ampla, um ápice elevado, mas muito diminuído. Esta distribuição que subsiste em algumas grandes cidades como Lyon, em 1845, é ainda a que caracteriza a totalidade da França no início do século XX, em razão do grande número de franceses, camponeses e aldeões, sobretudo, que possuíam patrimônios ínfimos. Nos burgos e pequenas cidades, em Bayeux ou em Hon-

Quadro 5. *Distribuição e concentração dos bens em 1911.*

Localização	Nível (em francos) 0	menos de 2.000 francos	2.000 a 50.000 francos	50.000 a 1.000.000 francos	mais de 1.000.000 francos	Total
França						
Número de óbitos	37,0	33,1	27,2	2,6	0,1	100
Número de heranças		53,0	42,6	4,2	0,2	100
Valor das heranças		2,5	26,4	43,1	28,0	100
Paris						
Número de óbitos	71,8	7,9	13,0	6,2	1,1	100
Número de heranças		27,9	46,0	22,1	4,0	100
Valor das fortunas		0,1	3,3	29,6	67,0	100
Lyon						
Número de óbitos	70,0	15,8	9,2	4,8	0,2	100
Número de heranças		52,6	30,7	15,9	0,7	100
Valor das fortunas		0,4	10,9	52,6	36,1	100
Bordeaux						
Número de óbitos	70,0	6,6	16,8	6,1	0,5	100
Número de heranças		22,2	55,8	20,4	1,6	100
Valor das fortunas		7,5	40,1	42,9	47,6	100
Toulouse						
Número de óbitos	40,0	19,1	35,5	5,3	0,1	100
Número de heranças		31,9	59,2	8,8	0,2	100
Valor das fortunas		1,1	27,6	53,3	18,0	100

Fonte: A. DAUMARD, in *Histoire économique et sociale de la France*, P.U.F., t. IV, vol. 1.

fleur, por exemplo, no final do século XIX, a distribuição lembra mais uma estrutura piramidal de forma atarracada: o número de fortunas de cada nível é bastante vizinho e os contrastes entre a base e o topo são muito mais reduzidos, exceto no caso excepcional em que uma grande fortuna local domina o conjunto. Isso traduz um aspecto da implantação da riqueza na França: raras são as famílias ricas que então fazem do campo ou das pequenas cidades o local de seu estabelecimento principal. Nas cidades mais importantes, o escalonamento das fortunas assume uma nova forma: os degraus irregulares desenham a forma de um pião invertido, a ponta no alto, de lados mais ou menos cheios. Visível em Paris, em Bordeaux, antes de 1848, esta estrutura aparece em Lille sob o Segundo Império e se expande largamente no início do século XIX. Ela caracteriza as cidades mais ativas e mais modernas.

Da base ao topo existiam todas as posições intermediárias e, nas grandes cidades pelo menos, não haviam rupturas muito nítidas. Podemos, entretanto, esboçar uma hierarquia das fortunas, fundada na freqüência mais ou menos grande da distribuição dos bens nos diversos níveis. Na parte inferior, situam-se aqueles que possuíam um capital mínimo, insuficiente para assegurar uma renda que permitisse sobreviver, mas que constituía uma modesta poupança que possibilitava enfrentar dificuldades temporárias, desemprego, doença ou, para os mais jovens, abrir um negócio no artesanato ou no pequeno comércio popular. Acima, destaca-se um segundo modo, seja entre 10.000 e 20.000 francos, em algumas cidades no começo do século XIX, seja entre 20.000 e 50.000 francos em Paris e na maioria das grandes cidades em 1911. Os mais modestos dentre estes patrimônios davam a seus detentores uma boa situação financeira que lhes permitia subsistir sem recorrer à caridade, assegurando-lhes uma renda anual cuja importância era comparável ao salário que podiam receber, nesta região, os diaristas mais mal pagos. Quando o capital era capaz de fornecer uma renda superior ao salário médio dos trabalhadores manuais, pode se falar de "fortunas", das mais modestas às mais elevadas.[15]

Sempre, ricos e pobres distribuíram-se desigualmente através da França. Um cálculo baseado nas estatísticas sucessoriais do início do século XX fornece os seguintes resultados: os parisienses e os outros habitantes do Departamento do Sena possuíam 32% da fortuna privada do país; no total, os franceses domiciliados no Sena e nos outros cinco Departamentos (o

15. Cf. A. DAUMARD, *Les fortunes françaises, op. cit.*, p. 136.

Norte, o Sena-Inferior e o Ródano com predomínio industrial, o Seine-et-Oise e o Marne essencialmente agrícolas) concentravam cerca de 45% da riqueza. A análise das fortunas urbanas confirma que esta tendência era antiga. De 1820 a 1911, a fortuna dos parisienses domina largamente e a relativa pobreza dos habitantes de Toulouse assinala a oposição entre as cidades economicamente ativas e as cidades tradicionais (cf. Quadro 6).

Finalmente, a confrontação entre posição de fortuna e meio social mostra uma certa continuidade. Durante todo o período, é possível encontrar os três tipos de distribuição ilustrados no Gráfico 2 através de exemplos tomados em meados do século XIX. Mesmo nos grupos mais homogêneos, as fortunas eram hierarquizadas. Na distribuição popular, a pirâmide dos bens tinha uma base desmesuradamente alargada pelo número de todos aqueles que nada possuíam: a pobreza ou, para alguns, a mediocridade, era a regra quase geral; alguns casos de modesta abastança apareciam entretanto no topo. A distribuição tipicamente burguesa é o pião invertido. Pode-se desprezar a porcentagem de "indigentes" que não deixavam nenhuma herança tributável: são pessoas arruinadas ou uma população situada no limiar dos meios populares. Segundo os grupos sociais, as cidades e as épocas, a base de onde parte a distribuição dos bens pode situar-se mais ou menos embaixo, o topo pode estar mais ou menos elevado, mas sempre a proporção dos patrimônios intermediários, modestos ou médios, é importante. Na distribuição aristocrática, muito menos freqüente, a extrema miséria é muito pouco propagada, a grande riqueza permanece excepcional, mas é uma exceção mais constante, e o nível das fortunas intermediárias é relativamente mais elevado. Em todos os meios, o leque das fortunas estava bastante aberto, porém, da base ao topo, esboçava-se uma estrutura ternária. Todavia, é difícil caracterizar a hierarquia social pela hierarquia das riquezas, pois os níveis de fortuna dos diferentes meios confundiam-se por suas extremidades superiores e inferiores. Nenhuma condição apresentava-se nitidamente traçada e as imbricações eram a regra.

Se aprofundarmos mais ainda as características da distribuição dos bens, poderemos constatar entretanto que se operou uma evolução profunda.

De 1820 a 1914, a fortuna privada havia aumentado sensivelmente. A evolução da anuidade sucessorial testemunha este fato (cf. o Gráfico 2); a tendência é idêntica se, a fim de atenuar as conseqüências do envelhecimento eventual da população,

Gráfico 2. *Montante dos bens transmitidos por herança na França.*

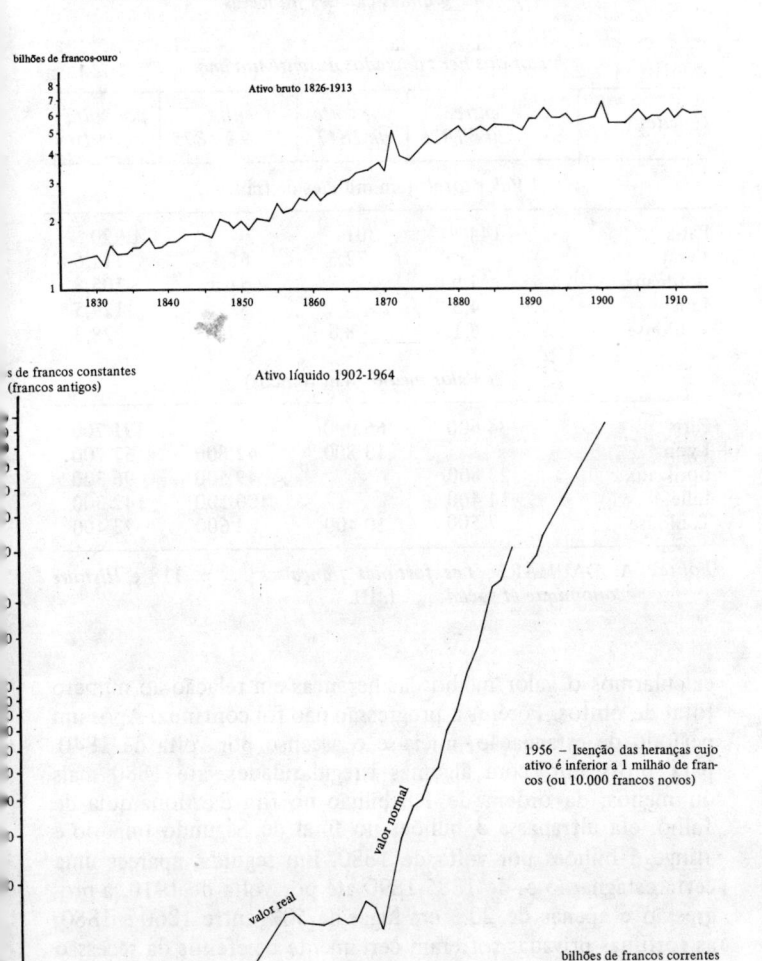

bilhões de francos-ouro

Ativo bruto 1826-1913

bilhões de francos constantes
(francos antigos)

Ativo líquido 1902-1964

valor real

valor normal

1956 – Isenção das heranças cujo ativo é inferior a 1 milhão de francos (ou 10.000 francos novos)

bilhões de francos correntes
(francos antigos)
(1914 = 100)

Fonte: *Anuário Estatístico da França.*

Quadro 6. *Evolução comparada das fortunas nas grandes cidades francesas*

Valor dos bens deixados durante um ano

Cidades	entre 1820 e 1826	por volta de 1847	entre 1869 e 1873	por volta de 1910
1/ *Valor total* (em milhões de francos)				
Paris	144	301		1.920
Lyon		22,3	65,5	111,6
Bordeaux	7,9		51,8	105,8
Lille	4,5		53	129,5
Toulouse	6,1	8,8	20,1	28,3
2/ *Valor médio* (em francos)				
Paris	34 600	66 000		191 700
Lyon		13 800	42 800	57 700
Bordeaux	23 800		49 500	96 300
Lille	14 400		100 100	142 300
Toulouse	7 500	10 400	22 600	23 400

Fonte: A. DAUMARD, *Les fortunes françaises* ... p. 118 e *Histoire économique et sociale* ... t. III.

calcularmos o valor médio das heranças em relação ao número total de óbitos. Porém, a progressão não foi contínua. Após um período de estagnação, inicia-se o ascenso por volta de 1840, para prosseguir, com algumas irregularidades, até 1880 mais ou menos; da ordem de 1,8 bilhão no fim da Monarquia de Julho, ela ultrapassa 3 bilhões no final do Segundo Império e atinge 5 bilhões por volta de 1880. Em seguida, aparece uma certa estagnação e, de 1885-1890 até por volta de 1910, a progressão é apenas de 20% em lugar de 50% entre 1860 e 1880: as fortunas privadas sofreram certamente os efeitos da recessão econômica do final do século XIX. Em compensação, a retomada do crescimento, muito marcada antes de 1914, quase não teve efeito sobre o montante global das heranças. Acarretou ele um enriquecimento menos acentuado do que a expansão do Segundo Império? Uma outra hipótese é plausível. As declarações de herança dão talvez na época uma imagem não tão boa das grandes fortunas: algumas dentre elas constituíram-se muito recentemente; além disso, a reforma dos direitos de herança, em 1901, acarretou um agravamento das dissimulações e das fraudes.

Por ocasião desse enriquecimento, a partilha dos bens modificou-se. Se a desigualdade entre as regiões permanece grande, em compensação os contrastes entre Paris e as grandes metrópoles provinciais tendem a se atenuar na medida em que estas participaram da expansão econômica. Por exemplo, a fortuna média dos habitantes de Lille que deixaram herança, não atinge sequer a metade da dos parisienses em 1820, representa cerca de três quartos em 1911. O desenvolvimento econômico não beneficiava igualmente a todos os possuidores. A concentração dos bens é grande, mas o que aconteceu com as fortunas intrmediárias? A questão que, então, preocupava muito os franceses é difícil de resolver, pois a noção de fortuna intermediária varia muito segundo os locais e as épocas. Possuir 500.000 francos já era riqueza sob a Restauração, ao passo que, no último terço do século XIX, o economista Foville forjou a expressão "viver milionariamente" (à maneira daqueles cujo patrimônio atingia pelo menos um milhão) para evocar as classes mais ricas. Os limites inferiores são mais incertos ainda. Levando em conta a distribuição das fortunas por nível tanto quanto da renda presumida dos capitais, nós os fixamos, muito aproximativamente, em 20.000 francos no início do período, em 50.000 no final. Sobre estas bases, é possível estimar, pelo menos nas cidades, a parte que ocupavam as fortunas que asseguravam uma abastança, modesta ou grande, a seu proprietário. Em Paris, por exemplo, as fortunas reagrupavam, segundo os anos, 22 a 24% do número de heranças e 7% do número de falecimentos dos adultos, mas concentravam 62% do valor total dos bens em 1820 e somente 30% em 1911. O número relativo das fortunas de valor médio permaneceu um pouco estacionário, mas sua importância na vida econômica e na riqueza do país atenuou-se consideravelmente.

Alguns meios beneficiaram-se particularmente com esses progressos da riqueza privada. Entretanto não podemos manter a tese antiga que atribuía à industrialização do século XIX o agravamento do fosso que separava ricos e pobres. Materialmente, as diferenças entre pobreza e riqueza permaneceram da mesma ordem de 1820 a 1911: a relação entre o que podiam possuir os adultos mais desprovidos (média estabelecida levando-se em conta o número elevado de pessoas que nada possuíam) e as fortunas médias dos grupos mais ricos era de 1 para 10.000; a análise dos bens em Paris ou em Lille, por exemplo, coloca isso em evidência.[16] Em Lyon, pelo contrário, a dife-

---

16. A. DAUMARD, "L'évolution des structures sociales en France à l'époque de l'industrialisation, 1815-1914", *Colloque international du C.N.R.S., L'industrialisation en Europe au XIXe siècle*, éditions du C.N.R.S., Paris, 1972, pp. 315-334.

rença aprofundou-se entre os proletários mais pobres e os negociantes e os industriais. Mas isso traduz o enriquecimento dos meios financeiros muito mais do que o empobrecimento dos humildes que, no início do século XIX, estavam também afastados do topo da escala (e até mais) lá onde existiam grandes fortunas. Longe de serem contraditórios, esses resultados são complementares. Porém, o enriquecimento ligado ao desenvolvimento econômico havia acarretado transferências de bens. Os menos favorecidos foram os pequenos patrões, comerciantes ou artesãos que trabalhavam por conta própria. Em Paris, por exemplo, estes possuíam 17% da fortuna total em 1820, porém, menos de 3% em 1911; quanto ao valor médio de sua fortuna, ela passou de 28.600 para 44.000 francos, ou seja, uma progressão de 54%, enquanto que, no conjunto, as fortunas médias na capital haviam sido multiplicadas por 2. Não se trata de uma ruína, mas de um rebaixamento de classe relativo: é um aspecto daquilo que os contemporâneos chamavam crise das classes médias, que é antes uma crise da pequena empresa. A posição dos "homens de talento", membros das profissões liberais, funcionários, pessoal de administração a serviço das empresas privadas, liga-se mais ou menos ao mesmo tipo: uns e outros participavam de uma forma muito débil, em média, do enriquecimento geral, principalmente nas grandes cidades onde, desde o início do século XIX, os administradores e gerentes de negócios eram numerosos. Os principais beneficiários do enriquecimento geral haviam sido os meios dos negócios. A fortuna média dos diretores de grandes empresas chegava a atingir um milhão e meio em Paris, em 1911, ou seja, sete vezes mais do que em 1820. A progressão é muito grande igualmente na província. Em Lyon, em Lille, os industriais possuem as fortunas médias mais importantes, ao passo que em Paris negociantes e banqueiros ocupam o primeiro lugar.

As mudanças que afastaram as fortunas muito grandes indicam bem a evolução da riqueza de 1815 a 1914.

Entre 1902 e 1913, as estatísticas sucessoriais indicam que 6.500 heranças ultrapassaram um milhão de francos durante o período (5.327 heranças estão recenseadas, mas os levantamentos não tendo sido feitos para 1906 e 1908 é por extrapolação que chegamos a esse algarismo). As heranças declaradas no Departamento do Sena representavam 58% do número de casos e 66% do valor do conjunto. Entre os mais ricos, a preponderância dos parisienses ainda era mais acentuada: de 500 heranças superiores a 5 milhões de francos, 68% foram abertas no Sena e representavam 78% do valor dos grandes patrimônios. Três outros Departamentos, o Norte, o Ródano e o Sena-Inferior concentravam 8% do número de casos e 5% do valor dessas heranças avultadas; os outros casos estavam dispersos. Para o século XIX, faltam estatísticas deste gênero, porém a análise das listas eleitorais censitárias fornece algumas indicações. A maioria dos eleitores cujo censo atingia 1.000 francos era rica, aqueles cujo censo ultrapassava 5.000 francos possuíam grandes fortunas. Ora, por volta de 1840, 15 a 16% somente dos eleitores ricos votavam em Paris ou na periferia. Bem mais, a lista eleitoral do Sena contava apenas com dois dos quinze eleitores que pagavam os censos mais elevados, superiores a 15.000 francos.[17] Seria arriscado, entretanto, concluir que a fortuna se deslocara da província para Paris durante o século XIX. As grandes fortunas mobiliárias já importantes em Paris não são todas bem representadas pelo montante do censo (em 1842, por exemplo, o diretor de uma casa como o Banco Mallet possuía um censo inferior a 1.000 francos) e principalmente o domicílio político nem sempre coincidia com o local do principal estabelecimento. O Conde Roy, por exemplo, par de França nobilitado sob a Restauração e considerado um dos mais ricos proprietários fundiários da França, estava inscrito na lista eleitoral do Marne com um censo de 24.000 francos. Ele possuía um castelo na província, imensas florestas no leste da França, terras e forjas na Normandia, porém habitava na Rue de Chaussée d'Antin, era da capital que ele administrava os seus interesses e, se tinha apoios políticos locais, a sua influência no país estava em relação com a sua vida na capital. Do mesmo modo, muitos ricos eleitores provinciais eram, na realidade, parisienses e, quando de seu falecimento, de acordo com a lei, em Paris, local de seu domicílio principal, é que foi declarada a maior parte de sua fortuna.

As listas eleitorais censitárias indicam a profissão e a qualificação dos eleitores. Isso permite constatar que, entre os eleitores cujo censo ultrapassava 5.000 francos, os negociantes, os banqueiros e os industriais constituíam apenas uma minoria, 14% do total. Em compensação, cerca da metade destes eleitores possuíam um título de nobreza, sendo que a proporção se eleva a dois terços para os censos superiores a 10.000 francos. Uma parte dessa nobreza era inteiramente recente. Datando do Império ou da Restauração, ela ainda era considerada "plebéia" pelas famílias antigas, porém, os grandes nomes do Antigo Regime ocupavam posição de destaque no cume da riqueza. As estatís-

17. A.J. TUDESQ, *Les grands notables en France, 1840-1849*, Paris, 1964, t. I. pp. 95-97 e pp. 429-432.

ticas sucessoriais do século XX não fornecem indicação sobre a origem social das heranças, mas um fato é significativo: todas as heranças declaradas entre 1902 e 1913 foram inferiores a 100 milhões de francos, exceto duas que, em 1905 e 1912, foram da ordem de 250 milhões de francos; ora, estas datas coincidem com as dos óbitos de Alphonse e de Gustave de Rotschild.

Os estudos locais ressaltam do mesmo modo que a riqueza havia progressivamente mudado de caráter. Em Paris, em 1820, os nobres, pertencentes na maior parte a famílias do Antigo Regime, tinham enorme preponderância entre as fortunas mais consideráveis: 40% do número de casos, 70% do valor. Em meados do século XIX, a nobreza não estava arruinada, longe disso. Em 1847, a fortuna média dos nobres parisienses ultrapassava a de todos os outros grupos. Porém, o número e a importância das grandes fortunas parisienses aumentara muito, sendo que esses nobres não representavam mais que 38% dos parisienses mais ricos e sua fortuna apenas 30% do valor total. Em 1911, os nobres mantinham a sua posição individual e, na capital, onde a maioria das grandes famílias tinham a sua residência, a fortuna média permanecia bastante elevada. Porém, uma mudança decisiva operara-se: menos de 1% das fortunas superiores a um milhão de francos pertenciam à nobreza e 15% no máximo do valor total dos bens lhes pertencia.[18] A aristocracia dos negócios não havia suplantado completamente as fortunas tradicionais, porém ela prevalecia nitidamente a partir daí no topo da hierarquia das fortunas.

A oposição entre nobreza rica e rica aristocracia de negócios terá ainda um sentido no início do século XX? A questão não pode ser abordada unicamente sob o ângulo da riqueza, mas a análise das fortunas traz alguns elementos de resposta.

Em determinados casos, quando o defunto morreu deixando uma viúva e se o casamento fora celebrado sob o regime de comunhão de bens entre os esposos, as declarações de herança permitem apreciar aproximativamente o enriquecimento ou o empobrecimento dos casais: a análise repousa na comparação entre o montante dos bens próprios dos esposos (constituídos pelos bens trazidos pelos nubentes, pelas doações e pelas heranças recebidas) e o valor total da fortuna do casal por ocasião do falecimento, aumentado pelos dotes eventualmente dados aos filhos, mas com a dedução das dívidas. Em relação a todos os grupos que deixaram uma herança, dos mais modestos aos mais ricos, a nobreza, em Paris, em 1911, surge como o meio menos

18. Cf. *Fortunes françaises* . . . , pp. 257-266.

favorecido sob este aspecto. Em 35% dos casos, a fortuna final do casal é inferior ao montante dos capitais trazidos pelos esposos; e 17% somente das fortunas dos nobres possuem um valor sensivelmente superior ao das heranças ou doações recebidas pelos esposos. Estas porcentagens ultrapassam em muito as que caracterizam os outros meios sociais onde o empobrecimento é menos freqüente e o enriquecimento mais marcado.[19]

Este contraste explica-se em parte pela composição das fortunas que opõem nobreza rica e aristocracia burguesa. O Quadro 7 mostra que a nobreza rica se adaptou às formas novas do capitalismo financeiro, mas que a composição das fortunas permaneceu mais tradiconal na nobreza do que na burguesia muito rica. A parte dos imóveis continuou mais importante, principalmente a dos "imóveis provinciais" que, essencialmente, se constituíam de grandes propriedades rurais cuja renda era doravante pouquíssimo interessante em relação ao capital. A aristocracia de negócios, pelo contrário, possuía no século XX apenas casas de aluguel cujo rendimento permaneceu elevado em Paris até 1914, e imóveis de usufruto, palácios particulares, castelos ou casas de campo, ao passo que o valor das terras era derrisório: 2% apenas da fortuna total. Sem dúvida, a nobreza rica não ignorava a Bolsa de Valores: a proporção dos valores investidos na Bolsa já bastante elevada em 1847 é, em 1911, idêntica à que caracteriza as grandes fortunas burguesas. Porém, uma análise mais pronunciada salienta as diferenças: a parte dos valores de renda fixa é bastante superior, 37% em lugar de 28% do montante total da fortuna, e a parte dos valores estrangeiros é menor, 18% em lugar de 22%. Muitos testemunhos permitem pensar que, salvo exceção, o espírito de especulação era bem menos difundido nos meios tradicionais aos quais, então, podemos relacionar a maior parte dessas famílias nobres, do que na grande burguesia de negócios, sendo que isso se reflete na composição dos patrimônios.

Desde meados do século XIX, a parte dos valores mobiliários progredira incessantemente nas fortunas privadas, permanecendo proporcionalmente mais forte nos grandes patrimônios. Paralelamente, a importância das aplicações no exterior aumentara sensivelmente. Porém, contrariamente a uma opinião firmada, os *rentiers du monte* (os rendeiros do mundo) eram bem mais os ricos do que os modestos poupadores: quanto mais elevada a fortuna, mais aumentava o número dos portadores de

---

19. A. DAUMARD, in *Histoire économique et sociale de la France*, t. IV, vol. 1.

Quadro 7. Composição das fortunas parisienses superiores a um milhão de francos

	1847			1911		
	Nobreza		Aristocracia burguesa	Nobreza		Aristocracia burguesa
Imóveis						
Paris	16,5		28,3	18,2		19,4
Província	49,5		23,0	19,2		6,2
Total		66,0	51,3		37,4	25,6
Valores Mobiliários						
Fundos públicos franceses				14,0		5,1
Fundos públicos estrangeiros	} 2,0		8,5	8,7		11,5
Obrigações francesas				12,0		8,1
Obrigações estrangeiras				2,7		3,8
Ações francesas	} 6,6		8,8	5,4		14,4
Ações estrangeiras				7,0		6,4
Total		8,6	17,3		49,8	49,3
Participações, fundo de comércio, comanditas		0,5	15,3		0,3	12,6
Créditos		15,2	12,0		2,1	4,0
Depósitos, moeda corrente		1,5	3,5		4,2	6,1
Bens móveis		3,2	0,3		5,0	1,8
Diversos		5,0	0,3		1,2	0,6
Total		100	100		100	100

Fonte: Declarações de herança feitas junto à administração do Registro Oficial.

Quadro 8. *As aplicações dos parisienses no exterior por volta de 1910*

	Importância dos capitais			
	menos de 50.000 francos	de 50.000 a 1.000.000	mais de 1.000.000	totalidade
Número de fortunas envolvendo valores estrangeiros (%)	14	54	78	26
Parte dos valores estrangeiros no montante das fortunas (%)	11	14	22	19
Distribuição geográfica das aplicações estrangeiras:				
Rússia	36,9	21,6	15,2	18,4
Resto da Europa	27,9	31,7	36,6	34,3
Império Otomano	5,0	5,5	3,0	3,7
África	9,6	16,4	16,8	15,7
Ásia (menos Turquia)	4,6	6,1	5,7	5,9
América do Norte	3,2	7,8	7,1	6,6
América Latina	12,8	10,9	15,6	15,4
Total da carteira de aplicações exteriores	100	100	100	100

Fonte: ADELINE DAUMARD. "Les placements à l'étranger dans le patrimoines françaises au XIXe siècle, *Revue d'Histoire économique et sociale,* 1974, n.º 4.

valores estrangeiros e o peso destes no montante total das fortunas. A análise das fortunas parisienses apresentada no Quadro 8 constitui um exemplo disso entre outros. Os franceses consagravam apenas uma parte relativamente reduzida de seus capitais e de suas poupanças ao exterior e os meios abastados e ricos, que mais se interessavam por isso, não aplicavam aí, entretanto, todas as suas disponibilidades. A compra de valores estrangeiros respondia a razões complexas. Muito dos valores de renda fixa e principalmente de fundos públicos, sobretudo os fundos russos, ofereciam um rendimento muito superior ao dos valores franceses: adquiri-los era assegurar uma renda elevada, o que correspondia a um desejo bastante difundido. Na carteira de aplicações dos capitalistas mais ricos, as ações constituíam uma parte importante do valor total das aplicações no exterior, sobretudo nos meios de negócios e, como mostra o mapa ao lado, as aplica-

Aplicações dos pa...

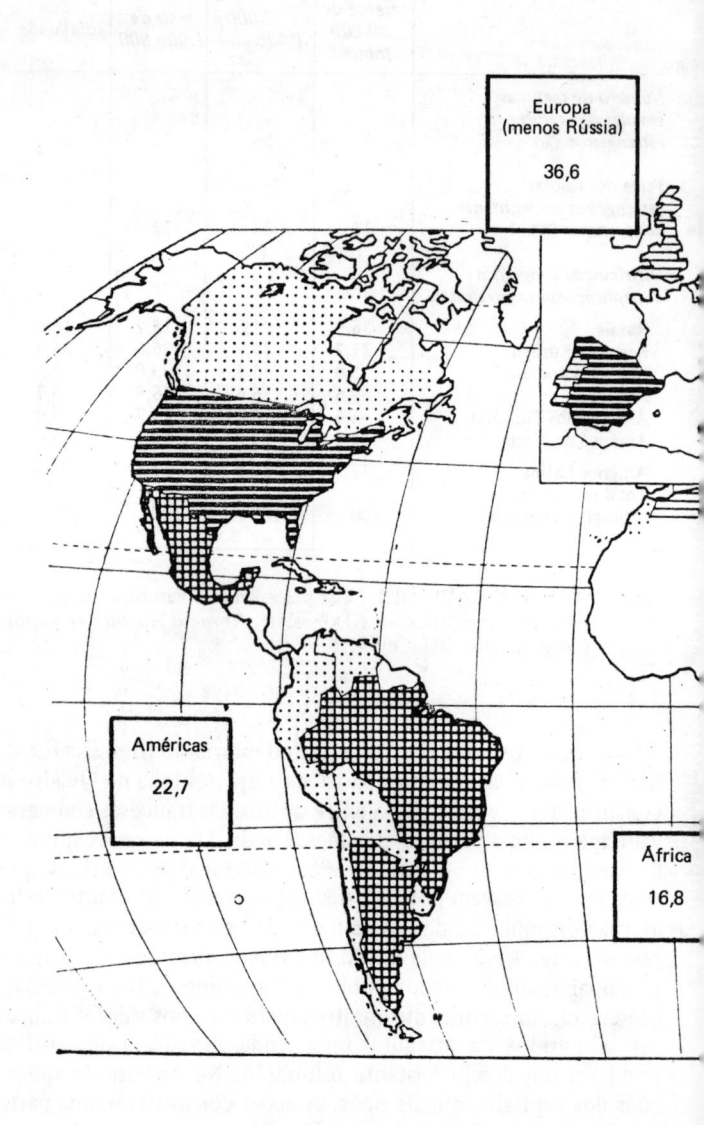

Europa
(menos Rússia)

36,6

Américas

22,7

África

16,8

Fonte: *Historie economique el sociale de la France.* P.U.F., t IV, 1, p. 4

cos no exterior 1910

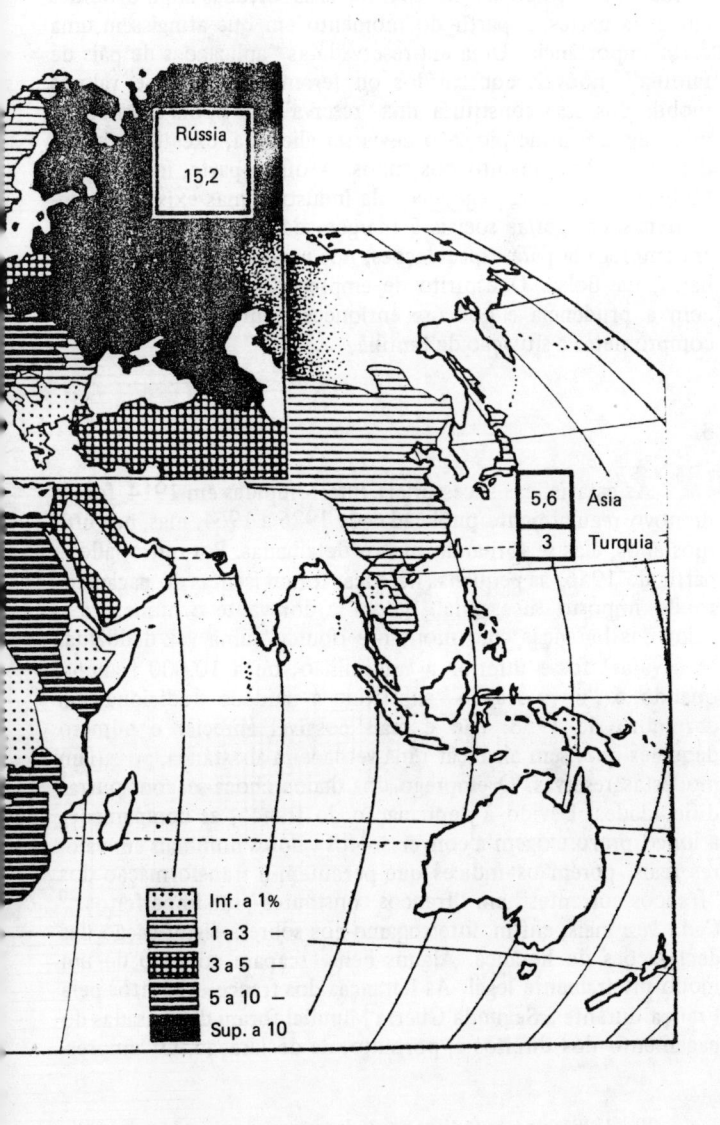

Rússia
15,2

5,6 Ásia

3 Turquia

::::: Inf. a 1%
≡≡≡ 1 a 3 —
▦▦▦ 3 a 5 —
≡≡≡ 5 a 10 —
■■■ Sup. a 10

233

ções eram geograficamente muito dispersas. Desejava-se diversificar os riscos e não se hesitava em comprar alguns valores sólidos, de cotações elevadas e portanto de baixo rendimento. Paralelamente, dava-se um lugar aos valores de especulação, suscetíveis de valorização e de permitir a obtenção de benefícios. Desde o começo do século XIX, todas as fortunas eram divididas em duas partes, a partir do momento em que atingissem uma certa importância. Uma era reservada às "aplicações de pais de família", imóveis construídos ou terrenos, créditos e valores mobiliários: isso constituía uma "reserva" que podia se valorizar mas que, em princípio, não devia ser alienada, exceto para ajudar ao estabelecimento dos filhos. A outra parte, mais importante nos meios de negócios e da indústria, mas existente também nas categorias sociais à margem da atividade econômica, era empregada para especulações, nos negócios, no setor imobiliário, na Bolsa. O espírito de empreendimento combinava-se com a prudência e podia-se enriquecer sem correr o risco de comprometer a situação da família.

3.

As estatísticas sucessoriais, interrompidas em 1914, foram de novo regularmente publicadas de 1925 a 1964, mas, nos últimos anos, elas se tornaram menos detalhadas. Por outro lado, a partir de 1956, as pequenas heranças foram isentas do pagamento do imposto sucessorial. Ignora-se doravante o número e o valor das heranças cujo montante líquido (uma vez deduzidas as dívidas) fosse inferior a um milhão, ou a 10.000 francos, quando o "novo franco" substituiu a unidade tradicional em dezembro de 1958: não é mais possível apreciar o número daqueles que, sem alcançar uma verdadeira abastança, possuíam modestas reservas. O emprego dos dados choca-se com outras dificuldades. Devido à depreciação do franco, as comparações a longo prazo exigem a conversão dos valores nominais em valores reais, porém os índices que permitem a transformação dos "francos correntes" em "francos constantes" são imperfeitos.[20] Cada vez mais, enfim, interrogamo-nos sobre a significação das declarações de herança. Alguns bens escapam ao fisco de um modo inteiramente legal. As heranças dos franceses mortos pela França durante a Segunda Guerra Mundial foram dispensadas do pagamento dos direitos e, portanto, de declaração. O "emprés-

20. Utilizamos os índices gerais dos preços de atacado e de varejo (séries unidas) publicados pelo I.N.S.E.E.

timo Pinay" emitido em 1952 foi isento dos direitos de herança e admite-se com freqüência que o valor de algumas grandes heranças pôde ser minimizado graças a transferências de última hora feitas mercê dos cuidados de prudentes herdeiros presuntivos. Talvez também a sonegação tenha aumentado consideravelmente desde o final da Primeira Guerra Mundial, pois tudo estimula os possuidores a fazê-lo: a difusão crescente dos valores mobiliários ao portador, a importância assumida pelos bônus do Tesouro anônimos, o aumento dos impostos sobre a herança, enfim o medo do futuro que leva uns a entesourar ouro ou objetos de coleção cujo valor o fisco dificilmente pode conhecer e outros, especialmente os mais ricos, a esconder uma parte de sua fortuna no exterior. Não se deveria crer, entretanto, que os comportamentos foram inteiramente mudados com o fim da estabilidade monetária. A fraude e a evasão fiscal já eram importantes antes de 1914. A partir de diversas estimativas, pode-se calcular que 54% somente do valor das ações francesas dependentes de fortunas privadas foram mencionadas nas declarações de herança de 1934. Apreciada sobre as mesmas bases, a proporção é de 57,5% para 1908.[21] Levando-se em conta as incertezas de um cálculo mais preciso que rigoroso, pode-se antes concluir pela persistência dos hábitos no assunto. Quanto à evasão de valores para o exterior, as grandes fortunas já a praticavam antes de 1914. É para lutar contra ela que, em 1908, Caillaux, Ministro das Finanças, abrira negociações com o exterior e concluíra um acordo com o Ministro das Finanças da Inglaterra.[22] Portanto, é lícito empregar as estatísticas sucessoriais, ao menos para apreciar as grandes tendências da evolução.

A partir da Primeira Guerra Mundial, e por longos anos, a fortuna privada dos franceses diminuiu sensivelmente. Feitas todas as ressalvas sobre a precisa significação deste fato, a evolução da anuidade sucessorial (cf. Gráfico 2) é um de seus melhores símbolos. O aumento em valor nominal oculta uma diminuição bastante aguda em valor real. Até 1964, este valor permaneceu em muito inferior ao atingido durante os anos de 1902-1913. As condições eram as mesmas? Antes de 1914, para o conjunto da França, cerca de 65% dos adultos deixavam alguma herança que era objeto de declaração. A partir de 1951, a proporção baixa; atinge apenas 50% em 1955, pois a administração torna-se cada vez mais tolerante com respeito às pequenas heranças. Contudo, isso apenas diminuiu um pouco o montante total dos

21. P. CORNUT, *op. cit.*, pp. 45-46.
22. A. DAUMARD, *Fortunes françaises...*, p. 39.

bens transmitidos. Em 1956, de fato, quando as heranças inferiores a um milhão de francos da época foram isentadas do pagamento de direitos, o número de heranças declaradas diminuiu 70% (cerca de 65.000 em vez de 239.000), porém o valor dos bens decresceu apenas em 11% (260 bilhões de francos atuais em vez de 291). A evolução pode ser resumida calculando-se os índices baseados em valores reais: o montante total das heranças passa do índice 100 em 1913, para 33 em 1955 e 64 em 1964. A diferença entre o valor médio dos bens transmitidos a cada ano, dado no Quadro 9, é menor, mas a diminuição permanece enorme. Admite-se às vezes que o aumento do número de doações entre vivos explique em parte a diminuição da anuidade sucessorial. De fato, a parte das doações em relação à das heranças aumentou: de 15% do valor total dos bens transmitidos a título gratuito por volta de 1910, passa à ordem de 25% após a Segunda Guerra Mundial. Mas se acrescentarmos o valor das doações ao das heranças, isso não modifica quase o índice de conjunto que atinge 35,5 em 1955 e 67 em 1964.

A queda não foi contínua. Começando com números muito baixos, a anuidade sucessorial aumenta rapidamente durante os anos de prosperidade ecomômica, mas os índices calculados segundo o poder aquisitivo da moeda culmina, depois da crise: 78, para o valor médio das heranças em 1932, 69 em 1935 para o montante total dos bens. A crise mundial, com uma certa defasagem, e mais ainda a Segunda Guerra Mundial reduziram consideravelmente a fortuna dos franceses, apesar do inflamento ligado a uma alta temporária e artificial das cotações dos imóveis e das ações em 1942 e 1943.[23] Somente após a reconstrução é que se enceta uma retomada do desenvolvimento; ela é rápida até 1964, data da interrupção das estatísticas sucessoriais.

Segundo a amostragem de 1975, a fortuna média dos franceses se elevaria a 186.000 francos, ou seja, cerca de dez vezes o valor médio das heranças abertas em 1950, duas vezes e meia o montante das que haviam sido declaradas em 1913, com a conversão dos valores nominais em valores reais.[24] Os dados não são exatamente comparáveis. As dívidas são deduzidas do

---

23. A. SAUVY, *La vie économique des Français de 1939 à 1945*, Paris, 1978, p. 169.

24. Uma outra estimativa, proveniente em especial dos dados fiscais sobre as rendas, levantadas pelas diversas estatísticas disponíveis, avalia a fortuna média em 197.000 francos (R. LATTES, *La fortune des Français*, Paris, 1977).

Quadro 9. *Evolução do valor médio das heranças e das fortunas na França*

	Número de casos em milhares	Valor médio nominal *	Valor médio real Valor em francos 1914	Índice
Heranças				
1913	360,5	15 300	15 400	100
1932	278,2	54 700	12 000	78
1950	275,9	462 700	3 800	25
1955	239,4	1 218 100	7 800	51
1964	123,9	68 000**	28 600	186
Fortunas				
1975	2,8	186 800	37 600	244

* Expresso em francos correntes, portanto em "francos novos" para 1964 e 1975 (desde dezembro de 1958: 1 franco = 100 francos antigos).
** Em 1964, somente as heranças superiores a 10.000 francos eram objeto de uma declaração.

Fontes: Estatísticas sucessoriais publicadas pelo Ministério das Finanças e, para 1975, A. BABEAU e D. STRAUSS-KAHN, *La richesse des français*.

ativo das heranças. Em 1975, ao contrário, considerou-se como um ativo o valor dos empréstimos, principalmente os contraídos para a compra de sua moradia. Mas estes, acompanhados de numerosas vantagens, fiscais principalmente, representam um haver virtual. Por outro lado, o montante das heranças é inferior ao das fortunas dos casais, já que são apenas os bens dos defuntos que pagam a taxa. Sugere-se também, às vezes, que a fortuna diminui na velhice: são feitas doações aos filhos, as pessoas idosas vivem de seu capital. Inversamente, os casais jovens, integrados na amostragem de 1975, não tiveram tempo nem de poupar, nem de receber todas as heranças às quais podem pretender. Ademais, o valor total das fortunas em 1975 foi calculado abaixo do valor real: alguns bens foram excluídos do questionário e as maiores fortunas escaparam à pesquisa.[25] Se bem que nenhum cálculo preciso seja possível nessas condições, pode-se admitir entretanto que a fortuna privada dos franceses deve ter-se multiplicado por 1,5 ou por 2, de 1910-1913 a 1975. Porém, isso não leva em conta nem os imóveis situados fora da França, nem os capitais escondidos no exterior.

25. Nenhum dos patrimônios analisados nesta pesquisa ultrapassa 4 milhões.

Feitas todas as ressalvas sobre o valor dessa documentação, as estatísticas sucessoriais permitem constatar que os contrastes regionais da distribuição de bens atenuaram-se após a Primeira Guerra Mundial. Segundo os cálculos de P. Cornut, a diferença entre as fortunas médias dos habitantes dos Departamentos mais ricos e dos Departamentos mais pobres, havia diminuído bastante em 1934 e mais ainda em 1953: de 1 a 16 antes de 1914, passa de 1 a 5 entre as duas guerras e de 1 a 3 em 1953.[26] A análise direta das estatísticas sucessoriais permite mostrar que, desde 1929, portanto antes da grande crise mundial, os contrastes entre o Norte e o Sul, as zonas tradicionais e os Departamentos integrados na vida moderna haviam reduzido a parte correspondente a Paris e ao Departamento do Sena, onde eram declaradas a maioria das grandes fortunas francesas. Esta diminuição relativa agrava-se ainda após 1950.[27]

Com dados tão heterogêneos, é difícil apreciar exatamente a evolução da concentração dos bens. A apresentação dos resultados complica ainda mais a tarefa. As pesquisas atuais fazem reagrupamentos aritméticos. As estatísticas sucessoriais indicam

Quadro 10. *Evolução da concentração dos bens na França no século XX*

Parte no número total das heranças ou das fortunas	Parte no montante total dos bens (%)			
	média 1902-1913	1929	1950	1975
I. Nível inferior				
50% da totalidade	2	4	7	5
80% da totalidade	11	18	23	31
II. Nível intermediário				
15% da totalidade	9	17	24	30
III. Nível superior				
5% da totalidade	80	65	53	39
1% da totalidade	50	45	31	15
0,2% da totalidade	30	26	20	

Fonte: Estimativa do patrimônio dos casais feita por A. BABEAU e D. STRAUSS-KAHN (*op. cit.*) para 1975; estatísticas sucessoriais para os anos anteriores.

26. P. CORNUT, *op. cit.*, p. 410.
27. A. DAUMARD, in *Histoire économique et sociale de la France, op. cit.*, t. IV, vol. 3.

o número e o montante das sucessões segundo o seu valor, porém os níveis variaram no tempo e, em 1950, por exemplo, todas as heranças inferiores a 250.000 francos foram agrupadas, o que corresponde a 63% do total (e 11% do valor dos bens). Resultados aproximativos podem ser estabelecidos a partir da representação gráfica das porcentagens acumuladas do número de casos e do valor das heranças ou dos bens em diferentes níveis.

Entre as duas guerras mundiais, a concentração geral dos bens, para o conjunto da França, guardava características muito próximas das do início do século XX. Como antes de 1914, cerca de 50% do valor das heranças haviam sido transmitidas por 1% das sucessões e a distribuição tinha a forma de uma pirâmide bastante próxima da do passado. Até 1939, a proporção das heranças que não haviam suscitado nenhuma declaração permaneceu da ordem de 35% do número de falecimentos de adultos. Entretanto, como salienta o Quadro 10, a parte dos bens reunidos pelas heranças mais modestas havia aumentado, ao passo que diminuía a das heranças mais elevadas. Porém, no Departamento do Sena, o peso das fortunas médias se reduzira, talvez: em 1911 18% das heranças entre 50.000 francos e um milhão agrupavam 37% do valor dos bens; em 1929, as heranças correspondentes, indo de 250.000 francos da época a 5 milhões, concentravam 40% do valor dos bens, mas não agrupavam mais que 12,5% do número total das transmissões. Quanto às heranças mais elevadas, 1% do conjunto, elas concentravam 43% do montante das heranças em 1911, 49% em 1929. Será necessário opor a evolução das fortunas detidas pelos habitantes do campo e das pequenas cidades, que constituíam a maioria das heranças do conjunto da França, à evolução das fortunas urbanas da qual o Sena, Departamento em que a população rural é desprezível, é um símbolo?

A evolução acentuou-se após a Segunda Guerra Mundial: a concentração dos bens, em 1950, marca, em diversos níveis, uma transferência geral em proveito das pequenas e médias heranças. A distribuição por nível torna a comparação mais difícil para o Departamento do Sena. Parece verossímil entretanto que a preponderância das heranças mais elevadas tenha se reduzido um pouco: em 1929, 2,3% do total reunia 65% dos bens; em 1950, 3,1% do número das heranças concentravam somente 56% do valor total. Os contrastes atenuaram-se ainda mais, em seguida, a julgar pela distribuição que se pode deduzir da pesquisa de 1975. Naturalmente, essas porcentagens possuem apenas um valor indicativo, já que se compara os patrimônios dos casais de qualquer idade, com heranças deixadas, na maioria, por pessoas idosas. Ademais, as fortunas muito grandes não são perfeitamente representadas na amostragem de 1975, mas também as heranças de maior envergadura se apresentam, com certeza, subestimadas. Parece, portanto, que se pode concluir que a concentração dos bens permanece muito forte, mas que começou a se reduzir após a Primeira Guerra Mundial e mais ainda depois de 1950. Há um quarto de século, os principais beneficiários têm sido os possuidores de fortunas médias cuja parte aumentou sensivelmente. Seria inexato, entretanto, concluir por um agravamento da sorte dos mais pobres. Por exemplo, "o equivalente dos direitos à aposentadoria surge como um poderoso fator de desconcentração dos patrimônios: com efeito, enquanto que 10% dos mais ricos da população dos casais detêm mais de 50% do *patrimônio tradicional* (em 1975), se tomarmos em consideração o capital representativo dos *direitos à aposentadoria*, eles não possuem mais que 30% do patrimônio assim ampliado".[28] Levando-se em conta a importância das transferências sociais e dos diversos mecanismos de previdência social, "os pobres virtuais", tão numerosos, nas cidades principalmente, tendo a miséria como única perspectiva de futuro até 1914, tornaram-se uma exceção: nem a doença, nem a velhice, nem mesmo, até os dias de hoje, o desemprego, transformam em indigente aquele que só tem o seu trabalho para viver.

A partir da amostragem de 1975, o Centro de Pesquisa Econômica sobre a Poupança fez um estudo retrospectivo da evolução das fortunas de 1949 a 1975. A análise versou sobre 996 patrimônios divididos em 12 grupos sociais, reagrupando todas as faixas etárias de 12 a 103 anos. Os dados não são o resultado de observações. O passado foi reconstituído por uma série de cálculos que, partindo de fatos reunidos para o ano de 1975, tentaram encontrar a situação dos 26 anos precedentes, corrigindo esta base graças às informações estatísticas disponíveis sobre os diversos tipos de rendas, sobre as taxas de poupança e o endividamento de particulares, sobre a estrutura dos patrimônios, as valorizações ou desvalorizações que sofreram esses diversos tipos de aplicação, sobre a importância das doações e, finalmente, sobre os dados demográficos relativos principalmente ao efetivo dos grupos sociais segundo os anos, às taxas de mortalidade por idade ao número de filhos e à estrutura matrimonial.[29] Os resultados são de uma interpretação difícil

---

28. A. BABEAU, D. STRAUSS-KAHN, *op. cit.*, p. 207.

29. A. MASSON e D. STRAUSS-KAHN, "Une étude du CREP, Croissance et inégalité des fortunes de 1949 à 1975", *Economie et statistique*, março de 1978, pp. 31-49.

e, à primeira vista, pôde-se concluir por um agravamento da desigualdade entre ricos e pobres e entre grupos sociais. Se, ao contrário, levar-se em conta os ativos desprezados pela pesquisa de 1975 (moeda, valores estrangeiros, ouro, jóias, bens duráveis e gado) de um lado, direitos à aposentadoria e o contravalor dos seguros de vida, conclui-se por uma forte redução das desigualdades.[30] A realidade é mais matizada. O estudo realizado pelo C.R.E.P.* concluíra: "o quarto de século que se estende de 1949 a 1975 foi teatro de uma constante 'desequilibragem' das fortunas": agravamento do abismo entre os mais ricos e os mais pobres, da diferença entre os mais ricos (1% do total) e seus sucessores imediatos, mas ao mesmo tempo alta particularmente forte nas classes intermediárias; ademais, houve um "empobrecimento relativo das classes mais modestas", pois o patrimônio dos mais deserdados aumentou muito lentamente, ao contrário dos casais que constituem 1/10 do total situado no topo da escala dos bens, conheceram um enriquecimento menos importante que o enriquecimento médio da totalidade da amostragem.[31] Um comentário de A. Babeau esclarece o caráter complexo da evolução da desigualdade dos patrimônios. Ele sublinha o crescimento bastante agudo dos patrimônios médios, muito mais acentuado que o dos patrimônios que constituem o decil superior. Mas ele mostra que a composição social do decil superior (10% dos casais, colocados no topo da distribuição dos bens) e do decil inferior (10% dos casais colocados na base da escala de bens) mudou segundo os anos. Entre os mais ricos, se havia 75% de agricultores, em 1949, não há mais que 30% em 1975; ao contrário, a parte dos artesãos e comerciantes, industriais, profissionais liberais e sobretudo dos executivos superiores aumentou grandemente. Quanto aos mais pobres, são na maioria jovens de menos de 30 anos e seu empobrecimento aparente não significa muita coisa, já que o essencial de sua poupança serve para a compra de bens duráveis, automóvel ou outros, que não são tomados em consideração pela pesquisa. Acrescentemos que um certo número de jovens que não moram com a família estão em uma situação particular, já que vivem de subsídios de seus pais ou de recursos paralelos, sem a execução de trabalho regularmente remunerado. Ao lado desses moços, deve-se entretanto dar um lugar às pessoas idosas, cuja

---

30. "L'enrichissement des Français", C.N.P.F., *Patronat, la revue des entreprises*, março de 1978, pp. 8-15.

31. A. MASSON e D. STRAUSS-KAHN, *op. cit.*, p. 40.

* C.R.E.P.: Centre de Recherche Économique sur l'Epargne.

parte parece ter aumentado de 1949 a 1975: tratar-se-ia aqui de "verdadeiros pobres", cujo patrimônio foi "marginalizado" pela inflação.[32]

As características da fortuna modificaram-se consideravelmente durante o século XX. Após a Primeira Guerra Mundial, aconteceu "o fim dos rendeiros", ou seja, ruína de todos aqueles cujo capital aplicado em valores de renda fixa havia diminuído ou desaparecido, verificaram-se também graves dificuldades para aqueles, mais numerosos ainda, que recebiam em moeda depreciada rendas fixas provenientes de obrigações ou de fundos públicos ou ainda de aluguéis ou arrendamentos fixados abaixo de seu valor real. Às vésperas da crise mundial, o valor dos imóveis no montante total das heranças francesas diminuíra muito em relação ao que era antes de 1914, ao passo que aumentara a parte do valor das empresas privadas e, em menor medida, o das ações, sendo mais sensíveis as variações no Sena do que no conjunto da França. A inflação não arruinara todos os franceses. A alta dos preços dos fundos de comércio assinala o enriquecimento dos pequenos comerciantes que se prolongou para além de 1930, sendo que as dificuldades verdadeiras só apareceram a partir de 1935. Durante os anos de prosperidade, as cotações das ações, sobretudo das ações estrangeiras, conheceram flutuações que permitiram a alguns capitalistas ricos realizar operações bastante vantajosas. Se a crise mundial foi fortemente sentida por alguns dentre eles, puderam ser ralizadas aplicações interessantes por aqueles que haviam conservado fundos disponíveis, graças à baixa do preço dos imóveis de luxo em Paris, por exemplo. O período entre-guerras provocou portanto toda uma série de reclassificações nos anos 20, bem como nos anos 30.[33] Inerte, a fortuna adquirida tornou-se precária. A instabilidade ameaça a todos os possuidores, mesmo os mais ricos e melhor informados. Salvo algumas exceções, a aquisição é insuficiente para assegurar o futuro. Porém, esta exceção será a das "200 famílias?"* Os historiadores não têm atualmente acesso aos documentos que permitiriam responder a esta questão. Após a Segunda Guerra Mundial, a composição das fortunas se transforma. Nas heranças, o valor dos imóveis representa cerca de 53% do montante total dos bens em lugar de 40% entre

---

32. A. BABEAU, "La complexe inégalité des patrimoines", *Le Monde*, 9 de maio de 1978.

33. Cf. A. DAUMARD, *op. cit.*

* *"200 familles"*: fórmula correntemente empregada na França, especialmente em 1936, para designar os mais ricos capitalistas do país.

as duas guerras. A proporção sobe a 66% na amostragem dos patrimônios de 1975. Paralelamente, a diminuição da parte dos valores mobiliários é considerável: 25 a 26% antes de 1939 (tanto depois como antes da crise de 1929), 17% em 1949, em torno de 20% em 1959 e 1962, datas para as quais só são conhecidas as heranças superiores a 10.000 francos, 10% nas fortunas analisadas em 1975.

*
* *

Não mais do que no século XIX, o montante da fortuna não basta, hoje em dia, para definir a posição social. Em todos os meios subsiste uma distribuição de bens em graus irregularmente escalonados: em situação semelhante, os patrimônios podem ser bastante diferentes e, inversamente, representantes das categorias mais modestas podem possuir bens de importância análoga ao montante das fortunas que caracterizam os grupos socialmente superiores. Aliás, influência e prestígio dependem não só da riqueza como também das origens familiais e das relações sociais (que não coincidem com o montante dos bens), e igualmente da personalidade e do caráter dos indivíduos e das famílias. Não obstante, operou-se uma evolução. Outrora, o que compunha a fortuna dos franceses mais modestos era, para a maioria dentre eles, a terra, seja uma pequena lavoura, seja mesmo um simples campo ou uma chácara familial, completada, às vezes, por uma casa de habitação; na cidade, a posse de uma pequena empresa, depois de uma casa mesmo de pouco valor, mas sempre alugada, pelo menos em parte, geralmente encetava as bases da abastança. Hoje, como no século XIX, o nível inferior dos patrimônios corresponde à situação daqueles que têm somente uma modesta reserva sob forma de caderneta de poupança, por exemplo. Porém, acima disso, o primeiro patrimônio, para a maioria dos franceses, é a sua moradia: 24% das famílias que constituem o grupo dos citadinos com pequenos patrimônios, assalariados de qualquer idade na maioria (44% da população total) são proprietários de sua moradia. Na outra extremidade, as famílias urbanas possuidoras das maiores fortunas (4% da população) participam de todas as formas da propriedade privada, mas se "distinguem por possuírem muitos valores mobiliários": 76% das famílias detêm ações francesas, 63% obrigações.[34] Nas pequenas fortunas, os bens de usufruto como a moradia substituem cada vez mais os capitais produtivos investi-

34. A. BABEAU e D. STRAUSS-KAHN, *op. cit.*, pp. 153-157.

dos em uma pequena empresa ou em terras. Para as fortunas mais elevadas o desenvolvimento da parte dos valores mobiliários às expensas dos imóveis de aluguel, investimentos diretos em empresas ou mesmo empréstimos a particulares, tende a transformar em capitalistas passivos os homens que outrora controlavam diretamente os seus bens. Especular na Bolsa, quando as circunstâncias se prestam a isso, tornou-se mais freqüente, porém o fato decorre mais do jogo que de uma gestão racional, exceto para um número muito pequeno de capitalistas que dispõem de capitais importantes e de informações excepcionais. Por outro lado, a enorme maioria dos acionistas não possui, na prática, nenhum meio de atuação sobre a conduta dos negócios das sociedades das quais são parcialmente proprietários. Naturalmente, isso não vale para as grandes fortunas. De acordo com algumas estimativas, existiriam, hoje na França, cerca de 3.000 fortunas superiores a 10 milhões de francos, comparáveis por sua importância às dos multimilionários da época do franco-ouro: a maioria estaria nas mãos de grandes industriais, com alguns representantes das profissões liberais e de atividades diversas destinadas ao divertimento do público. Às vezes, alguns nomes são citados, porém os elementos para um estudo sério não existem absolutamente.[35] Se citamos esses casos excepcionais e mal conhecidos, é para formular uma hipótese: talvez hoje o verdadeiro abismo situe-se entre a opulência de uns que possuem os meios de permanecer donos de sua fortuna se quiserem se dar ao trabalho, e a simples riqueza de outros, mais próxima, apesar de sua importância e da forma das aplicações, da simples abastança, na verdade, da mediocridade. Porém, isso é uma extrapolação que, para ser levada mais longe, exigiria acesso a toda uma documentação que não se encontra à disposição dos historiadores.

---

35. R. LATTÈS, *op. cit.*, pp. 169-170 e F. RENARD, "Qui sont les détenteurs de ces richesses?', *Le Monde*, 3 de março de 1978.

12. AS ESTRUTURAS BURGUESAS NA FRANÇA NA ÉPOCA CONTEMPORÂNEA. EVOLUÇÃO OU PERMANÊNCIA?

"Definir o burguês? Não entraríamos em um acordo... Primeiro a pesquisa. Primeiro a observação. Mais tarde é que trataremos da definição", escrevia E. Labrousse, em 1955.[1] Desde então, as "novas vias" abertas por esta comunicação ao Congresso de Roma têm sido prospectadas por numerosos pesquisadores. Obras em número muito grande para que possam ser citadas aqui procedem, diretamente ou não, dos métodos e das perspectivas propostas por E. Labrousse. O conhecimento da sociedade francesa do século XIX foi renovado.

1. E. LABROUSSE, "Voies nouvelles vers une histoire de la bourgeoisie occidentale aux XVIIIe XIXe siècles (1700-1850)", in *X Congresso Internazionale di Scienze Storiche*, Roma, 1955, *Relazioni*, vol. IV, p. 367.

Entretanto, está-se longe de um acordo com respeito à definição da palavra "burguês" que, no século XIX, tanto na realidade quanto na opinião, refletia condições muito variadas. Mas, dos diversos estudos que tratam da questão, resulta que a burguesia era então, na França, a categoria social dominante. Essa supremacia advinha da força própria aos meios burgueses, mas também das características da sociedade francesa em sua totalidade: a civilização francesa repousava em um sistema de valores que fazia dela uma civilização burguesa (de modo algum incompatível com traços aristocráticos), apesar do peso do mundo rural, a despeito do surto da industrialização e de sua incidência sobre os meios populares e sem desprezar as sobrevivências do Antigo Regime.

Não acontece o mesmo hoje. A França conta ainda com muitos burgueses, mas as bases da sociedade burguesa do século XIX estão abaladas. Progressos técnicos, crescimento econômico, desgaste monetário, contribuem para isso tanto quanto a evolução da legislação e das instituições. Ademais, e talvez principalmente, a opinião, aparentemente ao menos, rejeita uma parte dos valores tradicionais. Estes puderam ser atacados, no século XIX, por numerosos jornalistas, refutados por certos grupos sociais, principalmente populares, embora essa recusa nem sempre tenha sido completa; o que é novo hoje, é a recolocação em questão das crenças e mesmo dos usos ou das práticas da civilização burguesa por aqueles próprios que foram formados por ela e que, se continuam mais ou menos a lhe aderir, fazem-no com má consciência ou ainda com o sentimento da inanidade de sua atitude.

Da civilização do século XIX àquela que caracteriza os últimos decênios do século XX, haverá ruptura ou continuidade? As transformações da burguesia francesa decorrerão de uma evolução que é a adaptação normal das estruturas viventes à mudança ou tratar-se-á de uma verdadeira mutação? O problema é duplo. Seria necessário em primeiro lugar apreciar a coesão interna da burguesia ou mais precisamente das numerosas categorias burguesas que se ligavam a ela no século XIX. A unidade que, apesar das divergências de interesses, das filosofias e dos comportamentos, se perpetuara há muito tempo, a despeito do início de oposições sociais ou políticas, permanecerá ainda? Os conflitos simbolizados principalmente pelas reivindicações das "classes médias", na passagem do século XIX para o XX, provocaram uma explosão da burguesia francesa? Muito mais, o que está em questão, é a civilização francesa contemporânea. As normas da sociedade burguesa permaneceram durante muito tempo como referência não somente para todos os burgueses, aristocratas da alta burguesia financeira a modestos assalariados situados nos mais baixos escalões da pequena burguesia, mas também para uma grande parte do restante da população, mesmo quando ela as combatia. Essas normas tenderão hoje a ser desprezadas e esquecidas para serem substituídas por novos sistemas de valor, recolocando em questão a tradição humanista e racional na qual se apoiava o pensamento burguês, desde os primórdios da época contemporânea?

O desenvolvimento desigual dos estudos relativos à burguesia francesa antes e após 1914 não facilita a resposta a estas perguntas. Lembraremos, por isso, em primeiro lugar, os problemas de método antes de expormos os resultados conseguidos e esboçarmos algumas hipóteses, pontos de partida para trabalhos ulteriores.

1. *História de Ontem, História de Hoje*

A história contemporânea tem início, na França, no começo do século XIX. Se bem que os historiadores franceses divirjam quando é preciso fixar mais precisamente o período, esse uso tradicional se justifica pela importância durável que tiveram a Revolução Francesa e suas conseqüências sobre a condição dos franceses, sobre as instituições da França e, em certa medida, sobre sua evolução econômica. Isso não significa dizer que a história do século XIX, prolongada até uma data que falta precisar, e a história mais recente se apresentem sem descontinuidade. Os contrastes residem primeiramente nas fontes de informação e, por conseguinte, no método.

Retraçar a história dos burgueses franceses do século XIX, destacando as características específicas da burguesia, estudada em seus diversos estratos e considerada em seu conjunto, é uma tarefa difícil que, no estado atual da pesquisa, comporta ainda uma larga parcela de hipóteses. Não obstante, esta tarefa é facilitada pelas características da informação de que dispõe o pesquisador. Trabalhos de síntese particulares ou parciais foram efetuados, constituindo uma sólida base de partida. O que é primordial é que o historiador pode ter acesso direto a numerosos arquivos, a múltiplos testemunhos que, aliás, constituem a matéria-prima das sínteses publicadas.

Os documentos que permitem reconstituir a fisionomia da sociedade francesa do século XIX e precisar o conteúdo e as características dos diversos grupos que a compõem, dependem de cinco grandes categorias.[2]

A primeira agrupa estatísticas já elaboradas, legadas pelo passado.[3] A maioria delas foram objeto de publicação mais ou menos regulares em coletâneas gerais ou particulares provenientes de administrações públicas ou de organismos privados. Existem também estatísticas inéditas levantadas para atender necessidades dos Ministérios ou de diversas coletividades.[4] Essas estatísticas, cujo alcance e conteúdo são bastante variáveis, têm um traço em comum: implicam a utilização de quadros de referência escolhidos por aqueles que as estabeleceram.

A segunda categoria resulta dos levantamentos que o pesquisador pode rapidamente transformar em estatísticas através de uma simples adição do número de casos correspondente às diversas rubricas: as listas de personalidades,[5] as listas eleitorais, os arrolamentos fiscais, as listas nominativas de recenseamentos da população, são alguns exemplos dentre muitos outros. Em cada série, os dados são geralmente homogêneos, o que torna fácil a sua exploração, os grupos e os fenômenos estudados são bem delimitados, o que permite referir os resultados a conjuntos mais amplos.

Mais maleável, porém também mais complexa é a utilização de monografias que, quando são bastante numerosas para serem reagrupadas em séries estatísticas, constituem o terceiro tipo de documentos. A sua variedade reflete a diversidade das estruturas da sociedade burguesa. Muitas dessas monografias são hoje reconhecidas e a exploração sistemática de algumas delas já teve início. Os dossiês pessoais estabelecidos pela administração são

---

2. A. DAUMARD, "L'Histoire de la société française contemporaine: sources et méthodes", *Revue d'Histoire économique et sociale* (I), 1974.

3. Cf. B. GILLE, *Les sources statistiques de l'histoire de France des enquêtes du XVIIe siècle à 1870*, Genebra, Droz, 1964.

4. Algumas estão conservadas nos depósitos feitos pela administração central ou pelos serviços locais nos Arquivos Nacionais ou nos Arquivos Departamentais. Outras emanam de coletividades diversas, tais como as estatísticas sobre o número de *pascalisants* (católigo que comunga pelo menos uma vez por ano, na Páscoa) inseridos em algumas monografias de paróquia, publicadas em Paris na metade do século XIX.

5. Cf. G. CHAUSSINAND-NOGARET, L. BERGERON e R. FORSTER, "Les Notables du Grand Empire en 1810", *Annales ESC 26* (5), set.-out. de 1971, pp. 1052-1075.

numerosos: dossiês de funcionários civis e militares,[6] funcionários públicos,[7] candidatos propostos para a Legião de Honra, membros de assembléias representativas políticas ou locais,[8] só para citar os que foram constituídos durante longos anos, apesar das mudanças de regime político.[9] As informações fornecidas nos relatórios dos síndicos de falências sobre comerciantes são um complemento útil aos dossiês pessoais, se bem que só tragam malogros, processos, é verdade, êxitos temporários, às vezes longos.[10] Porém, a fonte monográfica maciça, indispensável para a reconstituição da história individual e familial dos diversos representantes da burguesia francesa (sem falar aqui de outros meios sociais) é constituída pelo registro das heranças que diz respeito a todos os possuidores,[11] fonte completada eventualmente pelo registro de contratos de casamento[12] e especificada por sondagens sistemáticas nas minutas notariais.[13] O montante, a composição e às vezes a origem das fortunas nos

---

6. Um exemplo da utilização desse tipo de fontes é fornecido pela obra de J. LÉONARD, *Les Officiers de santé de la Marine française de 1814 à 1835*, Paris, Klincksieck, 1967. Ver igualmente M. ROUSSELET, *La Magistrature sous la Monarchie de Juillet*, Paris, 1937.

7. A. DAUMARD, *La Bourgeoisie parisienne de 1815 à 1848*, Paris, SEVPEN, 1963, pp. 269-270 e 281-282.

8. A.J. TUDESQ, *Les Conseillers généraux en France au temps de Guizot*, Paris, A. Colin, 1967, e L. GIRARD, A. PROST e R.GOSSEZ, *Les Conseillers généraux en 1870*, Paris, A. Colin, 1967.

9. Um emprego sistemático dos diversos dossiês pessoais que dizem respeito aos notáveis foi feito por A.J. TUDESQ em sua obra *Les Grands Notables en France (1840-1849): étude historique d'une psychologie sociale*, Paris, Presses Universitaires de France, 1964.

10. Cf. L. CHEVALIER, *La Formation de la population parisienne au XIXe siècle*, Paris, Presses Universitaires de France, 1950, pp. 224-236, e A. DAUMARD, *La bourgeoisie parisienne . . .* , op. cit., pp. 259 e ss.

11. A. DAUMARD, "L'impôt sur les successions et l'étude de la fortune privée des Français au XIXe siècle (an VII-1914)", *Bulletin de la Section d'Histoire Moderne et Contemporaine du Comité des Travaux Historiques et Scientifiques*, Paris, Bibliothèque Nationale, fasc. VI, 1965, pp. 31-69, e A. DAUMARD (sob a direção de), *Les Fortunes françaises au XIXe siècle: enquête sur la répartition des capitaux privés en France, d'après l'enregistrement des déclarations de succession*, Paris/ Haia, Mouton, 1973.

12. J.P. CHALINE, "Les Contrats de mariage à Rouen: étude d'après l'enregistrement des actes civiles publiques", *Revue d'Histoire économique et sociale* (2), 1970, pp. 238-275.

13. A. DAUMARD, *La Bourgeoisie parisienne . . .* , op. cit., passim.

diversos grupos sócio-profissionais podem assim ser reencontrados, e igualmente índices quantificáveis dos níveis de vida e de cultura, do comportamento privado e social dos representantes dos diversos meios. Finalmente, a reconstituição das famílias permite apreciar a mobilidade social durante diversas gerações.[14] Contrariamente às indicações fornecidas pelos recenseamentos, os dados dessas monografias individuais ou familiais não podem ser utilizados em bruto. Devem passar por uma "preparação": decantação do conteúdo, complementação das lacunas eventuais e, às vezes, correção de menções exatas mas não diretamente utilizáveis pelo historiador. As informações oferecidas pelas monografias de uma mesma série possuem um caráter heterogêneo, o que complica a escolha das referências e das rubricas em torno das quais se devem ordenar os resultados quantificáveis. Enfim, a massa e a complexidade dos documentos proíbem qualquer análise exaustiva. Ao contrário das estatísticas e dos recenseamentos antigos que impõem os quadros da época, essas monografias, empregadas maciçamente, fornecem respostas às preocupações pessoais do historiador.

As monografias particulares resultam de um quarto tipo de documentação, na medida em que, em lugar de integrarem-se em uma série, elas constituem um testemunho excepcional. São na maioria arquivos privados, inéditos ou publicados, tais como livros de razão, correspondências, lembranças, arquivos de empresa em que o historiador social acha o que colher ao lado da história econômica. Podemos juntar a isso documentos semi-públicos, tais como os testamentos ológrafos, que freqüentemente, no século XIX, permitiam a seu autor exprimir alguns aspectos de sua personalidade ou de suas crenças, porém demasiado esporadicamente e com temas demasiado variáveis para que sua exploração ressaltasse à análise estatística. As monografias desse tipo, sempre muito pouco numerosas, são insubstituíveis, pois esclarecem aspectos da vida social dificilmente redutíveis ao método quantitativo em matéria de comportamento ou da reação psicomental. Porém, elas são de emprego difícil, pois, se não for enquadrado em uma série, o caso particular corre o risco de ser abusivamente erigido em regra geral.

A quinta categoria recobre todos os testemunhos contemporâneos que não se integram nas quatro primeiras: imprensa e

---

14. Não evocamos aqui os registros de estado civil ou os registros paroquiais, cuja exploração se revelou decepcionante para o estudo dos meios burgueses nas grandes cidades (cf. A. DAUMARD, "Les Rélations sociales à Paris à l'époque de la monarchie constitutionelle d'après les registres paroissiaux des mariages", *Population* (3), 1957, pp. 445-466).

publicações, discursos, obras literárias ou artísticas, relatórios administrativos e deliberações diversas, instruções para uso interno ou externo provenientes de autoridades religiosas ou leigas, públicas ou privadas etc. Não se poderia levantar aqui uma lista exaustiva nem mesmo esboçar uma classificação dessa enorme documentação "qualitativa", em grande parte impressa, mas parcialmente manuscrita também. O exame desses dados, jamais concluído, jamais completo, permite primeiramente multiplicar as hipóteses de trabalho que, sem esse banho na realidade contemporânea da sociedade estudada, correriam o risco de serem limitados a "modelos" atuais, úteis também, mas sob a condição de serem confrontados aos do passado. A síntese das informações qualitativas fornece, enfim, elementos para presumir a solução daquilo que não é redutível à estatística.

As possibilidades de acesso a esses diversos tipos de documentos são desiguais. Tudo o que é impresso e publicado pode ser considerado como livremente consultável: isso significa dizer que as estatísticas elaboradas (com exceção daquelas que puderam ser feitas para uso interno de uma empresa, de uma administração privada ou de um serviço público) e a imensa massa da documentação qualitativa difundia pela impressão gráfica ou pelos outros meios de comunicação são sempre utilizáveis. Os historiadores da época atual beneficiam-se também das sondagens de opinião feitas por institutos especializados que, quaisquer que sejam as ressalvas que pudéssemos fazer sobre o seu caráter representativo, devem ser utilizadas aplicando-se-lhes os métodos da crítica histórica clássica. Em razão de seu caráter excepcional, as monografias particulares são de todas as épocas; talvez elas se multiplicaram um pouco durante os últimos anos devido aos desenvolvimentos de certas informações que levam ao conhecimento do público detalhes da vida privada ou profissional de múltiplos indivíduos.[15]

Em contrapartida, quanto mais se aproxima do período atual, mais o historiador experimenta dificuldades para elaborar suas estatísticas pessoais a partir de uma documentação de base proveniente das segundas e terceiras categorias de documentos. Em seu cuidado legítimo de respeitar os direitos dos indivíduos, o segredo das famílias ou dos negócios, os poderes públicos, de fato, tendem a não autorizar a consulta a arquivos senão para

---

15. Cf. as notas biográficas sobre contemporâneos no *Who's Who in France*, Paris, Ed. J. Laffitte, e na *Encyclopédie périodique économique, politique et administrative*, Paris, Société générale de Presse, publicação periódica.

um período relativamente antigo.[16] Cumpre reconhecer, entretanto, que a regra admite às vezes derrogações, contanto que a exploração seja de caráter exclusivamente anônimo e estatístico. Equipes de historiadores beneficiaram-se disso, porém, com mais freqüência ainda e para um período muito mais recente, serviços oficiais e organismos especializados só fornecem ao pesquisador estatísticas já elaboradas. Há algo mais grave: às vezes, a documentação de base desaparece, sistematicamente destruída quando sua conservação não se afigura mais como uma necessidade jurídica ou institutional, o que aconteceu em todas as épocas, ou então uma vez que os organismos encarregados de coletar e de tratar os recenseamentos apresentavam informações que julgaram úteis extrair, o que é um sinal dos tempos.[17] Assim, o historiador da sociedade verdadeiramente contemporânea encontra-se em uma situação nova. A pesquisa direta nos arquivos (impressos ou manuscritos), principalmente nos arquivos suscetíveis de fornecer dados quantificáveis, é no mais das vezes difícil. Ela corre o risco de se tornar impossível, mesmo a longo prazo, quando os documentos de base são destruídos sob pretexto de que se pôde extrair tudo deles graças aos meios modernos de tratamento da informação.

Cada vez mais, portanto, o historiador torna-se tributário de uma documentação elaborada que apresenta a vantagem de ser abundante, de contabilizar fatores cada vez mais complexos, mas que impõe quadros inteiramente prontos, correspondendo às opções dos apresentadores.

Inversamente, a "documentação qualitativa" oferece um campo de estudo mais extenso ainda que no passado, mas sua exploração exige qualidades crescentes de crítica e de escolha. Os progressos da instrução, do nível de vida da população tomado em seu conjunto e a evolução das técnicas de comunicação acarretam a difusão de uma multitude de informações endereçadas a meios e categorias sociais cada vez mais diversificados. Como no passado, essa informação, tomando a palavra em sua acepção mais lata, tem o duplo interesse de formar e refletir o comportamento e as crenças daqueles aos quais ela se destina.

---

16. Principalmente por ocasião da pesquisa coletiva no Registro das Declarações de Herança (cf. *Les Fortunes françaises au XIXe siècle* ..., *op. cit.*).

17. Um exemplo: desde 1946, a manutenção das listas nominativas elaboradas a partir dos boletins individuais de recenseamento da população não é mais obrigatória; os boletins individuais examinados pelo I.N.S.E.E. foram destruídos e a conservação das cópias que deveriam se encontrar nas prefeituras é bastante aleatória.

Porém, o público passível de ser atingido por ela estende-se cada vez mais e é mais delicado que outrora estabelecer a parte daquilo que se endereça precisamente aos meios provenientes da burguesia. A cultura profunda, repousando no conhecimento dos valores transmitidos pelo passado, completada por aquela do mundo em que se vive, provavelmente não é mais espalhada que antigamente, mas a difusão de impressos de todas as espécies, geralmente para fins de publicidade ou de propaganda, a penetração de noções novas pelas técnicas tradicionais ou graças ao emprego do audiovisual, acarretam uma modificação dos hábitos, dos comportamentos e talvez também das crenças e dos sistemas de pensamento. Falar aí dos efeitos da sociedade de consumo é apenas uma vista parcial dessa evolução; trata-se mais de uma sociedade da moda e do conformismo que se estende a uma grande parte da população, o que caracterizava outrora os grupos, relativamente pouco numerosos, nos quais o esnobismo constituía a razão de ser. Cabe ao historiador tentar descobrir o que oculta essa submissão às modas, tão amplamente difundida nos dias de hoje: evolução profunda ou expressão de uma inquietação que pode acarretar renúncias, mas não modifica provavelmente as estruturas profundas.

Como adaptar o método histórico à evolução da documentação? Para o século XIX e a parte do século XX em que os obstáculos insuperáveis não se opõem à consulta dos cinco grandes tipos de fontes que enumeramos, a linha de conduta é simples. A história social deve multiplicar as hipóteses de trabalho, retendo o que sugerem o conhecimento dos testemunhos contemporâneos da época estudada tanto quanto os "modelos" inspirados pelas teorias atuais. Depois, após longas pesquisas sobre tudo o que indica a condição dos homens, seu comportamento e, se possível, seus sentimentos e suas convicções, vem a confrontação dos resultados apresentados sob uma forma quantitativa, em toda a medida do possível, a fim de evitar o risco de erigir um caso particular em regra geral. É o prelúdio à síntese cujo objeto é definir o grupo social estudado, ou seja, em última análise, as bases da civilização que representa. Pouco importam aqui as dificuldades de tal empresa: o que conta é que ela pode ser tentada. Sob pena de renegar-se a si mesma, a história hoje não pode se limitar a comentar os modelos escolhidos pelos estatísticos, jornalistas ou sociólogos, nem comparar os resultados conquistados por uns e outros. A história social que trata da época atual deve, portanto, completar esses modelos, dando um lugar essencial a hipóteses de trabalho baseadas na verificação dos resultados obtidos ao estudar a sociedade anterior, conhecida graças ao método histórico normal. Depois, para confrontar realidade e hipóteses, resta fazer explodir, na máxima medida do possível, os quadros rígidos que nos são propostos. Isso não é sempre praticável e corre o risco de levar o historiador da sociedade atual e futura a privilegiar dados qualitativos, com toda a incerteza que isso comporta. Sem dúvida aí está o limite da civilização do algarismo e da estatística quando ela repousa sobre uma informação pré-elaborada. A pletora das informações é uma falsa riqueza se os utilizadores não estiveram na origem das questões colocadas e não possuírem nenhum meio para controlar o alcance dos resultados.

2. *Os Burgueses e a Burguesia dos Séculos XIX e XX*

A utilização combinada do método quantitativo e da abordagem qualitativa, a confrontação dos resultados obtidos multiplicando-se as hipóteses de trabalho estão na origem de uma síntese sobre a burguesia francesa do século XIX: nesta época, apesar de sua diversidade, os meios burgueses possuíam suficientes pontos em comum para formar uma burguesia.[18]

A despeito de sobrevivências mais ou menos duráveis, de acordo com as regiões e meios sociais, as bases da sociedade burguesa do século XIX eram modernas.

A sociedade era igualitária e hierarquizada. Igualitária, pois, de um ponto de vista jurídico e institucional, com exceção de casos particulares, mais ou menos corrigidos no decorrer do tempo, os homens adultos tinham os mesmos direitos na medida de suas capacidades. Igualdade dura para os fracos e para os deserdados, para toda uma parte da população considerada como menor e incapaz em virtude da idade, do sexo, da pobreza ou da falta de instrução de seus representantes. Assim concebida, a igualdade repousava, portanto, na noção da dignidade do homem; ela era independente do nascimento, concedida apenas a aptidões iguais, o que reintroduz a noção de hierarquia social. Os critérios da superioridade social na França do século XIX eram complexos; fortuna e posição, dos quais a profissão ou a qualificação eram símbolos, origens familiais e relações sociais contribuíam para isso, como, em grau menor, o nível de cultura ou o gênero de vida. Valor pessoal, dinheiro, nascimento interferiam, em proporções variáveis, para situar um indivíduo na escala social, e a pertença a uma família já integrada em um

---

18. A. DAUMARD, "La Bourgeoisie et les classes dirigeantes" in F. BRAUDEL e E. LABROUSSE, *Histoire économique et sociale de la France, 1789-1880*, t. III, Paris, Presses Universitaires de France, 1976.

meio burguês favorecia o desenvolvimento da personalidade. Porém, para os contemporâneos, a hierarquia social do século XIX repousava na capacidade de fato, expressa por esses diversos atributos, cuja imperfeição e caráter aproximativo, aliás, se conhecia.

O individualismo era o segundo traço característico da burguesia. Os laços de família guardavam a força, e a importância atribuídas à herança é um símbolo disso. Porém, a família estrita, composta dos pais e de seus descendentes diretos prevalecia sobre a linhagem e a maior parte dos burgueses, grandes ou pequenos, respeitavam escrupulosamente a igualdade entre seus filhos por ocasião da partilha dos patrimônios. O costume era ajudar o estabelecimento dos filhos, mas na maioria das vezes esses últimos usufruíam apenas tardiamente da totalidade de sua parte dos bens familiais, pois, em muitas regiões, um largo usufruto era reservado ao cônjuge sobrevivente. Por isso, a necessidade de ter êxito era uma das noções-chave da sociedade burguesa. Todo burguês devia se afirmar criando, se necessário fosse, consolidando, em todos os casos, a sua posição ou a sua fortuna. A França contava com numerosos homens que viviam de rendas de antecedentes diversos. Porém o trabalho era tão mais estimado quanto mais alto a pessoa se situava na escala social. Na pequena burguesia e nas classes médias, a possibilidade de "aposentar-se" e viver de rendas era o símbolo do êxito profissional. Para a grande burguesia, trabalhar era o meio de apresentar toda a sua envergadura nos negócios, na função pública ou em profissões liberais: em Paris e nas metrópoles mais ativas e mais modernas, os representantes das classes superiores burguesas adiavam ao limite extremo o dia em que a idade os forçava a aposentar-se da vida ativa.

Só ele, o trabalho sancionado pelo sucesso, era apreciado. Favorecia o êxito dos mais dotados, dos mais fortes, dos mais felizes e portanto a criação de novas elites, o que explica o êxito do mito da mobilidade social: os melhores deviam conseguir galgar os degraus da pirâmide social, fosse durante diversas gerações, ao passo que os medíocres eram repelidos para baixo. Mito não desprovido de realidade, ao menos sob sua forma primeira: a burguesia, em todos os seus níveis, contava com numerosos adventícios de origens diversas, o que provocava um alargamento, um rejuvenescimento dos meios burgueses, sem com isso afetar as posições adquiridas.

A psicologia burguesa e o comportamento dela decorrente baseavam-se finalmente no gosto pelo poder e na procura das responsabilidades. Na conduta de sua vida privada, familial ou

255

profissional, todos aqueles que podiam ser vinculados à burguesia ou aspiravam integrar-se nela manifestavam um ideal de liberdade e de independência: chefes de família e empresários procediam como patrões, empenhavam-se em moldar o futuro de seus filhos, queriam controlar integralmente os seus negócios e impunham deveres a seus empregados, o que deu nascimento ao "paternalismo". Quanto aos negócios públicos, os burgueses do século XIX não os desprezavam, porém "é sobretudo nos meios superiores e entre as elites que se manifestava o desejo e que aparecia a possibilidade de tomar em mãos a direção dos negócios do país".[19]

Da pequena burguesia popular à aristocracia burguesa existiam todas as transições, sendo que nenhuma posição era nitidamente traçada. Se, entretanto, do caso individual passarmos ao conhecimento estatístico ou global, parece que os burgueses franceses, no século XIX, podiam ser distribuídos entre a pequena burguesia, as classes médias e a alta burguesia, tendo cada uma dessas categorias a sua individualidade própria, mas sendo ela mesma passível de ser dividida em três grupos bem caracterizados. Produziam-se imbricações, entretanto, que colocavam o grupo mais elevado da categoria inferior no mesmo nível (ou a um nível sensivelmente igual) ao do grupo mais inferior da categoria imediatamente superior. Essas imbricações contribuíam para acentuar o caráter fluido das estruturas materiais e mentais da burguesia. Pouco a pouco, entretanto, teve início um rompimento entre as classes superiores (burguesia rica ou somente influente graças a seu papel nas atividades do país) e as classes médias, entre aqueles cuja posição parecia assegurada, mesmo se esta dependesse em grande parte de seu trabalho e de seu caráter, e os que, desde o início, sem poder sempre ultrapassá-los ulteriormente, chocavam-se com as dificuldades da vida cotidiana.

Mais profundo que essas divergências, um fator de unidade subsistia, no entanto, constituindo a própria essência da burguesia francesa antes da virada encetada no fim do século XIX. Os burgueses de então eram homens livres que contavam acima de tudo com eles mesmos, auxiliados eventualmente pelos parentes, para realizar as suas ambições. Não se contentavam em usufruir de uma situação conquistada, eram criadores preocupados em impor sua marca à sua família, aos seus empreendimentos profissionais, ao seu círculo, ampliado às vezes, quando a sua posição lhes permitia, ao quadro da região ou do país. Confiantes nas possibilidades oferecidas à inteligência e à vontade, vivendo o

19. *Ibid.*

presente preparando o futuro, eles procediam como adultos seguros de poder escolher e decidir. Situado mais ou menos no cume da hierarquia social, sendo o limite inferior muito baixo, o burguês francês do século XIX — cujas raízes, durante várias gerações, eram amiúde populares — surgia como alguém que, socialmente, era um homem superior e que tinha consciência de sê-lo. A sociedade burguesa era uma sociedade de elites que, em todos os níveis e em todos os domínios, pretendia conceder a primazia aos homens mais capazes e mais eficientes. Porém, a seleção dos melhores era imperfeita, o que constituía o principal ponto fraco na couraça da burguesia.

*
* *

O progressivo desaparecimento do liberalismo político e econômico, tal como o concebia o século XIX, a crítica do sistema de pensamento e de educação baseado nos princípios do humanismo racional acarretam, nos dias de hoje, o requestionamento de valores nos quais repousava a sociedade burguesa. Diante da dificuldade de confrontar a realidade social com as crenças e as instituições sociais, resta-nos, no estado atual da pesquisa, contentarmo-nos em assinalar a evolução havida em relação ao século XIX.

Uma nova concepção da igualdade impôs-se progressivamente. Os direitos concedidos somente a determinados franceses foram estendidos, à medida que a capacidade era reconhecida, a novas camadas da população. Alguns exemplos: desde 1848, o direito de sufrágio político é dado a todos os homens adultos; uma tendência atual prevê o abaixamento da maioridade para dezoito anos; desde há alguns anos, as mulheres têm se integrado progressivamente à nação e ao Estado, graças a uma legislação que tende a suprimir as discriminações ligadas ao sexo. Uma evolução mais fundamental, pois, com o abandono da noção de responsabilidade individual, ela implica uma revolução mental, consiste em proteger particularmente e, por vezes, em favorecer, no plano legal, os fracos, os inferiores e mesmo os medíocres, sob o argumento de que a condição de uns e as insuficiências de outros são a conseqüência direta da organização social. Quando, por exemplo, isso resulta em fechar novamente o leque dos salários, aumentando apenas as remunerações mais baixas, o fato só pesa aparentemente na posição dos assalariados superiores;[20] porém, quando a legislação que protege os trabalhadores tende a apagar a possibilidade de punir empregados incompetentes, preguiçosos ou negligentes, é um novo equilíbrio da vida social que se inicia.

Admite-se comumente que a concentração dos redimentos tende nos dias de hoje a se reduzir após ter sofrido uma evolução inversa no final do século XIX.[21]

Em Lyon, segundo os resultados de uma pesquisa recente, a concentração das fortunas teve uma nítida acentuação às vésperas da Primeira Guerra Mundial.[22] Ao contrário, um estudo mais geral, comparando a evolução em várias grandes cidades, concluiu pela permanência das diferenças de 1815 a 1914.[23] A contradição é apenas aparente, pois, corolariamente ao enriquecimento geral que caracteriza o século XIX, o que mudou foi a composição dos meios superiores no conjunto do país: os meios de negócios impunham-se onde outrora dominavam exclusivamente os grandes proprietários imobiliários.

Para o período atual, apresenta-se em primeiro lugar o fechamento do leque dos salários entre o início e a metade do século XX,[24] enquanto que, há cerca de vinte anos, a tendência parece ter sido invertida em benefício dos quadros superiores.[25]

---

20. Cf. a diminuição da posição material dos altos funcionários logo após a Segunda Guerra Mundial: de 1939 a 1946, o índice dos vencimentos líquidos, deduzido o imposto sobre a renda, passa de 100 para 356 para o carteiro, de 100 para 262 para o Conselheiro de Estado (*Études et Conjoncture*, ago.-set. de 1946, p. 22).

21. J. LECAILLON, *L'Inégalité des revenus*, Paris, Cujas, 1970, p. 49.

22. P. LÉON, *Géographie de la fortune et structures sociales à Lyon au XIXᵉ siècle (1815-1914)*, publicação do Centre d'Histoire Économique et Sociale de la Région Lyonnaise.

23. A. DAUMARD, "L'Évolution des structures sociales en France à l'époque de l'industrialisation (1815-1914)", *Revue historique*, abr.-jun. de 1972, pp. 325-346, e *Les Fortunes françaises au XIXᵉ siècle . . . , op cit.*

24. A. SAUVY e F. LÉRIDON, "Du calcul des revenus dans une population à la frustration sociale", *Population*, out.-dez. de 1961, p. 61; as conclusões são mais matizadas em J. MARCHAL e J. LECAILLON, *La Répartition du revenu national*, Paris, Éd. Génin, 1958, t. I. p.436.

25. "Données statistiques sur l'évolution des rémunérations salariales, de 1938 à 1963", *Études et Conjoncture*, agosto de 1965, p. 45, e M. PARODI, *L'Économie et la société française de 1945 à 1970*, Paris, A. Colin, 1971, p. 317.

Na realidade, esses índices são pouco satisfatórios. A noção de quadro superior é equívoca. Posições relativamente subalternas e funções de responsabilidade se misturam, o que falseia as comparações relativas à hierarquia dos salários. O salário real é mal conhecido: as tentativas para reintegrar no ganho prestações sociais e salário diferido inflam, às vezes abusivamente, o montante disponível dos baixos rendimentos e, inversamente, as vantagens diretas ou indiretas, concedidas a alguns dos assalariados mais bem remunerados do setor privado ou nacionalizado, são certamente subestimadas.[26] Enfim, essas comparações desprezam a parte do rendimento anual ligado à posse de um capital: propriedade de uma habitação que evita a despesa de um aluguel, rendas das aplicações mobiliárias ou imobiliárias e, enfim, conversões de valorizações em capital que apresentam a vantagem suplementar de escapar ao imposto sobre a renda. A tomada em consideração da renda total seria mais satisfatória. Porém, aí ainda, a fonte principal é de origem fiscal e os contrastes entre os rendimentos reais são muito superiores aos correspondentes às rendas declaradas,[27] tanto mais quanto uma possibilidade de fraude fiscal intensa se oferece a determinadas categorias de contribuintes. É muito difícil apreciar a importância das diferenças que separam hoje os rendimentos dos diversos grupos que, no século XIX, se vinculavam à burguesia. É provável que a renda individual da maioria dos franceses tenha melhorado sensivelmente. É certo que um número muito pequeno de pessoas concentram em suas mãos uma parte importante da massa dos rendimentos.[28]

Em bases diferentes, a sociedade burguesa é sempre igualitária e contrastada, porém os fundamentos da hierarquia burguesa modificaram-se um tanto. A sobrevivência que representava, antes de 1914, a burguesia capitalista verdadeira (a que jamais precisaria trabalhar para prover as suas necessidades) tende a desaparecer completamente. Mesmo as mulheres casadas a exercer uma atividade remunerada são cada vez mais numerosas. Apesar do desenvolvimento de certas profissões liberais como a medicina privada, é sobretudo o trabalho assa-

---

26. Vantagens em espécie, despesas de representação e mesmo privilégios fiscais constituídos pelo direito às "deduções excepcionais" concedido a certos assalariados (cf. o relatório do Conseil des Impôts de 3 de agosto de 1972).

27. Cf. os estudos do I.N.S.E.E. sobre a renda dos casais em 1956 (*Études et Conjoncture*, junho de 1963, pp. 425-490) e em 1962 (*Idem*, dez. de 1965, pp. 1-112, e jul. de 1966, pp. 47-112).

28. J. LECAILLON, *L'Inégalité des revenus, op. cit.* p. 28.

lariado que progrediu na burguesia: o aumento do número dos quadros médios e superiores na população ativa é prova disso. O rendimento do trabalho terá, doravante, para a burguesia, mais importância que o da fortuna? A parte do rendimento das aplicações na renda total dos casais pertencentes aos meios superiores não é desprezível: 8 a 10% para os quadros superiores, cerca de 20% para os casais cuja renda declarada ao fisco ultrapassava 100.000 francos, de acordo com uma amostragem versando sobre o ano de 1962.[29] A questão permanece intacta e coloca-se nos seguintes termos: os assalariados que recebem remunerações elevadas, relativamente pelo menos, provirão da burguesia quando não possuem nenhum patrimônio nem desejo algum de constituir um, ou tratar-se-á de elementos de uma nova classe média, nitidamente separada da burguesia? Porém, os critérios materiais nunca bastaram, na França, para fazer um burguês, grande ou pequeno. O nível de vida tampouco, na medida em que ele está em grande parte ligado à importância dos recursos. Mas, o gênero de vida conta muito mais. Ora, a sociedade contemporânea atribui a uma parte cada vez maior da população esse bem que foi durante muito tempo o da aristocracia, o lazer, acessível doravante a todos (exceto talvez às mulheres casadas que exercem um ofício quando os rendimentos do casal impedem qualquer ajuda doméstica), graças à redução da jornada de trabalho e ao desenvolvimento das férias remuneradas. A igualação entretanto está longe de ser feita, pois tudo depende da utilização dessa liberdade: uns encontram aí a possibilidade de realizar um trabalho suplementar remunerado e freqüentemente clandestino, outros a consagram a distrações ou a esportes que absorvem o melhor de sua atividade, deixando-os por vezes exauridos quando retomam o seu ofício. Uma minoria, apenas, utiliza os lazeres, proporcionados pelo mundo moderno, para uma distração que, tomando eventualmente a forma de divertimentos pouco absorventes, permite-lhe encontrar tempo para a reflexão.

A aptidão para a reflexão individual, o desejo de se distinguir por criações pessoais permanecerão hoje um atributo essencial da hierarquia social? Pode-se perguntar isso ao ver, por exemplo, o lugar concedido sistematicamente, em certos ramos da atividade econômica ou cultural, a pessoas jovens escolhidas menos por suas capacidades do que em razão de sua idade: essa juventude, onde alguns vêem a promessa de mais inciativa,

---

29. *Études et Conjoncture*, dez. de 1965, quadros 34 e 37.

garante muito freqüentemente uma maior docilidade e uma submissão instintiva às modas do momento. Esse preconceito tem conseqüências graves para numerosos "quadros" que, em plena posse dos meios de sua maturidade, se vêem às vezes forçados ao desemprego ou a uma aposentadoria prematura. Porém, salvo exceções individuais, isso quase não pesa nas categorias verdadeiramente superiores.[30] Aí está um dos elementos importantes das cesuras da sociedade atual. Como outrora os trabalhadores manuais, mais ou menos dependentes de suas capacidades físicas e, conseqüentemente, de sua idade, numerosos representantes das classes médias que haviam se beneficiado com salários elevados em início de carreira são forçados a uma inatividade prematura ou, no máximo, obrigados a aceitar situações medíocres, porque somente haviam representado o papel de um instrumento aperfeiçoado, posto de lado quando usado. São as elites que correm o risco de ver cada vez mais reduzida as possibilidades de que sejam úteis as qualidades de inteligência, a capacidade de invenção que, aplicadas à teoria ou à prática, haviam favorecido a promoção dos adventícios e o progresso da burguesia inteira no século XIX.

O papel desempenhado pelas origens familiais e a rede de relações ligada a elas constitui, ao contrário, uma das permanências da sociedade burguesa. Nascer em uma família abastada ou rica, tanto ou mais ainda em um meio habituado aos modos de pensamento e aos usos da sociedade culta, habituado a empregar, quando necessário for, as engrenagens da administração, da justiça ou dos negócios, continua sendo um privilégio.[31] A mobilidade social não se reduziu, provavelmente mesmo aumentou em relação ao que era no século XIX, o que se evidencia especialmente quando a análise das famílias versa sobre três gerações. Porém, sob a reserva de verificações pelo método quantitativo, isso nada muda no fato maior que parece estabelecido: as estruturas da sociedade atual favorecem, como antigamente, a manutenção das posições adquiridas em benefício de verdadeiras elites, mas igualmente de medíocres que, salvo exceções individuais, não recaem na posição inferior a que levaria o simples uso de seus talentos. Inversamente, as promoções são possíveis às vezes pela criação de um negócio, muito mais freqüentemente, graças à promoção interna nas empresas e sobretudo, no nível

---

30. A maioria dos altos funcionários quando atinge a idade de se aposentar não tem dificuldade, se o deseja, de encontrar um lugar importante no setor privado: devem-no a sua capacidade e a sua reputação tanto quanto às relações que puderam cultivar na função pública.

31. P. BOURDIEU e J.-C. PASSERON, *Les Héritiers, les étudiants et la culture,* Paris, Éd. de Minuit, 1964.

superior, pelos concursos, o que favorece mais aos filhos das classes médias que aos dos meios populares.

Adventícios ou herdeiros, inteligentes ou medíocres, todos os que se vinculam às diversas categorias que provinham da burguesia no século XIX, estão diante de um dilema: poderão ter êxito em sua carreira e ter uma influência na vida social sem repudiar o individualismo no qual, em razão do exercício das responsabilidades ligadas a ele, repousava a própria essência da sociedade burguesa?

Múltiplos organismos, partidos políticos, comitês ou clubes, sindicatos, associações ligadas aos interesses os mais diversos, facilitam o destaque de numerosas personalidades eleitas ou delegadas pelos participantes, mas encerram-nos nos laços que constituem as resoluções da maioria ou daqueles (em geral provenientes eles próprios de uma organização menos aberta e situada abaixo da base) que a moldam. Sem dúvida, a timidez, a ignorância e a falta de coragem existem em todos os tempos e a massa sempre teve necessidade de intermediários. Esse papel era representado outrora pelos notáveis, pequenos ou grandes, mas também por todos aqueles que, fosse no domínio estrito de sua família, seus negócios ou suas funções, sabiam e queriam escolher e se comportavam como pessoas responsáveis. Hoje, o indivíduo tende a se dissolver na coletividade e sua personalidade tende a desaparecer.

Paralelamente, a noção de responsabilidade dilui-se na medida em que de individual torna-se social. A "boa consciência", apanágio, outrora, das pessoas honestas, encontra-se de preferência, hoje em dia, entre os outros, entre os que fazem aquilo que a moral reprova e que as leis condenam. Foi possível ver uma manifestação de desprezo social no paternalismo do século XIX, que fazia o bem aos pobres e aos inferiores sem consultá-los. A compreensão que certas elites de hoje manifestam com respeito a todas as espécies de vilezas, desonestidades pequenas ou grandes, e às vezes mesmo crimes, é uma forma de desprezo que, com condescendência, admite nos outros o que a pessoa não faria ela mesma. Renúncia e desprezo de onde procede igualmente o comportamento de numerosos pais e mães de família quando se recusam a preparar os seus filhos para as responsabilidades da vida adulta.

*
* *

Após esse esboço que abarca mais perguntas do que traz respostas, é apresentando um balanço das dificuldades que nos cumpre concluir.

Dificuldades de método em primeiro lugar. O desenho que apresentamos para o período atual repousa mais em impressões do que em uma observação positiva. É preciso levar em consideração o momento: a síntese do que foi publicado sobre os meios passíveis de se ligar à burguesia atual ainda não foi efetuada; chegado o momento, alguns pontos sem dúvida poderão ser esclarecidos.[32] Porém, a questão fundamental consiste em saber se o conhecimento do mundo de hoje resulta dos métodos históricos. Pessoalmente pensamos que, paralelamente às pesquisas feitas pelos sociólogos ou pelos economistas, as pesquisas dos historiadores são indispensáveis, pois são conduzidas com duas preocupações maiores: crítica severa das fontes e eventualmente, quando a informação se presta a isso, a fragmentação dos dados cifrados para recompor os resultados em torno de temas menos rígidos; em seguida, e principalmente, multiplicação dos centros de interesse e das hipóteses de trabalho com, notadamente, um esforço para completar a informação relativa a um caráter específico do grupo estudado por uma pesquisa sistemática de casos individuais, considerados em toda a sua diversidade, e reagrupamento dessas monografias em torno dos temas que se destacarão por si próprios.

A resposta à questão colocada como introdução, evolução ou permanência das estruturas burguesas, é a segunda dificuldade. O melhor seria abster-se, tendo-se em conta as insuficiências de informação. Sob o risco de parecer, aos olhos do leitor apressado, repudiar o método quantitativo em benefício de uma história impressionista, preferimos aventar uma hipótese. É possível que o apagamento do indivíduo tenha acarretado uma mudança das estruturas da sociedade francesa. De base ternária no século XIX, ela repousaria atualmente em uma distribuição binária que oporia responsáveis e executantes, meios populares e meios superiores e, entre estes últimos, classes médias e burguesia, com, como antigamente, superposições de um nível sobre o outro. Porém, tal evolução nada mais é talvez que o reflexo de um sistema político e institucional que tende a simplificar as relações sociais, reduzindo-as a "diálogos", por intermédio de organismos mais ou menos representativos. A obliteração de um grande número de representantes das classes médias e de uma parte das classes superiores manifestaria, então, a recusa em adotar essas novas normas e a impossibilidade de agir que é a sua conseqüência. Mas, o recolhimento das elites que, tradicio-

---

32. Cf. *Histoire économique et sociale de la France, op. cit.*, t. IV. vol. 1, 1979, vol. 2, 1980, vol. 3 no prelo.

nalmente, emergiam nos diversos estádios da burguesia será definitivo e geral ou passageiro e superficial? Aí está a questão fundamental que permitiria concluir pela perenidade da burguesia do século XIX nas estruturas do século XX ou, ao contrário, por seu esfacelamento entre classes médias e burguesia, sendo que esta se encontra daqui por diante reduzida à condição de classe dirigente, imobilizada em um sistema de valores particulares e seccionada do restante da população, em vez de ser a emanação da nação.

COLEÇÃO DEBATES

1. *A Personagem de Ficção*, Antonio Candido e outros.
2. *Informação, Linguagem, Comunicação*, Décio Pignatari.
3. *Balanço da Bossa e Outras Bossas*, Augusto de Campos.
4. *Obra Aberta*, Umberto Eco.
5. *Sexo e Temperamento*, Margaret Mead.
6. *Fim do Povo Judeu?*, Georges Friedmann.
7. *Texto/Contexto*, Anatol Rosenfeld.
8. *O Sentido e a Máscara*, Gerd A. Borheim.
9. *Problemas da Física Moderna*, W. Heisenberg, E. Schödinger, M. Born e P. Auger.
10. *Distúrbios Emocionais e Anti-Semitismo*, N. W. Ackermann e M. Jahoda.
11. *Barroco Mineiro*, Lourival Gomes Machado.
12. *Kafka: Pró e Contra*, Günther Anders.
13. *Nova História e Novo Mundo*, Frédéric Mauro.
14. *As Estruturas Narrativas*, Tzvetan Todorov.
15. *Sociologia do Esporte*, Georges Magnane.

16. *A Arte no Horizonte do Provável*, Haroldo de Campos.
17. *O Dorso do Tigre*, Benedito Nunes.
18. *Quadro da Arquitetura no Brasil*, Nestor G. Reis Filho.
19. *Apocalípticos e Integrados*, Umberto Eco.
20. *Babel & Antibabel*, Paulo Rónai.
21. *Planejamento no Brasil*, Betty Mindlin Lafer.
22. *Lingüística. Poética. Cinema*, Roman Jakobson.
23. *LSD*, John Cashman.
24. *Crítica e Verdade*, Roland Barthes.
25. *Raça e Ciência I*, Juan Comas e outros.
26. *Shazam!*, Álvaro de Moya.
27. *Artes Plásticas na Semana de 22*, Aracy Amaral.
28. *História e Ideologia*, Francisco Iglésias.
29. *Peru: da Oligarquia Econômica à Militar*, A. Pedroso d'Horta.
30. *Pequena Estética*, Max Bense.
31. *O Socialismo Utópico*, Martin Buber.
32. *A Tragédia Grega*, Albin Lesky.
33. *Filosofia em Nova Chave*, Susanne K. Langer.
34. *Tradição, Ciência do Povo*, Luís da Câmara Cascudo.
35. *O Lúdico e as Projeções do Mundo Barroco*, Affonso Ávila.
36. *Sartre*, Gerd A. Borheim.
37. *Planejamento Urbano*, Le Corbusier.
38. *A Religião e o Surgimento do Capitalismo*, R. H. Tawney.
39. *A Poética de Maiakóvski*, Boris Schnaiderman.
40. *O Visível e o Invisível*, M. Merleau-Ponty.
41. *A Multidão Solitária*, David Reisman.
42. *Maiakóvski e o Teatro de Vanguarda*, A. M. Ripellino.
43. *A Grande Esperança do Século XX*, J. Fourastié.
44. *Contracomunicação*, Décio Pignatari.
45. *Unissexo*, Charles F. Winick.
46. *A Arte de Agora, Agora*, Herbert Read.
47. *Bauhaus: Novarquitetura*, Walter Gropius.
48. *Signos em Rotação*, Octavio Paz.
49. *A Escritura e a Diferença*, Jacques Derrida.
50. *Linguagem e Mito*, Ernst Cassirer.
51. *As Formas do Falso*, Walnice N. Galvão.
52. *Mito e Realidade*, Mircea Eliade.
53. *O Trabalho em Migalhas*, Georges Friedmann.
54. *A Significação no Cinema*, Christian Metz.
55. *A Música Hoje*, Pierre Boulez.
56. *Raça e Ciência II*, L. C. Dunn e outros.
57. *Figuras*, Gérard Genette.
58. *Rumos de uma Cultura Tecnológica*, Abraham Moles.
59. *A Linguagem do Espaço e do Tempo*, Hugh M. Lacey.
60. *Formalismo e Futurismo*, Krystyna Pomorska.
61. *O Crisântemo e a Espada*, Ruth Benedict.
62. *Estética e História*, Bernard Berenson.
63. *Morada Paulista*, Luís Saia.
64. *Entre o Passado e o Futuro*, Hannah Arendt.
65. *Política Científica*, Heitor G. de Souza, Darcy F. de Almeida e Carlos Costa Ribeiro.
66. *A Noite da Madrinha*, Sérgio Miceli.

67. *1822: Dimensões*, Carlos Guilherme Mota e outros.
68. *O Kitsch*, Abraham Moles.
69. *Estética e Filosofia*, Mikel Dufrenne.
70. *O Sistema dos Objetos*, Jean Baudrillard.
71. *A Arte na Era da Máquina*, Maxwell Fry.
72. *Teoria e Realidade*, Mario Bunge.
73. *A Nova Arte*, Gregory Battcock.
74. *O Cartaz*, Abraham Moles.
75. *A Prova de Gödel*, Ernest Nagel e James R. Newman.
76. *Psiquiatria e Antipsiquiatria*, David Cooper.
77. *A Caminho da Cidade*, Eunice Ribeiro Durhan.
78. *O Escorpião Encalacrado*, Davi Arrigucci Júnior.
79. *O Caminho Crítico*, Northrop Frye.
80. *Economia Colonial*, J. R. Amaral Lapa.
81. *Falência da Crítica*, Leyla Perrone Moisés.
82. *Lazer e Cultura Popular*, Joffre Dumazedier.
83. *Os Signos e a Crítica*, Cesare Segre.
84. *Introdução à Semanálise*, Julia Kristeva.
85. *Crises da República*, Hannah Arendt.
86. *Fórmula e Fábula*, Wili Bolle.
87. *Saída, Voz e Lealdade*, Albert Hirschman.
88. *Repensando a Antropologia*, E. R. Leach.
89. *Fenomenologia e Estruturalismo*, Andrea Bonomi.
90. *Limites do Crescimento*, Donella H. Meadows e outros (Clube de Roma).
91. *Manicômios, Prisões e Conventos*, Erving Goffman.
92. *Maneirismo: O Mundo como Labirinto*, Gustav R. Hocke.
93. *Semiótica e Literatura*, Décio Pignatari.
94. *Cozinhas, etc.*, Carlos A. C. Lemos.
95. *As Religiões dos Oprimidos*, Vittorio Lanternari.
96. *Os Três Estabelecimentos Humanos*, Le Corbusier.
97. *As Palavras sob as Palavras*, Jean Starobinski.
98. *Introdução à Literatura Fantástica*, Tzvetan Todorov.
99. *Significado nas Artes Visuais*, Erwin Panofsky.
100. *Vila Rica*, Sylvio de Vasconcellos.
101. *Tributação Indireta nas Economias em Desenvolvimento*, J. F. Due.
102. *Metáfora e Montagem*, Modesto Carone.
103. *Repertório*, Michel Butor.
104. *Valise de Cronópio*, Julio Cortázar.
105. *A Metáfora Crítica*, João Alexandre Barbosa.
106. *Mundo, Homem, Arte em Crise*, Mário Pedrosa.
107. *Ensaios Críticos e Filosóficos*, Ramón Xirau.
108. *Do Brasil à América*, Frédéric Mauro.
109. *O Jazz, do Rag ao Rock*, Joachim E. Berendt.
110. *Etc..., Etc... (Um Livro 100% Brasileiro)*, Blaise Cendrars.
111. *Território da Arquitetura*, Vittorio Gregotti.
112. *A Crise Mundial da Educação*, Philip H. Coombs.
113. *Teoria e Projeto na Primeira Era da Máquina*, Reyner Banham.
114. *O Substantivo e o Adjetivo*, Jorge Wilheim.
115. *A Estrutura das Revoluções Científicas*, Thomas S. Kuhn.
116. *A Bela Época do Cinema Brasileiro*, Vicente de Paula Araújo.

117. *Crise Regional e Planejamento*, Amélia Cohn.
118. *O Sistema Político Brasileiro*, Celso Lafer.
119. *Êxtase Religioso*, I. Lewis.
120. *Pureza e Perigo*, Mary Douglas.
121. *História, Corpo do Tempo*, José Honório Rodrigues.
122. *Escrito sobre um Corpo*, Severo Sarduy.
123. *Linguagem e Cinema*, Christian Metz.
124. *O Discurso Engenhoso*, Antonio José Saraiva.
125. *Psicanalisar*, Serge Leclaire.
126. *Magistrados e Feiticeiros na França do Século XVII*, R. Mandrou.
127. *O Teatro e sua Realidade*, Bernard Dort.
128. *A Cabala e seu Simbolismo*, Gershom G. Scholem.
129. *Sintaxe e Semântica na Gramática Transformacional*, A. Bonomi e G. Usberti.
130. *Conjunções e Disjunções*, Octavio Paz.
131. *Escritos sobre a História*, Fernand Braudel.
132. *Escritos*, Jacques Lacan.
133. *De Anita ao Museu*, Paulo Mendes de Almeida.
134. *A Operação do Texto*, Haroldo de Campos.
135. *Arquitetura, Industrialização e Desenvolvimento*, Paulo J. V. Bruna.
136. *Poesia-Experiência*, Mário Faustino.
137. *Os Novos Realistas*, Pierre Restany.
138. *Semiologia do Teatro*, J. Guinsburg e J. Teixeira Coelho Netto.
139. *Arte-Educação no Brasil*, Ana Mae T. B. Barbosa.
140. *Borges: Uma Poética da Leitura*, Emir Rodríguez Monegal.
141. *O Fim de uma Tradição*, Robert W. Shirley.
142. *Sétima Arte: Um Culto Moderno*, Ismail Xavier.
143. *A Estética do Objetivo*, Aldo Tagliaferri.
144. *A Construção do Sentido na Arquitetura*, J. Teixeira Coelho Netto.
145. *A Gramática do Decameron*, Tzvetan Todorov.
146. *Escravidão, Reforma e Imperialismo*, R. Graham.
147. *História do Surrealismo*, M. Nadeau.
148. *Poder e Legitimidade*, José Eduardo Faria.
149. *Práxis do Cinema*, Noel Burch.
150. *As Estruturas e o Tempo*, Cesare Segre.
151. *A Poética do Silêncio*, Modesto Carone.
152. *Planejamento e Bem-Estar Social*, Henrique Rattner.
153. *Teatro Moderno*, Anatol Rosenfeld.
154. *Desenvolvimento e Construção Nacional*, S. H. Eisenstadt.
155. *Uma Literatura nos Trópicos*, Silviano Santiago.
156. *Cobra de Vidro*, Sérgio Buarque de Holanda.
157. *Testando o Leviathan*, Antonia Fernanda Pacca de Almeida Wright.
158. *Do Diálogo e do Dialógico*, Martin Buber.
159. *Ensaios Lingüísticos*, Louis Hjelmslev.
160. *O Realismo Maravilhoso*, Irlemar Chiampi.
161. *Tentativas de Mitologia*, Sérgio Buarque de Holanda.
162. *Semiótica Russa*, Boris Schnaiderman.
163. *Salões, Circos e Cinema de São Paulo*, Vicente de Paula Araújo.
164. *Sociologia Empírica do Lazer*, Joffre Dumazedier.
165. *Física e Filosofia*, Mario Bunge.
166. *O Teatro Ontem e Hoje*, Célia Berrettini.

167. *O Futurismo Italiano*, Org. Aurora Fornoni Bernardini.
168. *Semiótica, Informação e Comunicação*, J. Teixeira Coelho Netto.
169. *Lacan: Operadores da Leitura*, Americo Vallejo.
170. *Dos Murais de Portinari aos Espaços de Brasília*, Mário Pedrosa.
171. *O Lírico e o Trágico em Leopardi*, Helena Parente Cunha.
172. *A Criança e a FEBEM*, Marlene Guirado.
173. *Arquitetura Italiana em São Paulo*, Anita Salmoni e E. Debenedetti.
174. *Feitura das Artes*, José Neistein.
175. *Oficina: Do Teatro ao Te-Ato*, Armando Sérgio da Silva.
176. *Conversas com Igor Stravinsky*, Robert Craft.
177. *Arte como Medida*, Sheila Leirner.
178. *Nzinga*, Roy Glasgow.
179. *O Mito e o Herói no Moderno Teatro Brasileiro*, Anatol Rosenfeld.
180. *A Industrialização do Algodão na Cidade de São Paulo*, Maria Regina de M. Ciparrone Mello.
181. *Poesia com Coisas*, Marta Peixoto.
182. *Hierarquia e Riqueza na Sociedade Burguesa*, Adeline Daumard.
183. *Natureza e Sentido da Improvisação Teatral*, Sandra Chacra.
184. *O Pensamento Psicológico*, Anatol Rosenfeld.
185. *Mouros, Franceses e Judeus*, Luís da Câmara Cascudo.
186. *Tecnologia, Planificação e Desenvolvimento Autônomo*, Francisco R. Sagasti.
187. *Mário Zanini e Seu Tempo*, Alice Brill.
188. *O Brasil e a Crise Mundial*, Celso Lafer.
189. *Jogos Teatrais*, Ingrid Dormien Koudela.

impresso na
planimpress gráfica e editora
rua anhaia, 247 - s.p.